政治
為什麼
會失敗

如何擺脫
當今世界
五大政治陷阱

班・安塞爾 著

WHY
POLITICS
FAILS

The Five Traps of the
Modern World &
How to Escape Them

Ben Ansell

劉鈞倫、李明心、盧思綸 譯

目次

- 005　推薦序　社會發展積勞成疾，用民主制度調養體質／王宏恩
- 009　推薦序　政治注定失敗？有解嗎？／沈智新
- 017　導　論　極其簡單的問題，極其困難的政治

039　Part I　民主：所謂「人民意志」根本不存在

- 041　1. 西敏寺：2019年3月27日星期三
- 046　2. 什麼是民主？
- 057　3. 民主陷阱
- 082　4. 擺脫民主陷阱

099　Part II　平等：平等的權利與平等的結果兩相削弱

- 101　5. 貝佐斯上太空
- 106　6. 什麼是平等？
- 120　7. 平等陷阱
- 149　8. 擺脫平等陷阱

167　Part III　團結：我們只會在自己也需要時，才會想到團結

- 169　9. 歐巴馬健保：2010年3月20日星期六，華盛頓特區
- 176　10. 什麼是團結？

190　11.團結陷阱
214　12.擺脫團結陷阱

229　Part IV　安全：要避免無政府狀態，
　　　　　　　 就得甘冒陷入暴政的風險

231　13.封城：2020年3月8日星期六，羅馬
238　14.什麼是安全？
255　15.安全陷阱
271　16.擺脫安全陷阱

291　Part V　繁榮：短期致富將導致長期貧窮

293　17.巴黎：2015年12月12日星期六
300　18.什麼是繁榮？
313　19.繁榮陷阱
339　20.擺脫繁榮陷阱

353　政治如何成功
363　致謝
367　註釋
391　參考書目

推薦序
社會發展積勞成疾，
用民主制度調養體質

王宏恩（內華達大學拉斯維加斯分校政治系副教授）

　　《政治為什麼會失敗》是一本充滿野心的政策改革指南。本書直接瞄準人類社會發展至今所面對的五個最重大的問題，包括政治極化、經濟重分配、國族認同、國際安全與經濟發展，來進行全盤的檢討。這五個議題本身都並不新，許多甚至隨著人類文明萌芽時就已經出現了。然而，隨著人類的經濟發展程度增加、全球化、通訊科技加強、全球暖化上升，以及人工智慧的出現，都讓這五個議題的嚴重程度與影響範圍都越來越無法忽視。縱貫全書，作者上山下海，援引了古今中外世界各地的例子，也包括了台灣的網路民主發展，來說明這些人類文明問題的普遍性。這些隨著人類文明、經濟與科技發展而產生的問題，如同慢性病一樣，一步步加重讓整個人類社會病入膏肓，再不處理，恐怕就會造成無可回復的損害。

　　然而，這些問題既然跟慢性病一樣的根深柢固，也意謂著並沒有什麼一蹴可幾的方法來輕易根除這些毛病。當現代人有三高時，

醫生的建議是讓人慢慢改變生活習慣、調整體質。同樣地，當人類社會這些重大議題日漸嚴重時，這本書的作者從政治經濟學的角度提供了一帖藥：用民主的方式調整制度。

本書所標榜的政治經濟學是一種政治科學分析工具，撥開公共政策爭論不休的迷霧，企圖用簡化的數學模型來說清楚利害關係，然後就可以在這個基礎上進行制度設計或改革，扭轉利害關係，把結果導向更為有利的方向。在這個分析工具裡一共可分成四步：第一步是要列出所有的做決定的利害關係人；第二步則是要列出每一個人的可能的行動方案選項，以及每一個人對每個選項的好惡程度；第三步則是要觀察在當下的制度設計上，每個人做決定是否會互相影響，以及大家做完決定後加總最後導致社會會有怎樣的結果；最後，則是作者提供政策或改革建議時，是如何改變制度設計，使得仍維持原本偏好的人們，在制度導引之下共同做出了不一樣的決策結果，最後慢慢協助社會朝向更為理想的方向前進。

雖然本書橫跨五大議題，古今中外各種案例讓人眼花撩亂，但作者的分析邏輯都是緊扣著這個分析工具展開的，讀者只要跟這這個邏輯走，就能快速掌握每個案例與作者建議的重點。舉例來說，在本書第四部分討論安全的幾個章節，作者帶著讀者進行腦力激盪，想像整個社會在建立起來的過程中，人們追求安全（利害關係人），要討論是否要授權建立執法單位（不同的選項），但給予執法單位過大權力可能導致濫權（原本制度設計導致的結果），許多濫權問題隨著市場與科技發展而變得更嚴重。因此作者透過經濟學實驗、以及社會案例分析，舉出更高的透明度與資訊（例如警察強制配戴密錄器）加強人們的監督能力，也能有效降低濫權（制度設計改變引導到不同的結果）。

值得注意的是，雖然作者羅列的例子有非常多都是來自高度經濟發展的民主國家所面對的問題，但作者仍是對民主充滿信心的。民主自由是底線。因為有民主自由、有資訊自由流動、有法院獨立審判，在這些前提之下，討論制度設計與修改才有意義。許多人會期待一個什麼都懂的領袖趕緊上台大破大立、風行草偃，甚至直接讓獨裁者取而代之，但這通常會導致事前無法預料到的反效果或短視近利。相較之下，作者在本書提到的政策建議絕大多數是針對決策的制度進行修補，雖然這沒有立刻改變任何人的想法，也沒有立刻強制部分人不得或必須做什麼事，但透過制度設計，使得每個人都照自己的偏好行動時，隨著新制度修正，最後加總起來的社會，會稍微往理想多邁進一些。遇到社會慢性病，作者相信的是用民主來慢慢調整體質。

　　也因為作者以政治經濟學的角度把複雜的社會議題化繁為簡，作者提出的分析視角，許多都可以用台灣類似的例子作為比較，值得身在台灣的讀者也可以思考其政策建議在台灣的適用性。舉例來說，本書第一部分提及民意整合的問題，就跟台灣2024年的總統選舉息息相關；在該次選舉中，一共有綠營、藍營、白營三位主要候選人，三位候選人給了選民策略投票的動機，而假如三位候選人裡，我們只任選兩位出來給選民比較，也可能讓勝負排序有所不同，這些都顯示了選舉制度的重要性與理論上的侷限性。本書第五部分則詳細討論荷蘭病的繁榮陷阱，近幾年許多評論者擔心台灣的高科技發展是否也讓台灣有荷蘭病的跡象，但這是否兩者真的可以類比，作者提出的解方又是否在台灣的狀況適用，台灣讀者也可從文中細細體會。

　　而當台灣讀者認真讀畢此書，也把台灣的各種案例及公共政策

拿來比較與思考時，其實也代表大家代表著台灣進一步參與一個更大的全球性議程：在本書中，許多社會與經濟問題的根源是來自全球化，因為人與資本可以自由移動，但每個國家政府的管轄權都只限國境之內，因此許多制度設計是沒有辦法管超過國境的，因此單一政府本身可能無法解決這些問題。舉例來說，本書第二部分富人與窮人的跨國遷移、第四部分國際安全、第五部分碳排放等，這些全球化帶來的問題需要全球層級的制度設計才能夠好好處理。作者的確提出了一些可能的設計方向與解方，但這些解方要落實，仍需要跨國的民意支持，進而鼓勵跨國的政府合作推動。隨著台灣在國際供應鏈上鑲嵌的更緊密，也在國際經濟與地緣政治發展上扮演越來越重要的角色，此時台灣是否應進一步為國際政治與治理做出更大的貢獻或投資，等台灣讀者閱畢全書後，可以再回來思考一次這個問題。

推薦序
政治注定失敗？有解嗎？
沈智新（中央研究院政治學研究所助研究員）

　　班·安塞爾教授是全球知名比較政治學者，他曾在許多政治學頂尖期刊發表學術論文，並著有多本由劍橋大學出版社刊行的學術專著。如今，他在取得哈佛大學政府系博士學位近20年後，出版了這部科普作品《政治為什麼會失敗》，集結了其學術洞見之精華，不但非政治學專業的讀者可以一窺當代政治學研究之堂奧，而且社會科學背景的讀者也能複習我們苦思難解的政治社會問題。對於初學政治學的同學來說，更是重要的啟蒙讀物。最重要的是，所有讀者皆能透過閱讀這本書，思考當前社會問題的起源及其解方。這對於認清政治制度的局限及思考未來有相當重要的啟發。

　　《政治為什麼會失敗》討論的是政治。政治是個很有趣的存在，它隨時存在於我們的生活之中，許多人覺得它骯髒，避之唯恐不及；或對政治有自己的獨到見解，覺得別人都沒有自己懂。也有所謂的政治素人，在別人執政時不停地指手畫腳，認為很多問題都很簡單，對於執政者不知如何解決感到困惑。然而，一旦自己取得

了政治權力,才在各種決策中不斷妥協,這些「簡單問題」似乎變得再也不簡單。這就像《動物農莊》裡帶領動物們反抗人類壓迫的豬,最終自己也變成了人似的,得到權力後便無法分辨哪個是豬、哪個是人。所以,這類的結局就是政治的宿命嗎?

政治學理性選擇理論宗師威廉・瑞克(William H. Riker)教授認為,政治活動中的集體決策往往無法為群體帶來最好的結果。與經濟活動中人們可自由選擇是否進入市場不同,政治上的行為者——也就是像我們這樣的人——通常無法超脫於政治。因此,比起經濟學,政治學更適合被稱為「憂鬱的科學」。但政治經常會失敗,甚至總是會失敗嗎?相較於瑞克教授著作中總是充斥著的數學與希臘符號或相對艱澀的哲學討論,在本書中,安塞爾教授以簡單易解的文字解釋:社會大眾雖常擁有類似的政治目標,而政治的結果總不能盡如人意。他運用政治學概念,依序討論了在追求民主、平等、團結、安全、繁榮這些大家普遍希望追求的價值時所面臨的困難。

「民主」的核心目標是將個人的偏好整合後,透過投票等程序,集合出集體意志。如果一群人有共同的目標,那麼集眾人的智慧做出的決定,通常會比憑藉一己的智慧來得更好。然而,群眾可能是盲目的,一群盲從的群眾可能做出錯誤的決定,或者,群眾也可能不存在共同的目標。群體乃至於國家並不像個體一樣行動,而是由一群追求自身利益的個人所組成。人與人之間的互動就是政治,而政治決策作為一種集體的決策過程,與個人做決策的方式大不相同。學過經濟學的朋友可能知道,當思考怎麼處理一個問題時,我們常會想像這個行為者若是一個單一的善意獨裁者(benevolent dictator),在做決定時,對這個社會的最佳解會是什

麼?但這項解往往與一群理性個人做的集體決策不同。換言之,想透過集體決策取得對社會問題最適的對策可能不切實際。個人為了極大化自身利益的行動,「可能會阻礙我們達成任何共識,甚至導致政治機制完全失靈。我們陷入了民主陷阱:所謂『人民意志』根本不存在」,因為正如作者所說的,當代政治學也告訴我們,一旦面對兩個以上的選項,民主投票作為一種決策機制,幾乎必定陷入混亂和僵局。這對許多戴著粉紅泡泡濾鏡看民主的人確實是一記當頭棒喝。

然而,我們覺得民主不好,可能只是因為透過民主制度所做的決定不是最好的,而且比不上願意苦民所苦的善意獨裁者所做的決定。但我們沒有道理因此覺得獨裁者總是仁君、總是善意的。政治學在思考民主國家政治人物的行為時,我們假設他們會最大化自身的利益,例如推行政策只考慮他是不是對於連任有所幫助,那麼,對於獨裁者的行為假設也須一視同仁。這麼一想,民主政治的結果也就沒有那麼差了。儘管民主政治很難追求最好的集體決策,但其往往也能避免最糟的結果。對許多當代的政治學家來說,有定期且競爭性的選舉是民主的重要特質,即使我們選出不太好的人,但他們為了最大化自身的利益,例如追求連任或避免晚節不保,也不至於表現得太差。一旦真的太糟,至少人們還是能夠和平地替換人選。此外,獨裁者擁有絕對的權力,使得民眾不敢對其說實話,以至於因為對民眾需求了解不足而經常無法即時回應,民怨一旦沸騰,常常會一發不可收拾。相對而言,民主國家有選舉及各種民意調查,因此能夠反映民意,政治人物能夠也必須回應民眾的需求,因此社會更加穩定。諾貝爾經濟學獎得主阿馬蒂亞・沈恩(Amartya Sen)曾指出,民主國家不會發生飢荒,因為新聞媒體能夠預警即

將到來的饑荒,而領導人則必須回應民眾的需求。

然而,當前許多民主國家的人民因生活中的各種困難,以及威權國家過去幾年的快速發展,而對民主喪失信心。不少學者也認為,世界正發生民主退潮(democratic backsliding)的情形。許多民主社會中民眾的政治立場分歧日益嚴重,彼此敵視、拒絕溝通的情況相當普遍。面對這種情況,安塞爾教授認為若透過社會的廣泛溝通,或許能夠緩和當前民主的混亂與極化。他更引用了台灣vTaiwan平台的經驗,作為促進民眾參與公共政策倡議與公共溝通的例子。雖然從台灣的經驗來看,vTaiwan 平台自2014年上線後成果難稱豐碩,但仍是個重要的嘗試。而這樣的嘗試顯然不是最後終點,我們還需更努力,思考如何讓不同立場的民眾彼此接觸和溝通。我們希望能找到培養公民有效表達自身立場、包容並理解他人不同意見的能力的方式。如此一來,社會大眾才能形成必要的共識,群策群力解決社會問題。而在那之前,我們也希望民主國家的人們切記邱吉爾那句耳熟能詳的名言:民主是最糟糕的政治制度——除了所有那些我們陸續試過的以外。(Democracy is the worst form of government except for all those other forms that have been tried from time to time.)

在討論民主的困境後,安塞爾教授接著討論「平等」。我們從小就知道,出發點的平等與結果上的平等是不同的,而在兩者間如何權衡與取捨,是亙古的難題。近年來,一些美國大學採取所謂的「多元、公平與包容(DEI)政策」來進行招生,但這樣的作法是否變相歧視亞裔或白人學生的爭議,在川普總統發布行政命令限制哈佛大學招收國際學生時達到了高峰。這個爭議的本質即在於,我們認為合理的平等到底是什麼,而我們是否該給予所謂的弱勢族群

優惠,讓他們有更多機會取得好的成果嗎?與此同時,若這樣的措施壓迫到其他人的機會時,稱得上是公平的嗎?

我們常從社會上的所得與財富分配來衡量社會是否平等,因此多數國家的社會福利政策都存在著保障弱勢和推動所得重分配的機制。然而,僅強調「結果平等」,可能並不「公平」。比如,我們若都認同人們獲得的報酬,應取決於個人的能力、努力,乃至於對社會的貢獻,那麼我們應該追求的或許是提供所有人「平等的機會」,而非讓所有人獲得等量的報酬。關於「平等」辯論最核心的問題是:我們追求的是哪種類型的平等?這不僅僅是在個人的經濟自主與政治權利間做抉擇,作者還舉了許多例子來說明兩者間值得深思的複雜互動關係。不過本章最重要的洞見或許在於,除了透過各種稅制來改善貧富差距擴大的問題之外,社會對「教育」的認知也扮演重要的角色。如果我們希望兼顧平等與效率,而非從中二選一不可,那麼就需要好好發展教育體系,讓享受菁英教育的人,不將自己的成就完全歸為個人能力的成果,而更能體認到其中某部分是來自於自己取得某些先天優勢的事實。如果大眾能夠接受行行出狀元,對於社會提供給自己的幫助心懷感恩,並願意付出貢獻幫助弱勢,那麼平等問題就可能改善。這些討論也與本書下個章節議題「團結」息息相關。

許多社會問題需要群體合作才能夠解決。因此,大家願意貢獻一己之力,合群地進行集體行動,至為重要。然而,在現實上,是否會像安塞爾教授所言「我們只會在自己也需要時,才會想到團結」?

集體行動的困境是當代政治經濟學討論的問題中最重要的,而且最為與我們日常生活息息相關的議題。例如,在進行一份課堂報

告時,所有的同學都希望取得好的成果(好成績),而這當然仰賴大家盡力的付出。然而,總是有人想打混摸魚。這個小組一開始要怎麼約法三章,才可防止有人想搭便車,而且大家也願意一起努力付出呢?從社會政策的角度來看,這個問題就變成:若要保障弱勢群體一些基本的生活權益,我們要如何讓人們信賴、願意團結地建構集體的社會安全網,而非讓人覺得會養出一群不勞而獲的受益者,並產生相對剝奪感。換句話說,為什麼有人願意犧牲自己來濟弱扶傾?這樣的共好精神,可能來自社會上的個體將自己視為一個群體類別中的一員,而群體的團結認同讓彼此互助。此時狀況好的人幫助遭遇困難的人,而當未來自己遭遇困難時也預期能夠受到幫助。要維繫這樣的社會福利政策,安塞爾教授認為,這些政策的覆蓋範圍必須廣泛且公開透明,讓大眾清楚知道稅金的去向。同時,在社會上,我們也必須建構一個集體認同,例如透過公民民族主義(civic nationalism),我們或許就能創造一個強調團結的國族性質,將不同的群體結合在一起。筆者認為這個討論對於擁有多元文化、正在建構自我認同、同時又面臨貧富差距與高齡少子化問題的台灣特別重要,非常值得讀者深思。

　　本書接著又討論一個重要問題「安全」,而這牽涉到國家與政治的起源。霍布斯認為原初社會的自然狀態是一個強凌弱、眾暴寡、大欺小的無政府狀態。為了脫離人與人不斷戰爭的悲慘狀態,國家或利維坦因而誕生了。如此,我們「要避免無政府狀態,就得甘冒陷入暴政的風險」,便是本部分討論的核心。

　　我們都知道安全的好處,它讓我們不必擔心迫切的生命威脅,而有餘力從事其他更有創造力的活動,並能夠進行長期的投資,創造出穩定的社會。在現代國家的國內政治中,社會秩序的穩定由執

法機關維繫。然而執法者在執行公權力時是否逾越了限制，不當地侵犯民眾的人身自由，便成了人們需要思考的問題。我們願意犧牲多少的自由來換取一個安全穩定的社會呢？生活中，我們不斷面臨這種社會秩序與人權保障間的權衡問題。例如，在COVID-19疫情期間，許多防疫措施限制了人民移動的自由；針對假訊息的管制，則可能干預民眾的言論自由。政府的措施一旦超越了必要的範疇，就進入暴政的領域。安塞爾教授認為，我們或許可以用當前的AI等科技來建構社會的監控系統，透過其中立且不具道德性的特性，一方面幫助我們自我監控（防止無政府狀態），另一方面則能監控我們的監管者（抑制暴政）。他主張：「要達成這個目的，國家採用的新監控工具必須是透明的：預測犯罪的演算法應向大眾公開，即時人臉辨識技術與軍事行動衛星影像的運用也都應受到監督。」但這樣就能解決我們面對的「安全陷阱」嗎？我們要如何相信國家提出的是可信的，而各種標準與行動指南是如何建立的？有太多必須考量的問題，否則最終還是會進入《1984》那種「老大哥在看著你」的世界。

　　維持國家安全與社會穩定的重要工具性目的，即是推動經濟的發展與繁榮。而「繁榮」正是本書最後一個主題。在這個討論中，安塞爾教授將重點放在「短期致富將導致長期貧窮」此一「繁榮陷阱」。在個人層次上，我們常說短視近利的投機行為很難帶來長期財富；在國家層次，我們則看到許多自然資源豐富但貧窮的國家，同時也存在著許多資源貧脊卻富裕的國家——很大程度上取決於國家的政治體制與發展政策。民主國家政治人物的貪腐情況通常不若獨裁者嚴重，因此民主國家的發展通常會比較穩健。由於選民也喜歡看到國家一片欣欣向榮的景象，於是政治學家發現，執政黨在經

濟繁榮時更容易勝選。但同時,經濟學家也指出相較於市場失靈,錯誤的干預政策對長期經濟發展的傷害可能更大,民選政府應該少將手伸入私有市場。若要擺脫追求短期發展的繁榮陷阱,我們需要穩定可靠的政治制度,包括值得信賴的司法體系和高度社會信任,使政治人物不會追求短期私利、貪贓枉法。同時,民眾也必須更有耐心,支持政府永續發展的策略,在選舉時不昧於華而不實的公共建設,及短期政治支票所帶來的繁榮。如果社會大眾都有足夠的耐心和長遠的眼光,人際間的長期承諾便能夠履行。社會承諾的可信度,是繁榮的核心所在。在詐騙橫行、社會信任面臨危機的台灣,如何讓更多民眾對這些概念有所體認,是我們必須認真反思的課題。

　　班‧安塞爾教授以極為宏觀的視角,討論當前世界各國社會普遍遭遇的社會問題。先不談這些問題如何解決,光是了解這些問題,對於民主國家的選民就至關重要,對民主發展也有很大助益。《政治為什麼會失敗》作為一本政治學的入門讀物,除了介紹各種大問題,還穿插許多值得啟發思考的小故事,是值得閱讀的好書。

導論
簡單的問題，棘手的政治

《紐約時報》(*The New York Times*)一則頭條直言：「暖化的氣候或許導因於大氣中的二氧化碳過多。」該則新聞的作者肯佛特（Waldemar Kaempffert）強調，一個源自1861年的理論，至今才再度被認真看待──人類所排放的二氧化碳或許將使大氣永久升溫。

肯佛特宣稱，看似小幅增長的二氧化碳，可能帶來嚴重的後果，將「兩極地區變為熱帶沙漠和雨林，其中有虎低嘯，豔麗鸚鵡鳴於樹梢。」先不論其駢麗的敘述，科學家肯佛特論稱「過去60年間全球氣溫上升，肇因於大氣中人為的二氧化碳排放量增加了30%──也就是說，其增長率為每世紀攝氏1.1度。」

該則極具先見之明的報導發表於1956年10月28日的《紐約時報》。報導中肯佛特所謂的「過去60年」，指的是自二十世紀開始的60年。作為此推論基礎的科學理論存在已超過100年。

60多年來，我們對全球暖化體會日深。全球氣溫又上升了攝氏一度，變化的步伐也日益加速。如今，額外上升攝氏1.5度已是最好的景況──讓我們無比接近鸚鵡鳴於北極樹梢的前景。不過，南歐、印度、墨西哥等地的大片沙漠化，以及地方洪災與數十億流

民等情況更有可能發生。

　　1950年代晚期，科學界對於全球暖化的成因（甚至對此現象本身是否存在）仍莫衷一是。儘管一直都有氣候變遷懷疑論者提出片面論據，試圖否定氣候變遷的存在，但如今我們已不能再拿「我們實在不知道發生什麼事」當作藉口了。對於氣候變遷的論戰，也已經由是否源自人為，轉換到我們該如何應對（若有辦法的話）。這無疑是種進步，也提出一個相當重要的問題。既然災難將至，那麼我們過去70年究竟都在幹嘛？

　　氣候變遷正是一個牽連到困難政治的簡單問題。所謂簡單，指的是從A到B的路徑——二氧化碳的排放導致大氣暖化——不但直截了當，更是人人都可充分理解。減少——甚至移除——碳排放，是再明顯不過的解答。我們理解科學，但我們無從理解的是，為何無人有所作為？這件事會影響我們所有的人。我們知道氣候變遷威脅人類的根本存續已數十年，為何長久以來大家都消極以待？

　　碳排放是個全球議題，奈何我們的政治以各國內政為主。若一國製造更多汙染，排放的二氧化碳可不會乖乖留在該國境內，碳排放也成了其他各國的問題，反之亦然。若我只是一個小國家，我國製造汙染與否，根本無足輕重——憑我舉國之力，也無法左右全球氣候變遷。當然，不僅是對我而言，這道理對多數國家都說得通。誰不希望能馬照跑舞照跳，讓他人承擔降低碳排放的代價？又沒有一個「世界政府」來有效地制裁我們。在不具有效國際協議的狀況下，我們都各自無憂地繼續暖化大氣。我們的政治眼界似乎狹隘到無從應對生存威脅。

　　但事實也許與此相左，自1992年里約地球高峰會（Earth Summit）以來數十年間，政治上已數度極盡努力，冀以喚醒各國，

好對氣候變遷有所作為。這些努力往往功敗垂成。1997年的《京都議定書》（Kyoto Protocol）為富國定下的目標，要嘛不被簽署（美國），不被同意（中國），或被放棄（加拿大）。2009年，意圖復興《京都議定書》的《哥本哈根協議》（Copenhagen Accord）一敗塗地。儘管川普政府曾短暫退出，但2015年的《巴黎協定》（Paris Agreement）到目前為止，似乎有所成效。該協議之成功，來自其內容的彈性、用詞之曖昧，以及將各種決策拖延至未來。雖非完美，但此協議仍展現政治並非注定失敗。

氣候變遷為我們帶來五項對政治的核心挑戰。它考驗我們對民主（democracy）的願景——對減低碳排放的目標，我們是否矢志不渝、是否眾志成城，是否能不淪落至混亂或政治極化？

它質疑平等（equality）的本質——為解決氣候變遷，富裕國家是否該投入更多資源？各國是否有平等的「權利」來進行汙染？

它讓全球團結（solidarity）的問題迫近眉梢——已開發國家的國民虧欠貧窮國家什麼？於經濟上，我們是否願意協助居於沿岸村落，或擁有面海房地產的人免受海水上漲的威脅？

它對國際安全（security）構成潛在的威脅——我們該如何處理大舉出逃的氣候難民？在國際警察與國際法律系統闕如的情況下，我們該如何執行國際氣候規約？

還有，氣候變遷根本威脅了我們的集體繁榮（prosperity）——透過掠奪環境資源換取短期興旺的我們，除了必須承擔乾旱、饑荒、環境汙染的風險，這是否也對人類長期在這顆太陽系孤星上的勉強存續造成了威脅？

這些都是有關人類存亡的政治問題。而這些問題，沒有一個是

初來乍到。作為一物種，數千年來我們為企及民主、平等、團結、安全與繁榮的集體目標而奮鬥。氣候變遷後頭還有其他大問題留待我們解決：從貧困、政治極化到疫情。面對種種問題，我們需要解方。不完美的政治，或許是我們為達到共同目標所能冀予的最後且最佳解方。

共識

政治這個詞滿載憂懼。有些人認為，政治標示著政治人物肆意貪贓腐敗的噁心作為。也有人認為，政治創造可能性——讓人類共創個人無從成就之偉業的可能性。這些意義或許同時存在。政治，究其根本，意味著我們如何做出集體決定。政治，意味著在不確定的世界中，我們如何向彼此做出承諾。政治在解決我們所共同面對的各種難關中——從氣候變遷到內戰，從全球貧窮到新冠疫情——都扮演了不可或缺的角色。

但政治也是把雙面刃，在承諾解決我們問題的同時，它也造就新的問題。我們需要政治，即使我們通常厭惡政治。我們尋求其他方案——有效的市場經濟、高科技技術、能搞定事情的強人或道德領導者，但沒有了政治，以上一切就不是真正解方。一切依靠科技的快速修正、完美設計的市場經濟與任何侃談「民享」的德高望重領導者，都與我們人類天生不服、有異議、愛背叛的傾向相互衝突。

政治，就是處理如此不可避免的意見衝突的方式。我們無法迴避政治，願其銷聲匿跡。選舉有贏家，如此也必有輸家。要在不平等的世界中用到錢，有些人勢必得付得比其他人多。保護我們的警察或軍隊，單其存在便引出了誰保護我們免受軍警之害的問題。當

我們想在一方面將政治壓下去，政治便在另一頭冒出來，就像擠壓牙膏管一樣。愛之也好，憎之也罷，如果我們想要達成一己之力以外的事情，我們便不得不求助於政治。

在你我表面上的不同之外，有我們共同渴望的事情嗎？多數人──無論表面上看來我們的立場有多麼兩極化──都同意並渴望幾件事。事實上，這幾件事，總共有五件。這五件事，是我們克服如氣候變遷等對人類存續最大挑戰的核心。這五件事，也代表了一系列你我應擺脫的陷阱。讓我們對這五件事逐一道來。

民主

人們對民主概念有所爭議，這點無可否認。在此，我們不妨將民主視為大眾選擇與更替其領導者的權利與能力。目前全球約半數人口居住在廣義上所謂「民主國家」。即使全球人口僅有半數生活在民主政體中，但民主概念的吸引力遠不僅於此，甚至無法企及那些深陷獨裁政體國家的人。世界價值觀調查（World Values Survey）對民主政體與非民主政體治理下的人口進行調查，結果顯示86%的人口認為民主政體作為一種國家治理方式，不是覺得「非常棒」，就是覺得「還不錯」。事實上，在中國、衣索比亞、伊朗與塔吉克的人口中，有90%也同意以上部分的陳述。民主制度在以上四個獨裁政體國家中受歡迎的程度，超過其在美國受歡迎的程度。或許，當人們提及「民主」時，心中想的有所不同，而處於民主政體中的人對民主有著更多懷疑。但民有、民治、民享的理念依舊迷人。

話雖如此，過去十年卻是對民主制最具挑戰的十年。「第三波」民主轉型──始於1970年代中期，在1990年代初期淘汰掉大部分

的共產政權——及至二十一世紀初已然衰竭或有所倒退。俄羅斯與中國等獨裁強權正急遽加速展現其軍事力量。從希臘、英國到美國，這些民主的「家鄉」因極具爭議的公投、民粹政黨的成功及人們對主流媒體、官僚體制與專家權威的攻訐而國事蜩螗。

認識民主概念者雖廣，但民主本身卻顯然面對著急遽增加的壓力。有時民主制度似乎對任何事都無法做出決定，這樣的混亂與優柔寡斷令人哀嘆。當各個政黨相互攻擊時，我們懼怕政治極化帶來的憤怒與惡意。但對多數人來說，儘管有其弊病，民主仍是不可或缺的。為民主找到有效運作的方案，是我們這個時代重要的挑戰。

平等

一如民主，在每個人心中，平等的概念各有不同。究其根源，平等的概念是人人皆應得到相同的對待，沒有偏私且公正平等。幾乎沒有人會公開呼籲有系統地不平等待人，但種族歧視與性別主義歧視的膿瘡仍遍布於我們的社會。平等的概念，不僅涉及程序平等與待遇平等，也涉及機會平等與結果平等。對此，大眾激辯正熾。在富裕國家中，傳統的左右派政治立場，常圍繞在富者的收入是否應被徵稅，並將這些錢重新分配給貧者。

令人意外地，大眾對此也有著極大共識。2019年，富裕國家的國民中僅7%不同意「所得差距」在其國家中過大。70%的人民希望政府有更多減少所得差距的作為。令人難過的是，70%的人民也同意其國家中的政治人物「不必在意」所得差距。顯然大多數人都不希望每個人都擁有完全相同的收入。這些調查數據多少描繪了我們日常生活中所體會到的不平等。

人們雖討厭不平等,但這顯然並未能阻止工業化國家的收入差距和財富差距再度擴大。我們生存於一個有著明顯不平等的矛盾世界——在數十億中國人與印度人脫離貧困的同時,富裕國家中的不平等現象於1980年代開始遽增。富裕國家中接連關閉的工廠與連年停滯的薪資,引起民怨,人們愈來愈看不慣那些富裕的城區,也愈來愈看不慣與窮國的貿易關係。這樣的民怨在政治上影響深遠,嚷嚷著抵制「全球化」的民粹主義者贏得了一次又一次的選舉,結束了歐美傳統的左右派相互競爭的政治。平等,或平等的缺席,已然成為我們政治生活中的另一要角。

團結

個人的命運總是難測。疾病與死亡終究難逃。也許被巴士撞個正著就在明日。人的職涯往往不是從A點(短褐穿結)青雲平步至B點(富貴利達)。時運總有不濟。我們寄望現正順遂發達的人,能在我們落難時予以賙濟,而我們也將銜環結草。此即是團結——與同胞相互幫助來度過困境。團結應自誰而起,所獻應有多少,常是論辯的主題。但是,無論團結來自國家抑或教堂,始自國內又或世上最貧困的地區,人類對團結總共享著普遍而強烈的渴望。

今日,在富裕的民主國家中,最受歡迎的政策——對政治人物來說,這也是那種一旦碰了就難以全身而退的燙手政策——都是與團結有關的:例如美國的社會安全福利(Social Security)與被稱為英國「國教」的英國國民保健署(National Health Service)。在富裕國家中,有95%的民眾認為政府有責任為患病者提供醫療服務。在美國,政府在醫療保健方面就只是個跑龍套的(這樣說已經很客

氣了），儘管如此，仍有85%的民眾希望政府為人民的健康負責。

有些時候，全球團結比我們想像中更加在地。全球性的公共衛生在過去往往被視為相對深奧的議題：該議題似乎只與「那邊的人」有關──也就是那些受國際援助與國際慈善關注的那些人──而與我們的生命安全基本無涉。但新冠疫情戲劇性地打破了原有的平衡。無論富貴或貧賤，富裕的西方國家與經濟相對弱勢的全球南方國家，全都受到疾病影響。疫情可不認得人為的國界。新冠疫情也揭發了全球衛生體系的極端不平等。當病毒能夠從被世人忽視的熱帶貧民窟，悄然傳至曼哈頓光鮮亮麗的頂層公寓時──當然一定也有反向傳染──團結令人感到再重要不過。

安全

身而為人最基礎的慾求，便是安全與生存。若有件事非要眾人同意，那無非是人們都希望能好好活下去。在廣及全球的調查中，70%的民眾表示比起自由，安全更具優先性。此項數據在那些近期曾歷兵燹的國家中尤高。對曾經存世的多數人來說，戰爭之暴力是生命淒慘的真相。然而，直至烏俄戰爭爆發，之前數十年卻罕有國與國之間的衝突。

我們的日常生活比過往安全許多。在人類大半的歷史裡，和平往往倚賴「自助」來維持──罪犯由我們自行逮捕。在今天，我們擁有專業的警察。即使遠遠不能說警方執法不帶偏見，但放寬來說，大眾秩序仍仰賴他們來維持。大眾普遍信賴警方：在美、英、德、日等國，超過四分之三的民眾對警方給予「高」或「極高」的信賴。在那些兇殺案與犯罪率普遍較高的地區──巴西、瓜地馬拉、

墨西哥——對警方的信賴度當然低，而對安全的渴求更遠遠超越了對自由的渴求。

在過去數十年間，國家內部的各種暴力愈加猖狂，從內戰、恐怖主義直至侵犯人權的反人類行為。在許多富裕國家中，警察暴力成為政治討論的新核心主題。就某方面而言，2016年是二戰以來最為暴力的一年。從剛果民主共和國到阿富汗，其間所遍布的特有暴力形式，我們是否有能力避免？我們可否確定所聘的軍警人員對我們予以保護，而非魚肉我們？而俄羅斯對烏克蘭的入侵，是否標示著國與國之間爭戰不休的「舊日」復現？

繁榮

人皆渴望有足夠的金錢賴以為生。多數人希望明日可以擁有的不少於今日。我們許多人是幸運的：我們居於工業化的世界中，享受著數十代以前祖宗們作夢也想不到的奢華生活。即使於一代人的人生中，愈加富裕也已成常態。寰宇之內，80%的民眾認為，他們的生活與其父母那一代相比，只有相同或者更好。在中國，90%的民眾認為他們的生活好過上一代。

但也不是沒有人對無盡的經濟成長提出批評。人類可不可以不計後果地單純消耗能源。地球正因我們而暖化，甚至到了難以負荷的地步。對此，務須快速行動。聯合國跨政府氣候變遷專家小組（The Intergovernmental Panel on Climate Change）估計，約至2040年，全球氣溫的提升將超過攝氏2度的「可容忍範疇」。

旱災、洪災、重度熱衰竭⋯⋯這些暖化所造成的結果意味著什麼？我們似乎難以理解，然而「百年一遇」的土石流、洪水及其他

天災發生的頻率愈來愈高,已讓我們瞥見那令人不安的未來。在澳洲、德國與義大利等富裕國家中,重視環保價值的人口為重視經濟成長者的兩倍。環保與經濟間的取捨,如今已開始讓我們付出代價。我們應該都希望全球永續繁榮,而這有賴於我們停止——或至少大幅減緩——對地球的破壞。

政治經濟學

　　民主、平等、團結、安全、繁榮都是崇高理想,雖然我們可能會對實現這些目標的方法有不同見解,甚至對這些目標的細節定義有所爭議,但這些都是大多數人能夠認同的集體目標。這樣的集體目標應是我們力所能及的——即使我們永遠無法完全達成,我們至少該向著達成它們的路途前進。

　　那麼,是什麼阻礙我們朝目標大步邁進?又是什麼讓達成目標的可能變得岌岌可危?答案正是我們自己,或換言之,我們的政治。我們的政治生活,正是個人利益與集體目標互相衝突之處。而個人利益往往戰勝了對集體目標的追求。我們繼續為我們的休旅車要求更低的油價,為週末前往巴黎度假的機位要求更低的票價,即使這些作為正緩慢地將地球暖化。本書將說明個人利益與集體目標之間的鴻溝如何成形,我們該如何駕馭政治,使其更有效率地為我們的集體目標服務。換句話說,本書將說明如何避免政治走向失敗。

　　我的論述與舉證皆本於政治經濟學,此學派的思想重於對個人與社會互動關係的理解。首先,對所有的個體進行建模——我們渴望什麼?我們怎樣計畫達成渴望?——而後,移至對社會整體的綜

覽,我們將看見我們最好的計畫如何被破壞,而破壞這個計畫的……竟是我們自己。我們將審視個人利益如何造就集體混亂,以及我們可以如何逃脫我們為自己設下的陷阱。

我的學術背景原本是歷史研究,後來才轉向政治經濟學。與其他社會科學一樣——歷史學除外——政治經濟學冀求找到一套能解釋人類過去與現在行為的普遍法則或模式。而且,與許多轉換研究領域的人相同,我發現自己逐漸遠離了原本的訓練——從重視偶然性與特殊性的史學分析,轉向政治經濟學那種具有普遍性、簡明性,而且實用性的研究方法。

政治經濟學家為自利的個體進行簡單建模,然後觀察這些自利的個體如何彼此互動與相互約束。我們藉此開發數學模型以解釋並預測個體行為。我們這麼做並不是出於對物理學的盲目仿效,而是因為這些模型迫使我們深入思考:我們對人性做出某些假設時,會出現什麼樣的結果。

政治經濟學容我們探討日常中的微觀政治(一旦買了房子,我對公共退休金制度持何態度?)以及觸及每個人生活的宏觀政治(貧富差距擴大是否會威脅政治的穩定性?)。政治經濟學假定所有的人大致上都是相同的——無論是政治人物還是選民,無論貧富,都會面臨相同的誘惑與陷阱。本書將向您展示,這種思考世界的方式不僅強而有力,還富有洞察力,有時甚至稱得上優美。

政治經濟學模型下的基礎設想,是每個人都是自私的,或說至少以自身利益為先。每個人都有一些想要的事物,而每個人都將窮盡所能地追逐。利己私心無所不在。它是人類一切行為的解釋,也是在設想他人行為時的判準。

或有人問,如此觀點豈不太過憤世嫉俗?但對利己之心的研究並非對其抨擊。自私自利絕非生活的最佳倫理標準。然而,利己之心倒是一項相當有用的分析工具;正是在此之上,我們構建出了解釋人類行為的理論。政治經濟學用此自利模型不僅描述、解釋、並預測個人行為,更依此向政府建議政策。即使在人人皆自私的情況下,這些政策仍有讓一切好轉的可能性。

將研究焦點放在利己之上,便意味著以個體的集合來思考世界。政治經濟學始於個體,而非討論階級、文化或其他群體。我們以個體為先,一切將建基於此。事實上,所謂某些「群體」具有「集體利益」的概念本身便引人疑竇──整個群體中的所有個體,何以行止一致?一個群體怎麼能說有任何屬於其本身的好惡呢?畢竟,一群體所擁有的並非單一心靈。

但每一個體,確實有著個別且單一的心靈。人對世界有所愛憎。世上存在我們所好之事,也有我們所惡之事,我們可以將這些事物予以歸納。在明白這些好惡後,我們就可以推算出達成我們所好結果的方法。在理想的世界中,人們可以做出一切可能選擇中最好的選擇。數學上來說,我們透過能夠提供我們最高「效益」(utility)的選擇,來「最大化」我們的幸福。如此,我們得到了一組關於「可能發生」或者「可能結果」的好惡列表。我們也得到了選擇我們「最愛」的方式。以上就是有關利己私心的完整構想。

政治經濟學所洞查到的結果,並非純然來自設想人人皆有其所好,並永遠擇其所好。若這麼想,僅會推演出「人人都將選擇擁有其所能擁有的一切」如此枯燥的結論。更高的收入使我快樂。當我的收入愈高,我就變得愈加快樂⋯⋯持續疊加,直至無窮。但某些事物阻撓我們持續取得更高的效益。而阻撓我們的正是世界本身。

人們總是受到某種限制,而無法取得真正想要的東西。限制可以是物理性的——地球上所存在的天然氣與金礦是有限的。也可能是體制性的——搶劫國內所有的銀行或許可以最大化個人的收入,但恢恢法網可不會讓我達到目的。而社會性的限制則所在多有——我的成就受限於他人的行為。

　　種種限制讓我們必將面臨取捨。正因魚與熊掌不可兼得,我們得對犧牲什麼做出選擇。在你我的生命中,取捨恆常且單調地存在著。在店裡選擇買某個特定牌子的咖啡時,我們便做出取捨:我們選擇一個品牌而非另一個;我們選擇咖啡而非茶;我們以金錢換取咖啡帶給我們的享受。金錢則來自工作。要獲得咖啡帶來的享受,就要對你我存在的基本要素——時間——做出取捨。

　　一切政治生活都關乎取捨。在投票所裡,我在候選人中做出選擇。對候選人的選擇,代表了我選取某個我喜歡的黨派,並捨棄其他黨派。舉例來說,我或許希望降低稅賦,同時又希望社會更加自由——於英國投給工黨或保守黨也好,於美國投給共和黨或民主黨也罷,或者於法國要從社會黨、共和國前進黨及共和黨中做出選擇,無論在哪個國家,我都在權衡所有的偏好後投出我的選票。

　　甚至來到投票所一事本身,也是出於取捨。投票是件費時費力的事。我所支持的政黨若勝選,於我的好處或許多過排隊投票的成本。但我一人的選票,幾乎不可能是決定性的那一票。若將個人的選票能使所好政黨勝選、帶來好處的些微可能性納入考量,你選擇投票的成本也就因此激增。如此看來,選擇去投票似乎並非理性之舉。因此,政治經濟學主張,在人們的喜好中,必存有一如「責任感」的要素,此要素有助於預測誰會真正出門投票。若我享受造就改變的感覺,或特別熱衷政治,又或者投票能減少我的工時,那我

就會出門投票。相對地，在那些對政治冷感、無特定政治立場的人和那些無法從工作中抽身去投票的貧困者中，投票率則較低。

政治人物也是以利己主義為核心行動的。美國國會議員們常抱怨，他們把大把時間花費在與潛在捐款者通電話，而非討論政策上。為什麼他們不放下聽筒，去做國會議員該做的事呢？這是因為，如果不打贏選戰，可是立不了法案的。而要打贏選戰，自然需要選民支持。那麼，選民怎麼知道該投給誰才好？答案是觀看競選廣告，而無論對執政黨還是在野黨來說，競選廣告都是很花錢的。所以，如果候選人想贏得選戰，競選的軍備競賽就在所難免。政治人物並非貪或蠢（即使有些人如此）——他們是為了當選，才會做出這些選擇與取捨。

以利己主義為核心來檢視政治，這方法看似片面。但我以為，這方法使我們從許多顧慮中解放而更加自在。我們無須再設想某些人的行動是出於比他人更加崇高的理念，也不用再想著有些人皮裡陽秋地摸不著底。那些看似最無私的人，或那些看似慈善而開明的公益行為，背後也常有一套自利的邏輯。

以教育為例。多數民調顯示，人們高度支持政府於公共教育上的開支。或許是因為大家真的想要更多的教育經費。又或許是因為，對調查者坦言自己實在不怎麼在乎辦學基金一事讓人不快。若我們更加深入，便能見到群眾間許多劇烈的分歧，而這些分歧都與基礎的自身利益相關。有錢人特別感到受公共教育開支的增加所威脅。他們不但得繳納更多稅金來教育其他人的孩子，這些受到更好教育的孩子，更成為有錢人自己的小孩在就業市場上的競爭對手。對富人而言，對教育的投資成了「雙重弊端」。

利己主義在教育系統中無所不在。一般認為，那些由富人統治

的威權政體，會限制公共支出並且避免推行義務教育——佛朗哥（Franco）治下的西班牙與馬可仕（Marcos）治下的菲律賓確實如是。一般也認為，右翼政黨會更不樂見教育上更多資金的投入，其黨綱更鮮少提及教育議題——從德國到英國，整個歐洲的右翼政黨莫不如此。最後，富有者對教育預算的編列支持度較低，這點可見於對富有國家的民意調查中。在大學入學率已高的狀況下，有錢人確實是最反對將公帑用於低收入學生身上的群體。其確切原因，在於高等教育的普及化或將使其子女所受的教育「貶值」。

對利己主義的思考，在理解人類行為上極其有效。但是，當一群自私自利者聚在一起，結果將如何呢？這將引領我們進入集體行動（collective action）的領域。

民主政體間不相互征伐，乃政治學上僅有的幾條定律之一。英國與冰島間的「鱈魚戰爭」（Cod Wars）是奇特的例外，尤其雙方還是北約盟友。這段發生於1950到1970年代的衝突，源自北大西洋東北部曾經豐饒的鱈魚漁獲。冰島數度為了獨佔漁權，意圖擴張其專屬權利範圍。隨著數十年間漁獲量驟跌，與海中鱈魚數量劇減，兩國漁民間的緊張情勢也如此冰釋。這些爭戰導致一人意外觸電身亡、雙方開火、船舶互撞，甚至出動軍艦和用以偵查的噴射機。冰島更在他們的海巡船上配備剪線鉗，以便在與英國拖網漁船擦身而過時，剪斷其拖網。

對冰島來說，專屬漁權為什麼如此重要？問題就在於，英國漁民的利己主義直接影響了冰島漁民的利益，反之亦然。漁獲是一種獨特的資源形式：其供給有限，而防止他人取得又相當困難。若你擁有一座酪農場，你也擁有農場上的乳牛及牠們生產的牛奶。你的

產權讓他人不得取得你農場上的產品。若有人想要你的牛或牛奶，就得支付雙方都能接受的金額。

然而，海洋不但難以擁有，更難以監控。在出了「專屬漁區」（exclusive fishing zones）的遠海之上，沒有人有權對他人從事漁業所得進行索價，所以遠洋漁業基本上是場大混戰。即使有一方宣稱握有專屬領海權——就像冰島政府那樣——在海上也難以取締漁船，故實際上無法有效排除他者。結果兩國漁民在同片海洋上從事漁業，過多的捕撈最終導致海中的鱈魚數量快速減少。

漁業正是「公地悲劇」（the tragedy of the commons）的經典案例。因不具私有性，每個人都能在海上盡情捕撈到開心為止。這乍聽之下是件好事，但一人捕撈得愈多，所剩下給另一人的就愈少。我的個人利益終將損及你的利益，反之亦然。若雙方可以達成一可執行的協議，在雙方取得足量漁獲的同時避免過度捕撈，結果對你我都更加有利。我們是可以創造雙贏的。但若協議難以執行——就像在風狂雨驟的北大西洋上一般——我們將各自依著私心，最終導致無魚可捕的境地。

經濟學家將漁民彼此施加的影響稱為「外部性」（externality）；當市場上有第三者——冰島的漁民——受市場上另兩者間的交易影響時，蘇格蘭漁民與買魚的格拉斯哥餐廳老闆——外部性——便會出現。政治生活可說充滿了外部性，而其中多數外部性是負面的。一條補助能源產業的政策，可能導致毀壞當地海灘與海灘周圍旅館和餐廳的汙染。倫敦某社區較低的交通量，可能導致另外一個區域大塞車。偶爾也有令人開心的正面外部性。精於園藝的鄰居新建好的玫瑰園，讓那些可以縱覽園中勝景的房地產增值。無論如何，某個群體的自利行為都可能對其他群體造成影響。

當一群利己主義者交互影響,並在無意間損及更大的集體目標,此時就會出現所謂的「集體行動問題」(collective action problem)。集體行動問題之所以存在,源自你我的獨立性。我所做的選擇,影響你所面對的環境,因此影響你將做的決策。本書列舉的種種問題——也就是人們競逐某項共同需求時所遇到的種種問題——歸根結柢都源自這種緊張關係。我們無法要求他人忽視自身利益去做「對的事」——停止捕撈、停止自駕、停止汙染——我們也無法對自己這麼要求。這麼做勢將造就悲劇。

政治作為承諾

政治經濟學之所以如此迷人又富有挑戰性,在於我們所研究的主題——人——能夠回應他人的行為。不僅如此,人們還能對他人的行為有所預期。之所以會有集體行動問題,就是因為我們太過聰明。我們無法將問題歸咎於他人「愚蠢」的行為。這也讓情況變得更加嚴峻。要想解決集體行動問題,我們就得超越自己的智慧。而我們將透過政治來實現這點。

什麼是政治?表面上,政治是各黨派為了贏得選戰所做的造勢活動;政治是立法者通過法案執行政策;政治是國與國間進行結盟、相互締約。但究其根本,政治所關乎的,是人與人之間彼此所做出的承諾。

我們在日常生活中屢屢做出承諾。我們向他人承諾我們會做某事。我們答應我們的伴侶我們將共度令人放鬆的假期。我們答應主管會準時完成交辦的工作。這些承諾並非總是好事。黑幫老大也會做出承諾——承諾要讓拒交保護費的店員交出他們的膝蓋骨。但以

上所舉諸多有關承諾的例子，都僅侷限於個人範疇。政治所關乎的，是作為集體的我們如何向彼此做出承諾——政治人物向選民承諾、總統向國會承諾、盟國向敵對勢力承諾。

承諾，是一份有關於「將在未來進行某事」的協議。然而，承諾與合約仍有不同之處：承諾不具法律效力，無法由第三方依法強制執行。承諾有可能不被履行。即使對方失約，我們也常常無權追索。當你的夥伴向你食言，那你就只能自立自強了。

在政治生活裡，當承諾被毀棄，我們同樣不一定可以得到補償。你沒辦法向無力施行其宣言的政府提告。當某政黨決定放棄共同組閣，其他黨派也只好摸摸鼻子認栽。當你被侵略時，沒有國際法庭可以強制按兵不動的諸盟國為你出兵馳援。承諾無法被強制施行。承諾全然倚靠信賴與預期心理來運作，其本身就帶有一定程度的不確定性。

政治建立在不確定的承諾之上，之所以是不確定的，是因為再無更高的外在力量，能夠確保這些承諾被遵守。政治可以建立法律系統，規範我們在經濟與社會上的活動。但此作法難以有效施行於政治本身。只因在根本上，對於誰應握有權力、誰應擁有怎樣的權利與義務，這些通通都是我們彼此之間做出的另一組承諾。沒有任何外在力量，可以要求我們遵守這些承諾。此外，政治是社會建構的產物，具有偶然性。一切政治決定皆非永恆的律則。與承諾一樣，政治選擇的意義，源自人們的集體認知，因此我們的政治選擇總是可以重塑再重塑。

讓我們再次回想北大西洋的漁權問題。海洋並不屬於任何人，即使有一方宣稱自己具有所有權，要監控所有的非法入侵海域者也幾乎是不可能的。我們無法觀察到每一個違規行為，因此我們擬定

的法律合約都是難以執行的，也沒有國際警察、陪審團或法官能夠緝捕並處罰任何違規者。因此，兩國必須代表其國內漁民，向彼此做出政治承諾。這些協議，有助於設想彼此的狀況，並在短期之內節制過度捕撈。不過，正如我們在冰島持續擴張其漁權這一舉措上所見，若人們覺得狀況對己方有利，要想阻止人們毀約是不可能的。當舊承諾被打破，就滋生出了對新承諾的需求，政治因此而永不止息。

在本書中，我們將見到政治可以如何許諾，以助我們達到民主、平等、團結、安全與繁榮等五個目標。但這些政治承諾有可能既脆弱又短暫。

在民主方面，我們能建立選舉規則與立法機構以約束人們紛亂的政治偏好；但反民主者也可以利用這些建制，將民主破壞殆盡。

在平等方面，當面對革命或者大規模民怨時，富有的菁英可以承諾將資源進行重新分配；然而，一旦人們就這樣默然接受，菁英階層就有可能不守承諾，甚至壓迫人民。

在團結方面，我們在時運艱難的情況下，會願意支持社會保險計畫；但在景氣大好時，這些計畫可能會因我們不願納稅支應而無以為繼。

在安全方面，我們希望有強大的警力可以保護我們；但任何強大的力量都可能被濫用，調轉矛頭指向我們自身。

在繁榮方面，我們希望每個人都能在氣候變遷這樣的根本性挑戰上合作；但同時我們也對便宜的汽油難以割捨。

我們時時刻刻向彼此承諾，嘗試信守，又將之毀棄。我們該如何做出更有效的政治承諾呢？我們的政治系統因什麼而失敗？至何

時方能成功？

　　政治承諾只有在能自我執行的狀態下方能成功。我們為解決集體行動問題所做出的承諾，必須要有能使自己深根固本的潛在力量。我們務須讓這些承諾難以背棄。最好的方式，就是建立政治體制（成文的規則與原則）以及建立社會規範（對於人們行止的不成文期許），來賦予這些承諾某種永久性。這些體制與規範會延續流傳，其影響力將遠超它們被創造的那一刻：往昔播種的政治承諾，造就了如今的茂盛叢林。

　　所謂政治體制，指的是正式的法條、規則，與能夠讓政治決策持久穩定的機構組織。說到體制，我們往往聯想到建立與執行體制的人，以及這些人工作其中的建築物，如法院與國會大廈。但真正重要的並非建築物，而是白紙黑字寫明的政治承諾。體制要求我們對所做的選擇負責。體制讓我們對他人的行為有一定的預期，以利我們做出有效的決策。由於政治體制傳承自過往的承諾，其內容並不全然符合我們今日所需。政治與時推移。即使舊日承諾的體制不適於今日，對於是否揚棄舊體制，我們仍需審慎以待。

　　美國參議院的「議事阻撓」（filibuster）規則，就是顯著的例子。「議事阻撓」規則可以讓僅僅40位參議員，阻撓共百位參議員的參議院通過法案。最初，「議事阻撓」允許個別參議員可以靠著持續發言來阻擋法案通過，而這可能導致所有的議事工作陷入停頓。1970年代，兩黨達成共識，任何一方只需提交議向書，就可以對特定法案進行「議事阻撓」。自此，多數經參議院通過的法案，都需要60票以上絕對多數的支持。

　　「議事阻撓」在各方面都有不足之處——它讓較小的鄉村型各州擁有過高的政治代表權，並在1960年代民權改革時期持續阻撓

許多法案。但取消此制度也並非全無風險。在2009年到2015年間，民主黨堅持取消「議事阻撓」，以防止參議院少數黨的共和黨人阻撓歐巴馬總統進行改革。最終，民主黨限縮「議事阻撓」的範圍，讓該規則無力阻擋總統頒布行政命令，也無力阻擋總統任命司法人員（最高法院大法官除外）。

但很快地，風水輪流轉。2016年，當共和黨成了參、眾議院的多數黨，又選上了總統，共和黨人取消了「議事阻撓」對最高法院大法官任命的限制，並以50多票的些微多數，相繼通過了三位最高法院大法官的任命。2022年，這幾位大法官決議否決長久以來聯邦賦予民眾的墮胎權。政治制度或許經常運作不良，但它至少提供了規範，讓在朝在野的政治人物知道該如何行事。沒有政治制度，我們便會淪落至「強權即公理」，有權者剝削無權者的處境。

政治規範指的是人我共同決定遵循的非正式、不成文的行為模式。對規範的遵循，來自正面與負面兩種原因。我們或因為眼見他人作為有助於我們取得最大效益而決定遵從規範；或者，若我們為避免遭到他人懲罰而選擇遵循。規範教導我們如何思考、如何看待世界，也教導我們誰是可信任的。這些規範雖不可見，但其對集體行為的影響效力之大，可能遠遠超出了政治制度中正式的法令所能及。

而規範相對於正式的法令，也更加模糊、難以執法。對政治人物來說，要推行或援引規範可不容易。並非每位總統都像甘迺迪或歐巴馬，能夠說服許多民眾以新的觀點看待世局，並依此改變行為模式。也並非所有的民眾都對甘迺迪或歐巴馬特別傾心。因此，儘管對規範的詳實理解，有助於我們找出有效的政治解方，但要想解決如氣候變遷、警察暴力、政治極化等問題，可不能只依賴規範而

不訴諸於力道更強的制度與法律。

政治對於制度與規範的依賴性之大,使其在世界各地以不同的形式呈現。民主國家顯然有著與獨裁國家大不相同的行為規範。威權體制國家下的民眾,往往有著強大的動機去隱藏與曲解自己的真實想法,他們對政府與同胞也都難有深度的信賴感。

各個民主政體間也有相當大的不同。許多學者強調如丹麥、瑞典等富裕國家的成功,來自其具包容性的選舉制度、人民對社會的高度信任與低貪腐率。但這些都並非北歐地區先天具有的特徵(想想維京人的時代)。這些長期存在的政治行為模式,建基於各種環環相扣的體制與規範之上,難以複製到其他地方。在本書中,我們將探索一系列民族、國家和歷史的經驗,以理解體制與規範何以成為中流砥柱,維護政治成功於不衰。

民主、平等、團結、安全與繁榮,無一不令人嚮往。但在以上每個面向中,我們都會遭遇政治陷阱,這些陷阱源自我們的自利傾向,阻礙我們達成集體的目標。落入陷阱並非你我的淒慘宿命,然而這些陷阱不但陰狠,更遍布四方,甚至有時看起來相當誘人。

我們有幾個選擇。我們可以學習在「現實情境」中識別這些陷阱,小心翼翼繞過它們。但也有可能,我們不幸落入這些陷阱之中,此時我們只得學習如何脫身。唯有理解政治為什麼會失敗,我們才能找到使其成功的方法。

Part I
民主

所謂「人民意志」根本不存在

1
西敏寺
2019年3月27日星期三

　　我們提前一個鐘頭抵達倫敦的英國下議院入口，早就做好排隊的準備。自首相梅伊（Theresa May）的英國脫歐法案（Brexit）第三度遭斷然否決，各媒體對此議題的關注一直熾烈不歇。英國政壇正沸沸揚揚地討論著往後的政策與動議。各個英國政黨已然失去對旗下國會議員（Members of Parliament, MPs）的掌握。此地的民主制度欲振乏力，眼看混亂將隨之而來。議院裡的僵局真的無法可解嗎？議員們想必有些基礎共識吧？

　　伊恩・麥克連（Iain McLean）與我獲邀到下議院提供建議，協助議員們尋得解方。經過林立、謝世多年的領袖塑像，我們上樓來到常務委員會辦公室。空蕩蕩的長廊裡，我倆坐在綠色麂皮椅上，等待著此地的主人。身為《大英憲制利病書》（*What's Wrong with the British Constitution?*）的作者，伊恩可說是英國首屈一指的選舉制度專家。若說有人能擬定一套系統以破時局之困，那此人非伊恩莫屬。精於政治體制的我，僅作為伊恩的幫手到場。不過，要是連伊

恩(無論得到我的幫助與否)都尋無解方呢?要是英國脫歐一案過於複雜,非任何系統可解,那又該怎麼辦?

這一切非得如此複雜不可嗎?2016年的脫歐公投,實是英國政治史上的重大事件。決定英國脫離歐盟的「英國脫歐」,這一出乎許多人意料的決策,源自對一簡單問題的表決:「英國該繼續作為歐盟的一員,還是應脫離歐盟?」脫歐派以52%對48%的得票率贏得表決——這樣的結果呈現了英國內部的分裂,但贏家無疑是脫歐派。這是民主制度運作的結果。

當政治家們必須決定英國以何種方式脫離歐盟,麻煩也隨之而來。人民表達了意見。但他們表達的究竟是什麼呢?有許多歐洲國家不是歐盟的會員國:從挪威、瑞士到土耳其與俄羅斯。其中,如挪威與瑞士,與歐盟國家關係緊密,更仿效歐盟法規,允許國民在歐盟國家間自由移民;而如土耳其等其他國家,雖在貿易政策上與歐盟口徑一致,但相同之處也僅只於此;更有如俄羅斯、亞美尼亞、亞塞拜然等國,對歐盟漠然置之。「脫離歐盟?」——當然好。但究竟要如何脫離?

過去三年來,首相梅伊試著為這個題目找到解答。從簡單的二選一問題,演變到該如何具體地讓英國脫離這個已經參與超過40年的組織,這一過程確如夢魘。各種未明列於選票上的問題有待決斷。英國是否該繼續留在歐盟的「單一市場」(single market)中,而無法對其他歐盟國家的移民設限?英國是否該繼續留在歐盟的「關稅同盟」(customs union),並放棄自行簽訂貿易協議的機會?抑或,英國該放棄與歐盟的一切合作,獨立自主,無視於可能帶來的經濟後果?

北愛爾蘭的問題特別棘手。歷經數個世代的衝突後,1998年

簽署的《貝爾法斯特協議》（Good Friday Agreement）為天主教與新教群體帶來了20年的和平。但此協議部分仰賴歐盟——英國與愛爾蘭兩國均為歐盟成員國，因此，在愛爾蘭與北愛爾蘭地區間，並無劃分經濟邊界。英國民眾脫離歐盟的表決，造成英、愛兩國間或需設立「硬邊界」（hard border），若真如此，將擾亂北愛爾蘭地區和平的局勢。簡單的脫歐表決，再次有了更複雜的後果，這些後果是許多選民——乃至政治家——都始料未及的。

梅伊的解決方案試圖跨越這些挑戰，但卻讓她像個腳踏兩座浮冰的極地探險家，難以取得平衡。她試圖離開單一市場以管控移民；試圖離開關稅同盟，好讓英國能夠簽署更有利的貿易協議。她也提出「愛爾蘭邊境保障措施」，讓英國暫時不會與歐盟的規則及貿易政策脫鉤，直至找到愛爾蘭問題的解決方案。愛爾蘭邊境保障措施將使英國在未來數年內，持續受制於歐盟法規。

沒有多少人對這項妥協感到滿意。2019年初，梅伊三度試圖通過其脫歐法案。每一次，法案都被一組不尋常的政治聯盟給擋了下來。有些支持脫歐的保守黨政治家投票反對，因為他們認為梅伊的法案非「正確的脫歐方式」。這些保守黨員希望英國完全脫離歐盟——誓死脫歐，無論結果如何。反對脫歐的工黨政治人物們自然投票反對梅伊的法案，畢竟法案的內容就是要脫離歐盟。這些工黨黨員希望可以再次舉行公投，可以的話，在脫歐問題上得到一個不同的答案。

一旦人們清楚「脫歐」的方式遠不只兩種，對兩種選擇進行簡單的全民投票就變得一團糟。梅伊的法案確實保證了英國按照大眾的要求正式退出歐盟，問題卻在於「如何」脫歐。由此看來，民主是困難的。

伊恩和我沿著寂靜的走廊，走到議會委員會會議室的一張馬蹄形桌子前，在那裡等待我們的只有兩名議員，一名保守黨議員和一名工黨議員。在英國政治中，保守黨議員很少會與工黨議員站在同一陣線，一同反對政府，但他們都意識到在這個議題上合作的必要性。梅伊的法案遭否決後，政壇另有至少五項不同的脫歐法案正在流傳，並有一個「是否要完全放棄脫歐」的公投提案，他們想知道議會是否有任何方法可以在其中進行選擇。換言之，民主制度是否能發揮作用？

我們提出一系列不同的投票系統供議會選擇。各個系統都有自己的優點，有些系統偏向產生妥協方案，有些則會產生明確但兩極化的決定。另有一些投票系統，則在探測是否有任何方案能夠獲得多數議員勉強的同意。

在我們列出了每項投票規則的利弊後，保守黨議員打斷了我們。他得出一個明顯的結論：議員們對任何事都無法達成共識，因此對於要使用何種規則來達成共識，這件事本身也是無法達成共識的。各投票系統都會偏向不同的最終結果。因此，究竟該選擇哪種投票系統，將會取而代之並成為爭論的焦點。於是我們又回到了原點。

然而，其實他們已有腹案。當天晚上，已排定要針對各種脫歐選項進行一系列「指示性投票」（indicative votes）。該投票採行最簡單的「同意投票制」（approval voting），各選項一一列出，針對各選項，國會議員們只需表明他們是否贊成就好。這樣應該能找出議員們能夠接受的選項範圍，至於在這些選項中做選擇，這個棘手任務則留待日後進行。

當我們離開西敏寺時，投票正在進行。投票鈴響起，國會議員

紛紛跑去記下他們能夠接受的選項。當伊恩和我在會後於西敏寺對面的一家酒吧小酌一杯，並聽取匯報時，大笨鐘剛好敲響九下，我看了推特，得票數正被公布出來，我們也就得知每一條政策的投票結果。沒有一項政策得到大多數議員的同意。面對各式各樣的選項，議會民主陷入了停滯狀態。

　　總體而言，我們原則上欲求民主，實踐上卻往往不得實現。這就是民主陷阱的核心：所謂「人民意志」根本不存在 。英國大眾已經發聲。但議會無法達成大眾的要求。即使民主已被簡化為脫歐與留歐的二元選擇，要找到實際可行的方案也近乎不可能。生活總是比簡單的是非題複雜得多——要執行一條指令，不僅涉及各種權衡，也涉及各種實施方式。當要真的「脫離歐盟」時，可有明確的「人民意志」能夠提供依循？答案顯然是否定的。

2
什麼是民主？

乍看之下,民主是你我都能認同的目標。連那些不住在民主國家中的人也同意這點。世界價值觀調查會定期詢問大眾:「對你而言,住在一個民主國家中有多重要?」並讓他們在回答中以一到十分進行評分。居住在如丹麥或德國等成熟民主制國家中的人,不出意料地,有四分之三給了民主制度十分的滿分。但居住在遠非民主制國家中的人,如中國、埃及、辛巴威、委內瑞拉,也有約三分之二給了民主制度九分。人們看待民主的方式可能不同;或許中國人民也認為他們一黨專制的國家是「人民民主」(people's democracy)國家。並非所有的人都想要「西方式」的民主制度。但原則上,大多數人似乎都希望可以對自己國家的運作方式有發言權。

民主——名副其實的「民治」——是個強大且普世的概念。即使社會科學家們對民主制度的精確定義各有所異,民主制度的核心概念仍是自治(self-government)。我們所有的人都應參與那些會影響我們的政治決策。但民主制度卻不斷地產出並非所有的人都能同意的結果。人民的意見常常分歧。而這樣的分歧,正是民主陷阱的核心:所謂「人民意志」根本不存在。

就如我們在英國脫歐事件中所見,當人民的意見分歧時,混亂就是可能的結果。陰謀詭計、暗中操弄、扭曲事實,都是人們為求所望時會採取的手段。我們每個人因個人動機而圖取利己的結果,終將壓倒我們創造任何穩定的集體協議的可能性。每當某個對結果不滿的人所做出的新提議,總是可以阻撓我們看似已取得的共識。

即使我們避開混亂,最終做出集體決策,也不代表我們消解了意見上的分歧。民主制度往往淪為勝者與敗者間的口水仗,它拆散朋友鄰居,使我們兩極分化。為了讓民主運作——而不讓政治失敗——我們被迫在混亂與兩極化之間求取平衡。

即使是民主最強大的守護者也明白它的瑕疵,誠如邱吉爾(Winston Churchill)的名言,「民主是最糟糕的政府型態,但已勝過人們以往嘗試過的其他政府形態。」(democracy is the worst form of government except for all those other forms that have been tried from time to time)但「民主」究竟是什麼?明知其不完美,民主又為什麼令人嚮往呢?世世代代的政治學者對以上問題雄辯滔滔——可見民主是多麼具有爭議性,而學者們無止境爭辯的本事在此也展露無遺。而在這場論戰的核心深處,卻存在著幾項共識。其中最著名——對我們來說也最有用——的定義,來自1883年生於今日捷克共和國的奧地利人——熊彼得(Joseph Alois Schumpeter)。

熊彼得對自己信心滿滿。他曾明表野心,想成為世界上最偉大的經濟學家、奧地利最傑出的馬術師,以及維也納最優秀的情人。熊彼得稱,以上三項目標中,他達成了兩項,至於是哪兩項,他則保持曖昧。不過,對於我們應如何思考民主,他的見解卻相當明朗。對熊彼得而言,無論民主還有什麼其他重要面向,民主的核心就在

於「藉由競逐人民的選票，以獲得裁決事務的權力」。

這簡單的句子具有三項深意。首先是「人民的選票」：大眾才是最終選擇治理者的仲裁。其二，「競逐」：若只存在一個選項，那麼大眾投票就毫無意義。其三，「獲得裁決事務的權力」：若勝出的候選人不能做實事，那投票一樣沒有意義。

請注意，此處並未提及民主制度能保證選出好的政治人物。但若這些政治人物太糟，至少「人民」有權把他們攆出去。這樣的制度聽起來並不聰明，也解釋了邱吉爾那句挖苦的名言。但試想，假使三項民主制度的基本準則中有任何一條遭違反，其後果會如何？

若我們取消「人民的選票」，則誰有權參與決策？或許是某些菁英——亞里斯多德稱此政體為「寡頭制」（oligarchy）。菁英所關注的事物通常較為侷限：富人普遍不喜被徵稅，也不喜歡自己古老的特權遭取消。更甚者，若「人民」無法作為整體來參與決策，那麼某些群體就會被排除或遭受壓迫：1918年以前的英國女性、1965年以前的非裔美國人都是例子。

在此，我們自然會想到「究竟誰是『人民』」這飽受質疑的問題。某些國家，像羅馬尼亞，允予其海外公民投票權；其他國家，如英國，一面允予某些移民（來自大英國協者）投票權，一面拒絕另一些移民（歐盟公民）投票權。直至最近，21歲以下的人民都被剝奪了投票權。即使如此，應該（幾乎）所有的人都會認同，普選權乃「民主」的關鍵要素。

取消「競逐」又如何？嗯，那我們就淪落到只能擁有那種99％的人正好都投票給薩達姆·海珊（Saddam Hussein）的大選。當我們一一看向世界上那些獲壓倒性多數得票率的領袖，多數人想的應該不是「哇！那個領袖好受歡迎，要是我們也有個90％的人都想要

的領導者就好了」。我們有理由更傾向懷疑。即使民主國家的人民常抱怨他們沒有真正的選擇，眾多政黨都屬於同個壟斷利益集團，但比起像俄羅斯那種選舉前就可以得知結果的國家，這些民主國家人民的抱怨是誇張了。政治傾向左傾的美國人常抱怨，他們只能在右翼政黨和中間派政黨之間做選擇。但這兩黨為了贏得選戰，可是鬥得頭破血流。他們彼此競爭，並對相同的問題提出不同的解決方案。

最後，若取消「裁決事務的權力」，後果將如何？許多十九世紀的歐洲君主在允許選舉權與立法權的情況下，仍保有無上的權力。貴族與教會不時允予自己對民選政治人物的否決權。英國上議院中的貴族直到1911年都保留此權力，並以此阻擋向他們領地徵稅的法案。十九世紀晚期的威廉皇帝（Kaiser Wilhelm）有權無視選出的議會，並與他的首相俾斯麥（Otto von Bismarck）合作，阻擋具威脅性的社會主義運動透過選舉取得權力。時至今日，在如泰國、摩洛哥等表面裝飾著民主——有政黨、有立法權、有選舉——的國家，君主仍有權力懲罰批評者，無論那些批評如何謙和。

因此，究其核心，民主意味著人民的選票、潛在的領導者間的競爭，及有能力實際影響政策決定的選舉。讀者或許認為這樣的定義過分簡要，但每當我們聲明民主的基礎時——由自由、公平且具競爭性的選舉決定統治者——在民主政體之間仍存在著巨大差異。

我們特別會關心民主如何保護個人權利與自由，並藉此避免選出的多數派干犯少數派的權益。保障人們的言論自由、結社自由、良知自由；保護財產不被政府任意徵收；可以執行前述規則的法治系統；以及對議會長期以來的議事規則予以尊重——這些都是自由民主的基石。

什麼是民主？

自由民主制度就像是熊彼得所提倡的選舉民主制度的強化版。自由民主制度並非單純的「民治」——事實上，為了避免讓勝選黨派所有的願望都得償所願，這種制度往往對這代表「人民」的政黨有所限制。藉由設立或維持那些不一定由民主選舉產生的機構——法院、監察院、央行、宗教組織、報社與公會——以此為贏家套上枷鎖，防止他們剝削輸家。這些機構發展出規範或程序，以防勝選者關閉立法機構或延長任期。

這正是本書多數讀者所居住的自由民主國家的矛盾之處。為了避免落進民主陷阱，我們以機構及規範來馴服民主，使勝選者無法為所欲為。「民治」這件事不能全然不受約束。事實上，為了使民主能夠運作，我們反而必須限制「民治」。這些規範與機構，可以幫助我們避開民主陷阱可能帶來的混亂與極化，讓我們的政治免於失敗。

民主的理念或許很受歡迎，但它真能帶來好結果嗎？媒體在對中國經濟崛起進行熱切報導時，常隱含對自由民主的批判——「看看那些不必操心瑣碎法規的威權國家，是怎麼造出各種閃亮亮的新建設的。」相似的故事早已重複不下萬遍——史達林（Stalin）如何使蘇聯工業化、1960年代巴西軍政府創造的「經濟奇蹟」、1980年代在威權領導下成為「亞洲四小龍」的台灣與南韓。

然而，威權統治下的經濟榮景，總伴隨著數次衰退。撇開坐擁許多石油的波斯灣國家或當代中國不談，今日，近乎所有的富國都有著民主政體。民主政體下的經濟成長，得益於能夠對其發展方向進行修正，而能持續得更加長久。在威權國家中，官僚與地方領導人可能因為害怕當權者得知壞消息，因此選擇說謊、虛報，或隱匿

不利的資訊。俄羅斯軍隊入侵烏克蘭時的悽慘表現，無疑是軍方領導層不願向普丁（Vladimir Putin）如實報告其備戰狀況的後果。相似的狀況也出現在經濟發展面上。阿馬蒂亞・沈恩（Amartya Sen）曾指出，民主國家不會發生飢荒，因為新聞媒體能夠預警即將到來的饑荒，而領導人必須回應民眾的需求。

最後，民治的民主政體，其立法更傾向以民為重。其中，中等收入的選民，更是特別要求普遍的社會服務與福利。民主政體的選舉機制，迫使各政黨對選民做出受歡迎的承諾，並會在未能兌現時受到究責，因此，民主政體更容易提供前述社福政策。舉例而言，當國家實現民主化時，往往會在公共教育上增加約三分之一的支出，並將重點從有利於菁英的大學支出轉向為大眾提供初等教育。民主國家也會帶來更人道的成果——降低嬰兒死亡率、提高識字率與疫苗接種率。儘管民主國家會有落入民主陷阱的風險，但比起威權國家，民主國家更有能力照顧其公民。民主在歷史中逐漸崛起，為全球開創了新局，人們的生活水準獲得了前所未有的提高，而這絕非巧合。現在讓我們來回顧這段歷史。

民主的歷史

民主的歷史，就是一部關於民主陷阱的歷史。你我今日穩定生活的自由民主國家，可說是歷史的倖存者。這些民主國家擁有多層制度和久經遵循的規範，得以抵抗民主陷阱。民主或許源自古雅典，然而民主在此也只是曇花一現。數世紀以來，這種民治體制一直相當羸弱，難逃混亂、煽惑，最終走向僭主政治。現行這種穩定且鞏固的民主制度，其歷史還不到一個世紀。人們可能訝異於民主

制度的相對稚嫩。人們通常將民主的起源追溯至古希臘，或者可能追溯至美國《獨立宣言》（Declaration of Independence）、法國大革命或維多利亞時代的英國。但如果我們執著於熊彼特的三項準則——人民的選票、競逐和獲得裁決事務的權力——我們會發現，許多著名的「民主」案例並不符條件。

以英國為例。儘管前首相強生（Boris Johnson）稱英國為「民主之家」（home of democracy），但這個家可是一個房間一個房間逐步建成的。1215年《大憲章》（Magna Carta）的簽署限制了君主政體的權力。但協議的贏家是中世紀英格蘭的地主，而非人數更多、實際耕種土地的人。在英格蘭，要到1911年世襲的上議院喪失了立法否決權後，勝選者的「決策權」才得到保障。而要到1928年，普選權才擴及男女，使兩者享有平等地位。不過，此時的企業主可以擁有兩張選票——一張代表其家庭，一張代表其事業——牛津大學和劍橋大學的畢業生也享有相同權利。這種雙重計票的體制持續到1950年才終止。照此看來，英國成為民主國家，也不過70多年的歷史。

另一個歷史悠久的民主國家——美國——我們也有類似的故事可講。美國於1776年獨立後，無疑有著廣泛的選舉權。但這項權利僅適用於自由人身分的男性。直到1920年美國憲法第十九條修正案獲得批准後，女性才獲得選舉權。而非裔美國人，儘管他們在1865年奴隸制廢除後已獲得解放，但他們的選舉權一直受到壓迫，而且通常伴隨著暴力，一直要到整整一個世紀後的《民權法案》（Civil Rights Act）通過後，情況才有所改善。

其他號稱擁有悠久民主歷史的國家，也同樣未能將民主擴展到男性公民之外。直到二十世紀，除了紐西蘭以外，所有的國家都禁

止女性投票。法國在法國大革命後的1792年，首次且短暫地引入了男性普選權，之後在1848年的第二共和時期該權利才被永久確立；但法國直到一個世紀後的1945年才賦予女性投票權。瑞士在1848年賦予男性投票權，但直到1971年才將投票權擴展到女性，內阿彭策爾邦（Appenzell Innerrhoden）更是拖到1990年才跟進。也就是說，要到千禧世代出生之際，瑞士才真正實現完全民主化。

當我們論及民主的始祖古代雅典民主時，我們也看到一幅比歷代流傳下來的光鮮形象更混沌的景象。雅典的民主要求高度參與，其程度甚至令人筋疲力盡。大約十分之一的選民每年要在公民大會上開會40次，公民還會透過抽籤擔任兩種職務：一是參與負責訂定每日議程的議會，二是加入由200至500人組成的公民陪審團。顯然，這種極度要求參與的制度難以擴大規模——以今天的美國來說，這相當於大約2,500萬人參與的大會。但這確實意味著所有的公民都充分參與了公民決策的方方面面，也因此，每當有人憂心公民對政治冷漠時，總會讚頌這樣的制度。

然而，這種參與只適用於一小部分雅典居民——男性公民。女性被完全排除在外。奴隸也被排除在外。居住在雅典的外國人以及任何非雅典血統的人也都無法參與。雅典之所以能夠維持這種參與式民主，是因為大部分勞動和商業活動都是由女性和非公民執行的。這與十九世紀初的美國有著驚人的相似之處：被亞歷西斯・德・托克維爾（Alexis de Tocqueville）讚揚的高度參與式民主，實際上只賦予自由白人男性政治權利。不只如此，不受約束的雅典民主不只具有極化特性——正是雅典公民以「腐蝕年輕人思想」的罪名判處蘇格拉底死刑——同時也很不穩定，幾個世紀下來，雅典民主政治逐漸崩解為僭主政治和寡頭政治。

因此，我們所認知的現代民主，實際上比傳說中更為年輕。若跳脫個別案例，民主的總體趨勢又是如何呢？政治學家經常談論民主的三個「浪潮」。第一波浪潮始於美國革命和法國大革命的衝擊，緊接著，英國國內的選舉權逐步擴大，而到了第一次世界大戰結束，各個民主共和國在西歐林立，第一波浪潮也於此達到高峰。

但是「浪潮」顧名思義，總會在達到頂點時崩落。在1920年代，特別是1930年代，法西斯政權推翻了德國、義大利和西班牙的民主，而史達林則加深了蘇維埃俄國的威權主義本質。

在這波倒退之後，第二次世界大戰後出現了第二波民主浪潮，德國、義大利及許多前殖民地（尤其是印度）都走向民主化。隨後在1960年代和1970年代再次出現民主倒退，許多拉丁美洲國家和非洲國家落入軍政府或個人統治之中，從智利的皮諾契特（Pinochet）到阿根廷的軍政府將軍，再到穆安瑪爾‧格達費（Muammar Gaddafi）、蒙博托‧塞科（Mobutu Sese Seko）和伊迪‧阿敏（Idi Amin）。

最後，第三波民主浪潮始於1974年的葡萄牙，在1980年代隨著西班牙、希臘、阿根廷和巴西的轉型而加速發展，並在1990年代初隨著蘇聯的解體和東歐民主化而急遽擴大。這正是法蘭西斯‧福山（Francis Fukuyama）那本（經常遭人誤解的）《歷史之終結》（The End of History）的成書時代，他在書中主張，自由民主的理念已然戰勝其他對手，而且勝利可能是永遠的。

自由民主的理念依然強大。但我們也已看到，熊彼得所界定的選舉制民主，和「自由民主」並非同一回事。現今世上幾乎每個國家都允許所有的成年人投票──只有少數中東國家（阿拉伯聯合大公國、沙烏地阿拉伯）仍有投票限制。但關鍵在於，人民的選票是

否真的具有意義。自二十一世紀初以來，普選制度持續幾乎在所有的地方遍地開花，但構成民主的其他制度卻遭到沉瀣一氣的攻擊。從俄羅斯、土耳其再到委內瑞拉，這些國家已倒退回「選舉式威權政體」（electoral authoritarianism）——選舉依然存在，但選舉並不真正決定任何事。即使是波蘭這種民主選舉依然自由、公正，候選人仍得互相競爭的國家，其自由民主的其他核心部分——司法體系、新聞自由——仍承受著來自當局的壓力。

沒有自由制度支持的民主，往往淪為激進的民粹主義。匈牙利民粹主義總理維克多・奧班（Viktor Orbán）明確表示，他正在創造一個「非自由」的民主國家。一百年前，這種區分是沒有意義的——當時開始授予人民投票權的大多數國家，已經對言論、結社等自由給予了實質性的法律保障。但在過去幾十年，我們看到許多新興的民主國家並未保障這些權利，而民主陷阱的獠牙在這些國家顯得特別鋒利。

我們應該小心，切勿全盤否定選舉制民主——擁有投票權總比沒有選舉要好。但是，正如我們將看到的，當民主不受自由制度制衡，就會變得混亂與兩極化。不受限制的多數決是危險的。怎樣才能阻止一個流氓領導人無視選舉結果，拒絕下台？要記得，在政治上，沒有任何第三方可以替我們執行承諾——那麼，這樣的領導人豈不是可以剷除所有的反對勢力？在2021年1月6日的美國國會大廈襲擊事件後，這類威脅甚至對富裕民主國家的公民來說，也變得更加真實了。要維持民主不衰，背後需要強而有力的制度。

民主制度既古老又現代。一些關於大眾真正當家作主的理念，可以追溯到古典時代。但是，環顧全球，現今實存的民主制度，其

歷史並不比電晶體收音機長多少。為了獲得自主治理的權利，人們奮鬥了數世紀，而民主倒退的威脅始終存在。話說回來，民主並非完美的制度。民主並不能保證我們真的可以找到優秀的政治家。然而，儘管民主並不完美，但也有一些明顯的好處。

我們擁有代表權——我們想要什麼，我們就有權投票支持它，並有權競選公職來為它發聲。這並不保證當選的政治人物會是我們的同類人，或是和我們有相同的想法。差得可多了。但是，如果這很令人掛心，我們可以挺身而出，親自改變現狀。在民主制度下，幾乎每個選民都有機會成為國家領導人。

我們擁有問責制——至少理論上如此。我們可以把做得不好的政治人物攆走。我們可以用選票教訓他們的不當行為。當政黨提出政見，我們可以看他們履行得如何，然後在下次選舉中給出提供評判。

最後，我們擁有自治權。我們可以自主選擇、自主決策。民主讓我們能夠修正錯誤，而不必盲目遵從祖先的選擇。這樣的政治制度尊重我們，把我們視為公民，而非臣民。民主讓我們能夠按照我們認為適當的方式塑造世界。唯一的問題是，「我們」是誰？

3
民主陷阱

假如民主如此令人嚮往,為何產生民主的決策如此困難?民主體制的問題在於:國家並不像個體一樣行動,而是由一群追求自身利益的個人所組成。而個人形成決定的方式,無法直接套用在產生明確的集體決策過程中。事實上,每一個人實現自身目標的動機,可能會阻礙我們達成任何共識,甚至導致政治機制完全失靈。我們陷入了民主陷阱:所謂「人民意志」根本不存在。

所謂「人民意志」只會出現在最單純的情況,也就是所有的人本來就意見一致。民主制度,比如各種不同的投票規則,無法憑空變出一個統一的集體願景,因為這些規則要不是受到心懷私利的投票者刻意操縱,就是導致不合邏輯的結果。回顧英國脫歐的過程,國會議員甚至無法就投票制度達成共識,原本看似簡單的「脫歐」或「留歐」二選一,最終演變成無數種可能的脫歐方式,致使決策過程更加混亂。

一旦面對超過兩個以上的選項,民主投票幾乎必定會陷入混亂和僵局。然而,我們未必看得見混亂,因為政黨可以強行維持秩序,代價則是社會日益兩極分化。縱然我們做出了決策,這些決策卻可

能撕裂國家,加劇兩派人馬彼此怨懟。這正是脫歐對英國政黨政治造成的影響,保守黨最終成了脫歐代表,工黨則是留歐的一方,儘管兩黨內部最一開始也意見分歧。面對公投結果,留歐派怨聲載道,脫歐派則沾沾自喜,使得政治氛圍更加劍拔弩張。

那麼,我們要如何在意見不一致的情況下,讓民主政治順利運作?又該如何避免陷入混亂或政治極化的困境?要回答這些問題,我們必須深入探討「民主陷阱」。

「人民意志」

關於「人民意志」的概念有著淵遠流長的歷史。直到二十世紀中葉,多數重大論辯,諸如民族主義、自由主義和共產主義間的激烈交鋒,清一色圍繞在誰代表公眾意志,抑或公眾意志究竟是什麼;至於它是否真正存在,幾乎沒有被認真思考過。如此說來,大眾至今仍被自詡代表人民意志的「強勢」或「道德」領袖所吸引,也就不足為奇了。

這場論辯以政治思想家盧梭(Jean-Jacques Rousseau)為核心人物,他提出公意(volonté générale)的概念。盧梭認為,現代文明造就個體間互有分歧,進一步導致社會分裂,並產生特殊利益。因此,盧梭提出建立民主共和國(democratic republic)作為解決方法:如果所有的人都加入決策過程,就能透過審議理解共同目標,而這就是「公意」。民主愈活躍、參與度愈高,所有個體的集體意志就會愈趨近真正的共同利益。

自盧梭以後,不同思想傳統的學者也延續討論,認為只要大眾拋開個人利益,就會發現潛藏其中的共同利益。對於民族主義者而

言,「人民意志」通常僅限於國家邊界內的人民,或是一種想像上的「民族共同體」。至於社會主義者,則對「人民意志」所指涉的共同利益有著截然不同的理解。馬克思主張,共同利益取決於個體在經濟體系的位置:世界各地所有的工人共享相同的利益,正如所有的資本家也擁有一致的利益。在馬克思看來,只要階級存在,就不可能有真正的共同利益;唯有進行革命,並將所有的財產依公有制重新分配,屆時所有的人才會共享相同利益。無論是盧梭的共和主義,還是民族主義或社會主義,這些截然不同的世界觀都建立於一個相同前提,也就是存在單一的共同利益。

　　姑且不論這個想法是否屬實,即使單一的人民意志確實存在,也難免產生問題。假設整個社會在某件事情上達成共識,而且每個人都能從實現這個共同目標受益,卻無需親自付出努力,那麼大家就會想坐享其成,指望別人去行動來實現目標。舉例來說,維持民主政體本身就是挑戰。也許人人都想生活在民主社會,但是否每個人都願意付出必要的成本去維護它?過去十年間,從美國到英國再到法國,西方大國的投票率持續下滑,足以說明消極的民主參與趨勢。即使對結果有共識,若無法共同承擔行動,那麼「人民意志」終究會淪為選美參賽者口中的「世界和平」——空洞而難以實現。

　　話說回來,大多數時候大眾的意見往往不一樣。既然如此,必須多少人達成共識,才能稱民主體現了「人民意志」?這取決於如何定義這個概念。我們可以極度包容所有人的意見,主張唯有全民同意才算人民意志;我們也可以極度排除異議者的意見,認為勉強達到的多數即可代表人民意志。然而,歷史證明前述兩種極端作法都隱含風險。

　　事實上,讓所有的人都同意的政治制度不無可能,最簡單的方

式就是給每個人一票否決權（veto，該字源自拉丁文，意即「我反對」）。假如沒有人反對某個決策，那麼它自然是「人民意志」。因此，任何賦予所有的人否決權的制度都能順理成章如此主張。問題是，幾乎沒有一種情況能讓所有的人完全同意。於是，這樣一套人人都能打回票的體制，最終往往陷入癱瘓。

最出名的例子莫過於十七至十八世紀波蘭－立陶宛聯邦議會（Sejm）的「自由否決權」（liberum veto，意指「我自由反對」）。當時在任何立法會期中，只要有一名議員起身反對正在審議的法案，這項法案立即終止。1652年，波蘭－立陶宛聯邦議會曾因一名議員行使自由否決權，導致整個會期解散。到了十八世紀，超過三分之一的立法會期完全未通過任何法案。這樣的制度在國際間傳開後，開始有外國勢力賄賂波蘭議員行使否決權，藉此阻撓立法進程。

當時四面楚歌的波蘭，因為自由否決權，局勢變得更岌岌可危，最終當局在1791年永久廢止這項制度，只可惜為時已晚。不到兩年，波蘭－立陶宛聯邦議會就因為列強施壓，在第二次瓜分波蘭（Second Partition of Poland）時，將幾乎一半的領土割讓給俄羅斯和普魯士。想當初，正是俄羅斯和普魯士利用自由否決權操弄波蘭議員，癱瘓議會。這種極度狹隘的人民意志觀，到頭來終結了一個曾經獨立的民族。

另一方面，如果極度排除異議者的意見，又會帶來什麼風險？有些國家僅憑勉強過半的決定，就宣稱是「人民意志」，但這真的代表多數人的看法嗎？由於這些決策通常利害攸關且影響深遠，導致投票結果往往淪為爭議焦點：落選者質疑其正當性，勝選者則傾向採取過激行動，彌補險勝所引發的正當性問題。

英國脫歐期間就引發一連串關於「人民意志」的呼聲。當時，三名英國法官裁定，儘管全民公投決定脫歐，但國會擁有決定是否真正執行脫歐的權利。此舉引發脫歐派不滿，《每日郵報》（*Daily Mail*）頭版刊登三位法官的照片，斗大標題狠評：「人民公敵」（Enemies of the People）。報導引述了疑歐派保守黨議員伊恩·史密斯（Iain Duncan Smith）的話，他稱這些法官「實際上造成國會與人民意志相對立」。文章認為，「人民」已經通過險勝的公投結果表達意見，可是奉行民主制度的國會和司法機構卻扭曲這個聲音。但是，事實上，從英國人民到國會議員都並未全數達成共識，這種內部分歧無法靠宣稱「人民意志」迎刃而解。這點從最終版脫歐法案一度在國會闖關失敗時展露無遺。

　　另一個典型的例子是 2000 年美國總統大選，最終結果取決於佛羅里達州幾百張的爭議計票。回顧當年 11 月 7 日選舉夜，共和黨參選人布希（George W. Bush）與民主黨對手高爾（Al Gore）只差拿下佛州選舉人票就能宣布當選，可是雙方普選人票數異常接近，甚至一度發生兩人同時被宣告敗選與勝選的情況。開票直到隔天，佛州乃至整個美國的命運，甚或遠在阿富汗與伊拉克的局勢，都取決於區區 300 張普選人票。最終，如何計算廢票、汙損或不完整的選票，以及重新計票的時程，均由最高法院介入定奪。最終，聯邦最高法院以五票對四票的微小差距，裁定終止重新點票程序，並且正式確認小布希當選美國總統。

　　小布希驚險跨過選舉人票的門檻，普選人票卻輸給高爾，這樣的開局讓許多民主黨人質疑當選是否正當。然而，身為「官方認定」的勝選者，小布希執政時彷彿手握壓倒性支持，任內非但推動美國史上最大規模的減稅計畫，九一一襲擊事件後，還迅速對中東發動

大規模軍事干預。勝者為王，敗者心有不甘。民主黨人滿腔怒火，始終無法對大選結果釋懷，但好歹高爾還是不情願地認輸了。相形之下，川普在2020年大選拒絕承認落敗，最終為2021年1月6日的國會暴動案埋下導火線。

　　這是一場「敗者同意」的考驗。選輸的一方會要賴還是認帳？這某種程度取決於贏家的反應，或更準確來說，取決於輸家認為贏家會如何反應。其中最經典的案例，是西班牙第二共和國時期的左翼政治聯盟「人民陣線」（Popular Front）。1936年，人民陣線對戰保守派陣營，雙方早在競選時就放話：「若對方勝出，內戰勢在必行。」最終，人民陣線以些微差距勝出。不滿結果的右翼勢力隨即密謀推翻政府，從此引爆西班牙內戰，並開啟佛朗哥將軍（General Francisco Franco）長達36年的獨裁統治。

　　說到底，多數決未必等於「人民意志」。有時候，險勝的贏家為了鞏固基本盤會過度補償，擺出大勝者的姿態施政；有時則慘遭推翻。某些情況下，社會甚至為此陷入無休止的爭論，誰和誰都無法達成共識。

混亂

　　啟蒙時代重要人物尼古拉・德・孔多塞（Nicolas de Condorcet）是法國大革命中相對英勇的代表，於是，他無所倖免地被判處斷頭台之刑，最終客死獄中。英年早逝前，他為後世社會科學家留下兩項經典定理：陪審團定理（jury theorem）與投票悖論（voting paradox）。

　　陪審團定理反映對集體決策能力的樂觀。孔多塞主張，有些結

果能獲得普遍共識，比如懲治確實有罪者、釋放無罪清白之人。問題在於，我們無法確定被告是否真正有罪或無辜。孔多塞認為，假如每個人判斷時正確的機率稍微高於出錯，那麼只要參與決策的人數足夠多，透過多數決做出正確判斷的機率趨近於確定無誤。這是現代關於「群眾智慧」（wisdom of crowds）最早的論述之一：一個人也許無法確定，一群人則能更接近正確。這對民主體制而言是好消息，本章稍後將回頭解釋好處。

但如果集體無法就希望的結果達成共識呢？這正是投票悖論所揭示的群體決策內在矛盾之一。投票悖論指出，即使每個人對不同選項有明確的偏好順序，最終群體仍可能無法形成一致決策，反而會在不同選項間無限循環，遲遲無法確定結果。尤其當可選擇的選項超過兩個時，這種情況更容易發生。

現在用投票悖論來看英國脫歐，還有國會議員無法就任何方案達成共識的困境。關鍵在於議員的立場嚴重分歧，至少有三種截然不同的選項：首相梅伊的脫歐方案、無協議脫歐（No Deal Brexit），或者重新舉行一輪公投。

大批保守黨議員與部分工黨政治人物希望通過梅伊方案；必要的話，他們勉強可以接受無協議脫歐，但重新公投絕對不在選項之內。

另一批自稱「斯巴達派」（Spartans）的保守黨議員則堅持最純粹的無協議脫歐。在斯巴達派眼中，梅伊方案是一種「出賣」，將導致英國永遠受制於歐盟。與其如此，不如舉行新公投。

至於許多堅決反脫歐的反對黨成員則主張重新公投，如果無法如願，才會勉強接受梅伊方案。對這群人來說，無協議脫歐無異於一場災難。

每位政治人物在不同的脫歐選項上都有一致且理性的偏好,然而整個國會卻陷入混亂。即使採取最基本的民主投票方式,也就是每次只在兩個選項間進行多數決投票,國會仍可能無法達成共識。

首先,梅伊方案對決無協議脫歐。支持梅伊的議員傾向有協議脫歐,反對黨也更願意選擇有協議而非無協議。因此,在多數決投票中,梅伊方案將勝出。

然而,情勢隨即變得複雜。反對黨可能提出讓有協議脫歐對決重新公投,畢竟公投才是他們的首選;而斯巴達派也寧願賭一把再次公投,也不願接受他們視為出賣英國的有協議脫歐。在反對黨與斯巴達派聯合下,重新公投則將在多數決中脫穎而出。

此時,梅伊陣營可能主張:「無論如何,『人民』已經投票決定脫歐,因此應該讓無協議脫歐與公投相互較量。」這個情況下,梅伊陣營和斯巴達派都會支持無協議脫歐。

結果,繞了一圈又回到起點,梅伊方案再度戰勝無協議脫歐,然後陷入無休止的投票循環。國會始終無法做出最終決定,只能在僵局中不斷打轉。

脫歐問題之所以難上加難,一個關鍵是許多人有「多峰偏好」(multi-peaked preferences),他們寧願選擇極端作法,也不願接受折衷方案。如斯巴達派認為,無論是無協議脫歐或重新公投,都比妥協的梅伊方案更可取。這種對極端選項的偏好,在戰爭期間屢見不鮮。例如,一些陣營不是主張全面撤軍,就是訴求全面開戰,拒絕採取有限度的軍事干預,美國在越戰期間的輿論就經常呈現這種兩極化的趨勢。正是這種兩極化的偏好,使決策過程陷入無休止的循環。結束這種混局的方法之一是設法說服各派採取更溫和的立場,但這顯然干預了人們的選擇自由,與民主精神背道而馳。

你可能認為投票悖論不過是民主制度中有趣但罕見的漏洞，就像親友聚會時的消遣遊戲，略有瑕疵卻無傷大雅，對集體決策不會構成真正的威脅。遺憾的是，這種想法並不正確。美國經濟學家肯尼斯·阿羅（Kenneth Arrow）在1950年代提出一項數學理論，證明所有形式的民主投票最終不是陷入混亂，就是導致獨裁。

阿羅的目標問題是：當每個人對不同選項進行排序，並透過某種投票機制將其整合為群體排序時，會發生什麼情況？我們能否稱這個群體表現出一致的「意志」？答案是否定的。阿羅不可能定理（Arrow's impossibility theorem）指出，不存在任何一種投票規則能夠同時滿足以下所有的條件，而這些條件正是我們期望民主制度應當具備的基本原則：

首先，集體理性（collective rationality）：群體選擇不能無限循環，最終必須產生一個明確的決定。

其次，非獨裁式（non-dictatorial）：決策不能永遠反映單一個人的偏好。

第三，全域性（universal domain）：允許所有個人的偏好順序，不能禁止特定排序方式。

第四，一致性（unanimity）：假如每個人都偏好A更勝於B，則不可忽視這項共識並選擇B。

最後，也是最拗口的一條，不相關選項的獨立性（independence of irrelevant alternatives）：社會在兩個選項之間做選擇時，結果應該依據社會對這兩個選項的偏好，而不該受到其他不相關的偏好選項影響。

以脫歐為例，簡單多數決違反了集體理性。由於許多人更傾向極端選項而非折衷方案，結果就是在不同選擇間循環拉鋸。而其他的投票方式則各有問題。關鍵在於，阿羅提出的五大條件無法同時成立。如果要讓投票制度產生固定結果，勢必會違反其中一項條件，否則就只能任由混亂持續下去。

回到脫歐的例子，難道不能在兩輪投票後就停下來？如此不就符合阿羅的要求了嗎？畢竟，三個選項都已經至少被考慮過一次。問題是，最終得出了「重新公投優於梅伊方案和無協議脫歐」的結論，儘管只有支持留歐的反對黨這一個群體認同重新公投。假如堅持在兩輪投票後停止，等於讓留歐派支配國會決定，這就違反阿羅的第二條件「非獨裁式」。但是，如果沒有人出面主持大局，這場投票將卡在循環裡，毫無結論：在第三輪投票中，無協議脫歐打敗新公投；第四輪中，梅伊方案又擊敗無協議脫歐。如此往復，永無止境。即使決策看似單純，投票過程也公平民主，這場論辯仍會無限循環，遲遲得不出結果。

還是說三種陣營與三個選項，是否存在某種內在機制，導致容易產生混亂的情形？其實並沒有。無論增加選項或擴大投票人數，只會讓出現混亂循環的機率更高，因為總會有導致混亂局面的偏好排序。假如我們嘗試說服斯巴達派或反對黨，讓他們認清自己的偏好順序是錯誤的，從而解決這個問題呢？這或許有效。但如此一來，又背棄了民主的核心原則：允許每個人的偏好順序，而不是替他們決定什麼才是「最好的選擇」。因此我們違背了第三條件。

你可能會想：好吧，原則上來說，確實有這些問題，但現實的政治運作相對穩定。所以，這雖然值得玩味，實際上卻無關緊要。你的想法在多數情況下沒錯，畢竟我們的政治制度本來就不是完全

照原則來，日常運作早就違反了部分條件。

我們的政治制度可以透過降低混亂的可能性，使政治承諾更可信、更穩定。對政治議程的掌控，包含英國國會的議事日程（order paper）及美國參議院的委員會，均刻意減少可投票的選項，或限制可進行的投票次數。倘若一開始就將脫歐選項縮減為兩個，或規定最多只能進行兩輪多數決，那麼就能做出決定。然而，在這種情況下，設定議程的人，可能會讓最終投票結果導向他偏好的方向，這更接近獨裁，而非民主。換句話說，我們藉由違反民主來實現民主。

假如政府無法確立單一政策，就會爆發混亂。不過，有時連籌組政府這件事都可能成為難題。2011年底，比利時聯合內閣難產，國家整整589天處於「無政府」狀態。

這樣的情況確實不太尋常。在擁有民選總統、或政黨能穩定獲得多數席次的國家中，這種事似乎不太可能輕易發生。然而，比利時採用比例代表制選舉，政黨鮮少可獲得超過20%的選票。此外，比利時存在嚴重的分裂──荷語區法蘭德斯（Flanders）和法語區瓦隆尼亞（Wallonia）長期的對立。

2010年比利時大選中，得票率最高的保守派「新法蘭德斯聯盟」（New Flemish Alliance）僅獲得17.4%的得票率，斬獲27席；屈居其後的則是來自瓦隆尼亞的社會黨（Socialist Party），獲得26席。這兩個在政治立場、語言與地區支持上截然對立的政黨，席次幾乎相當。此外，在總計150席的國會中，還有五個政黨各自握有十餘席。儘管比利時政治長期以來缺乏單一政黨實現多數席位的情況，但組建聯合內閣仍仰賴各方妥協。然而，在2010年6月，各黨各派卻根本無法達成共識。

比利時和許多歐洲小國家一樣仍保有君主制，只不過國王的職責已不再是率軍出征，而是指定一名政治人物出任「探詢代表」（informateur），負責籌組能在國會取得多數支持的聯合內閣。當年，國王首先指派新法蘭德斯聯盟的黨魁進行談判，但未能成功，於是國王轉而請社會黨領袖接手，仍舊無果。這一番折騰已經三個月過去。國王改由各黨派出「調解人」（mediator），依然無濟於事。於是國王再度回頭找新法蘭德斯聯盟黨魁，並且封他為「釐清代表」（clarificator），但換個頭銜依然沒有進展。隨後，他又請來荷語社會黨人（Flemish Socialist）擔任調解人。200 天過去，這名調解人提出一份長達 60 頁的提案，最終遭到否決。接下來，又換一位新的探詢代表，然後新的調解人，最後甚至指定「組閣人」（formateur），依舊徒勞無功。

最終在大選過後一年半，也就是 2011 年 12 月，國會終於達成協議，成功聯合內閣。這段期間，學生曾發起只穿內衣的抗議遊行，從政壇到演藝圈的名人紛紛呼籲男性停止刮鬍鬚，甚至有人建議女性政治人物發起性罷工。整個比利時彷彿陷入一場荒誕的噩夢。

歸根究柢，比利時國會無法達成共識的關鍵是各政黨在經濟政策、區域權利、語言，以及是否應該特赦二戰期間曾與納粹合作的法蘭德斯人士等議題上存在著根本的分歧。由於各政黨的規模相近，任何黨派都有可能成為潛在的聯合夥伴，這也意味著每個政黨都握有否決權。正因為各黨在眾多議題上立場對立，任何政黨都能以新的論辯面向為由，破壞不符合自身利益的聯盟。即使談判似乎有進展，新的分歧仍可能隨時浮現，讓整個組閣過程再度瓦解。

集體決策難以達成共識還有另一個原因，關乎阿羅不可能定理

的第五條件「不相關選項的獨立性」,也就是在兩個選項之間做決定時,不應受到不相關的第三個選項影響。以餐廳用餐為例,原本決定點牛排而非龍蝦,但當服務生告知本日特餐是鱸魚後,卻改選龍蝦。原先簡單的二選一,因新選項的加入而變得混亂。如果投票受到第三個選項影響,整個過程可能因此被干擾,甚至陷入混亂。更糟的是,這也意味著策略性投票的問題將不斷困擾我們。雪上加霜的是,這導致策略性投票成為無可避免的問題。

任何投票制度只要有三個或以上的選項,而且並未對選民偏好加以限制,必然違背「非獨裁式」條件,或陷入策略性投票難題。換句話說,除了二選一的公投,幾乎所有的投票都難以避免策略性操作。然而,這不表示策略總是奏效。研究發現,澳洲和英國等選民嘗試進行策略性投票中,有三分之一的結果適得其反。但無論策略是否成功,投票制度始終無法真正反映選民的真實偏好。

策略性投票不僅影響選民,在立法機構中同樣屢見不鮮。許多時候,政治人物會投票支持自己並不真正認同的政策,例如補貼糖業,只因為他們與其他議員達成「投票交換」,用選票換取自己更在意的政策,比如設立軍事基地。這種互相讓步、各取所需的交易被稱為「滾木立法」(logrolling)。結果,許多政策單獨拿出來表決可能無緣過關,但被塞進綜合法案後就能一併獲得批准。1930年,美國國會通過的《斯姆特－霍利關稅法》(Smoot–Hawley Tariff Act)就是典型案例,這項法案後來被視為加劇經濟大蕭條的導火線。當時國會議員為了保護自己選區的產業,彼此私下協商、互相妥協,導致法案最終涵蓋數千種毫不相關的商品關稅,結果美國的平均關稅從40％暴增至60％,貿易萎縮、就業崩潰,經濟進一步惡化。

投票制度的狂熱支持者常認為使用多數制（plurality voting）來選舉公職人員，例如美國、加拿大和英國，往往會排除第三政黨的影響力，因為原本可能支持第三政黨的選民，基於策略考量，最終仍會把票投給真正有勝算的兩大政黨之一。他們主張改採排序投票制（ranked-choice voting），例如可轉移單票制（Single Transferable Vote）或選擇投票制（Alternative Vote），以提供選民更多具有實質意義的選擇。近年來，這些投票制度已經投入地方層級選舉，諸如紐約市長選舉，以及阿拉斯加州和緬因州的美國參議員選舉，甚至在蘇格蘭與威爾斯議會也有所採用。然而，即使是這些制度，仍然難以避免策略性投票的影響。

再次回到英國脫歐的問題。當時伊恩・麥克連和我受國會邀請，設計一套能引導議員達成共識的投票制度。在眾多可能方案中，最具潛力的就是選擇投票制。

選擇投票制要求表決者根據偏好對選項進行排序。如果沒有任何選項在第一輪獲得過半數的第一順位選票，那麼所有的選項中，第一順位票數最少的選項將被淘汰。當然這個不幸被淘汰的選項，仍可能是某些人的第一順位，這些人並不會被忽略：我們會查看他們的第二順位選項，然後將他們的票轉移至該選項。這個過程會不斷重複，直到某個選項獲得過半數支持並當選。

選擇投票制的問題在於，倘若表決者的立場嚴重分化，極端選項反而可能勝出，而難以產生折衷結果。在英國脫歐的情境下，幾乎所有的人都站在兩個極端：無協議脫歐或重新公投，鮮少議員願意退而求其次。由於選擇投票制會淘汰第一順位票數最少的選項，即使大多數人「勉強可接受」某個折衷方案，它仍可能在首輪就被淘汰。這使得本該用來凝聚共識的選擇投票制，反而可能讓極端選

項勝出。

還有一個備案，那就是庫姆斯投票制（Coombs rule），亦即選擇投票制的變體。庫姆斯投票制優先淘汰最不受歡迎的選項，也就是被最多人排在最後順位的選項。如此一來，折衷方案不僅有機會挺過第一輪，甚至可能獲得較多支持。然而，庫姆斯投票制最終仍舊行不通。議員可能刻意扭曲對選項的評價，假裝最討厭折衷方案，藉此操控投票結果，讓自己的第一順位勝出。制度本身無法防堵這類策略性操作，公平決策依舊難以落實。

最後，議員採用同意投票制，每個選項單獨進行表決，議員只需決定該選項是否應繼續被考慮。然而，這套制度最終仍因策略性投票而宣告失敗。部分反對黨拒絕支持留在歐盟單一市場，擔心這會影響二次公投的可能性。斯巴達派則拒絕支持梅伊方案，寄望更強硬的選項能勝出。許多議員刻意扭曲自己的偏好，對其實能夠接受的選項投下反對票，希望最終能促成更符合自身立場的結果。最終，在策略性投票的影響下，沒有任何一條脫歐路徑通過，即使是同意投票制，最後仍沒有任何選項倖存。

策略性投票導致混亂，因為選民或政治人物會基於自身利益操控原本精心設計的制度。每個人都有動機扭曲自身偏好，以爭取最有利的結果。一旦所有的人都試圖操縱制度，卻無法人人如願，最終只會陷入無休止的策略博弈，讓決策過程停滯不前。

這種混亂不僅影響政策選擇，還延伸到如何決定決策方式。倘若表決者在現有投票制度下已經採取策略性投票，那麼在選擇投票制度時，同樣可能基於偏好採取策略操作。結果，不僅政策難以確定，連決策的方式都無法達成共識，最終陷入民主陷阱——所謂

民主陷阱

「人民意志」根本不存在。

民主無法解決這個問題,因為問題本身源於民主。這並沒有速成解方。阿羅不可能定理證明,沒有任何制度設計能憑空產生集體的民主偏好。同樣地,強人領袖動輒自詡「民意」也難以令人信服。倘若我們期望擁有選擇、允許分歧,那就離不開民主。但要讓民主真正運作,使政治機制發揮作用,那就必須找到一種能夠維持穩定的方式。

極化

假如每種投票制度都潛藏混亂,為何大多數政治體系仍顯得穩定?穩定的政治並非不可能,前提是限制可選擇的範圍,或規範可進行的投票方式。政治運作必須建立規則與框架,為民主套上枷鎖,才能終結無休止的循環混亂。

大多數富裕國家的政治競爭,主要圍繞單一論辯面向展開,某個核心議題往往決定政治版圖的界線。我們至今仍沿用法國大革命時期的「左派」與「右派」來描述這道政治光譜。通常,政治分野與金錢息息相關,因為經濟問題讓社會的偏好更為明確。富裕階層傾向降低稅率、縮減公共支出,而較貧困的群體則希望增加公共支出,以獲得更多社會保障。整體而言,這些立場大致呈現出由貧至富的連續光譜:從最貧困、希望政府提供最多公共支出的人,到最富有、主張政府支出最少的人。

假設要求大眾對理想的公共支出水準進行排序,他們的偏好理應具備連貫性。如果你最希望公共教育支出佔國民收入的5%(此為富裕國家平均比例),那麼比起2%,你應當更偏好4%;相比

10%，你應當更偏好6%。支出水準愈偏離理想值，滿意度就愈低。

「單峰偏好」（single-peaked preferences）意味著排序不會出現反常情況，比如最理想的支出水準很低，次佳選擇卻極高。倘若民眾的偏好呈現單峰分布，好消息是，民主政治的混亂將消失；壞消息是，它將被兩極分化所取代。

要形成單峰偏好，政治競爭必須圍繞單一論辯面向展開，比如稅收。真正導致混亂與無止境循環的，往往是多重論辯面向交錯的政治競爭。理論上，若能將政治簡化為單一面向，確實有助於維持穩定，甚至可能促成中間路線的共識。然而，現實往往並非如此。當政治被壓縮至單一面向時，衝突反而更加持續。儘管擺脫混亂的困境，卻迎來了另一個難題：政治極化。政治極化加劇對立，使民眾彼此疏離、互相厭惡。當政黨需要與對手各退一步時，極化導致談判陷入僵局；當掌權者能夠為所欲為時，則會激化玉石俱焚式的政治操作。這種敵對情緒甚至可能動搖民主的根基。

美國經濟學家唐斯（Anthony Downs）的職業生涯相當獨特。他早年撰寫影響深遠的民主經濟理論著作，而在職涯後半，他成了一家房地產投資顧問公司的主席。這兩者看似毫無關聯，實則不然，因為唐斯的民主理論，本質上與「位置」（location）息息相關。

唐斯認為，假設選民的立場沿著單一光譜分布，政治人物應該將自身立場向中間靠近。這個概念源自經濟學家賀特林（Harold Hotelling），他曾經提出類似理論來解釋商店的選址策略。在大街上開店，選擇中段位置最為理想。這樣一來，無論顧客來自哪一端，最遠只需步行半條街。若你的店設在北端，而競爭對手選在中間，那麼對方將吸引南北兩個方向到中點的所有顧客。你的生意勢必受

到影響,除非你也選擇在中段設店。這正是商店往往聚集在一起的原因。

唐斯主張,政黨同樣會向政治光譜的中央聚攏。若某政黨立場極端傾向右翼,而對手則維持在中間偏右,那麼它不僅會失去所有中間偏左及左派的選民,甚至部分中間偏右的選民也可能流失。這正是1964年美國總統大選中,共和黨人高華德(Barry Goldwater)慘敗給當時的總統詹森(Lyndon Baines Johnson)的原因之一。高華德的主張極具爭議,例如將核武視為常規作戰工具,並推動將社會安全制度(Social Security)改為自願制,這些顯然不是能吸引選票的政策。高華德還說過:「捍衛自由的極端主義不是罪惡。」或許如此,但這顯然不是明智的競選策略。

唐斯的理論被稱為「中間選民定理」(median-voter theorem),其核心觀點是政黨會向政治光譜的中心靠攏,以迎合正好位於中間的選民偏好。在這樣的情境下,中間選民支持的政策應成為各政黨政綱的核心,並體現在執政後的施政方針中。

直覺上這套理論相當合理,而且有時也確實成立。1990年代末至2000年代初,英國、加拿大和美國的選民經常抱怨政客「都一個樣」。如果唐斯的理論正確,這種趨同現象正是他們成功當選的關鍵。政客也投入大量精力爭取搖擺選民的支持,因為這些選民通常位於政治光譜的中間地帶。在美國,他們被稱為「雷根民主黨人」(Reagan Democrats)[1]和「足球媽媽」(Soccer Moms)[2];而英國的命名風格,就好像是在為剛出土的舊石器時代遺骸命名:他們被稱為「蒙迪歐男」(Mondeo Man)[3]、「伍斯特女」(Worcester Woman)[4]和「沃金頓男」(Workington Man)[5]。

然而,也許世紀之交的政治趨同才是異常現象。如今,大多數

中年人成長於局勢平穩的1990年代與2000年代初，但1980年代的政治環境卻截然不同。當時盛行的「信念政治」（politics of conviction），實際上指的是政治與政策大幅「向右轉」，由雷根（Ronald Reagan）與柴契爾夫人（Margaret Thatcher）推動的保守改革正是典型例證。然而，自2003年伊拉克戰爭與2008年全球金融海嘯以來，北美與歐洲的政黨分歧變得比過去數十年更加嚴重。中間選民原本的穩定效應究竟出了什麼問題？

問題在於，單一論辯面向的政治競爭非常容易被推離「中間位置」。政治並不像商店選址那樣簡單，政治人物不僅要考慮選民偏好，還必須維繫黨內成員與金主的支持。政治愈是圍繞單一面向展開，這些黨內成員與金主的影響力也愈發強大，進一步推動政治走向極化，而金錢，無疑是關鍵因素之一。

先從政黨成員談起。政治參與往往伴隨成本，除非個人可以從中獲得額外好處，否則積極參與的動機並不強。最有可能投入政治活動的人，通常是期待政黨勝選後能帶來重大經濟利益的人，或者對政黨理念保持強烈信念的人。這意味著，政黨成員的立場往往比一般選民更加偏向極端，而非居於中間。

從經濟利益的角度來看，社會底層最能從左派政府提供的保證收入中受益；同樣，最富有的群體則可從右派政府的減稅政策中獲得最大好處。因此，這兩個群體比起中間選民更有動機加入政黨；相較之下，若中間選民定理成立，中間選民對左右兩黨的政策差異，應該會相對無感，自然也會較少積極參與政黨活動。意識形態的影響則更為明顯。如果一個人對某政黨的理念深信不疑，例如認為福利國家不僅具備經濟功能，還承擔道德責任，那麼他幾乎不可能是立場搖擺的中間選民，反而更可能成為忠誠的政黨成員。

人民為何加入政黨？在許多國家，政黨候選人或領袖通常必須經過黨內成員透過初選機制選出，而在某些情況下，政黨的政策綱領甚至由成員共同決定。黨內成員擁有推動政黨發展的影響力，能夠塑造領導層、決定候選人，並調整政策立場，貼近自身偏好。然而，在單一論辯面向主導的政治環境下，這種影響力往往使政黨立場向極端傾斜。

雖然美國共和黨總統川普（Donald Trump）與社會主義的英國工黨領袖柯賓（Jeremy Corbyn）的政治立場迥然不同，但兩人的崛起本質上源於同一個現象，也就是黨內成員推動政黨立場向左右兩極發展。這種由初選機制加劇的極化效應，不僅影響黨內的領袖選舉，也深刻改變美國國會乃至其他國家議會的政治生態。自1970年代以來，美國國會的政治極化趨勢日益加劇，這主要受到共和黨政治人物向右移動的影響，但並非唯一的原因。極化的加劇直接反映在稅收政策的分歧上。例如2017年川普推動的稅改法案，將企業稅率削減至歷史新低；而在2020年民主黨總統初選中，參議員華倫（Elizabeth Warren）與桑德斯（Bernie Sanders）則主張對超級富豪徵收財富稅，直接針對知名億萬富翁課稅，與共和黨的立場形成鮮明對比。

政治極化加劇並不能單純歸咎於政黨成員。競選活動需要龐大資金，而政治金主與黨內成員一樣，傾向支持極端立場。對避險基金經理人而言，若能確保稅制對自己有利，其所帶來的投資報酬，遠遠超過中產階級選民可能獲得的任何政策收益。而這些金融業高管能夠提供的競選捐款，當然也遠超一般選民。競選資金的流向，主要反映了超級富豪的政策偏好，而候選人，尤其是右派政治人物，也因此逐漸向這些金主靠攏。政治學者認為，這種現象導致美

國政治逐漸「偏離中心」（off-centre）。學者經常將當前情勢與1940年代至1960年代初的美國政治進行對比，當時的政治環境相對更具共識、更趨中間路線，而銀行家與高收入者承擔了遠高於今日的稅率。

表面上，1940至1950年代似乎是美國共識政治的黃金時期，但當時政治之所以看似不那麼極化，實際上是因為政治競爭並非單純圍繞左右對立，而是涉及多重議題。非裔美國人的民權運動就打破了傳統的經濟左、右派。當時的民主黨內部，南方民主黨人堅持維持種族隔離制度與《吉姆‧克勞法》（Jim Crow laws）[6]，而北方民主黨人則支持民權改革。隨著1960年代民權運動的推進，民主黨內部的分歧日益擴大。同時，共和黨雖在1960年代大致支持民權運動，但隨著該黨逐步吸納南方原屬民主黨的選區，到了尼克森時期，共和黨內部也開始出現裂痕。從表面上看，戰後時期似乎充滿共識：兩黨在高稅收政策與冷戰戰略上意見相近。然而，這種跨黨派的「共識」，很大程度上是因為兩黨內部對於種族壓迫問題本身存在矛盾與分裂。極化確實可能帶來負面影響，但少了極化也未必代表真正的進步。對於那些強調「政治禮儀」與「共識政治」的聲音也應保持警惕，因為這種表面上的和諧，有時只是掩蓋了更深層的種族矛盾與敵意。

當今的極化已經造成深遠的代價，加劇黨派對立，使政治變成一場無休止的拔河戰。政黨認同不再只是政治立場的選擇，而是逐漸內化為自我認同的一部分，「贏者全拿」的心態更主導了政治文化。根據皮尤研究中心（Pew Research Center）2016年調查，近半數民主黨與共和黨支持者認為對方政黨是國家福祉的威脅。川普政府當時的國安顧問安東（Michael Anton）更毫無忌憚地將2016年總

統大選比作「聯航九三式選舉」(Flight 93 election)[7],聲稱共和黨人若不「衝進駕駛艙」,將面臨生死存亡的危機。雖然並非所有的人都保有如此激進的觀點,但政治極化對社會關係的影響仍然令人憂慮。38%的共和黨人表示,若子女與民主黨人結婚,他們會感到「非常」或「有些」不滿,而民主黨人持相同意見的比例也一樣。在英國,三分之一的工黨選民不希望子女與保守黨支持者結婚。

極化還可能導致決策僵局。2011年,美國陷入一場政治風暴,市場在經濟崩潰的恐慌與華爾街的反彈之間劇烈震盪,而這一切的起因是國會多年前自行設立的一條奇特規則:舉債上限(debt ceiling)。雖然國會從未真正想要嚴格遵守這條規則,但這條規則卻成了政治極化的導火線,讓國家陷入動盪不安。

1917年,國會勉強同意威爾遜(Woodrow Wilson)總統帶領美國參與第一次世界大戰,同時設立了「舉債上限」,以便政府在戰爭期間能夠更靈活調度資金,無需每次都個別審批財政部的借貸請求。然而,隨著時間推移,這項原本為了提供財政彈性的機制,最終反而成為政府運作的枷鎖。美國國債長期呈上升趨勢,這意味著國會必須定期投票提高舉債上限,以確保政府能夠執行既定的支出計畫,並維持正常運作。但每次舉債上限的調整,國會總是先高調譴責政府開支失控,最後毫無懸念地通過調高上限的決議。

當然,也並非每次都能順利通過。儘管歷屆民主、共和兩黨總統都曾獲得國會批准提高舉債上限,而且無論國會由哪個政黨掌控,大多數情況下都會通過上調。然而,2011年的美國政局卻異常緊張且極化。當時的歐巴馬(Barack Obama)總統面對的是由共和黨掌控的國會,而共和黨內部又受到強烈反對政府開支的「茶黨運動」(Tea Party movement)影響。這批激進保守派議員毫無妥協意

願,拒絕遵循過往國會的運作慣例。國會向歐巴馬施壓,要求如果他希望提高舉債上限,就必須同意削減政府開支。然而,如果國會拒絕調升舉債上限,美國最終將不得不違約,無法償還國債,這在美國歷史上前所未見。

歐巴馬與共和黨雙方皆不讓步,導致市場陷入恐慌。道瓊工業指數(Dow Jones)在當年夏季暴跌近20%,投資人憂心政府可能違約。為了應對國會的僵持局面,各種離奇的方案相繼出現,試圖在不獲得國會批准的情況下避免債務違約。其中最異想天開的計畫,是讓美國財政部鑄造兩枚面值各一兆美元的白金硬幣,並將其存入聯邦儲備銀行,直接為政府提供資金,以此降低國債規模。這個計畫繞過正常的國會預算與立法程序,一旦付諸執行,恐怕成為史上最瘋狂的「銀行搶案」情節,劫匪是政府本身,搶劫對象則是美國金融體系。所幸這場鬧劇最終沒有發生。在政府即將面臨違約的前兩天,國會與歐巴馬終於達成協議,通過提高舉債上限的法案。但信用市場對此並不買帳,美國主權信用評級也因此史無前例遭到下調。儘管這場由政治極化引發的僵局暫時落幕,但僅僅過了兩年,2013年又上演了同樣的極限對峙,美國再度陷入混亂。

與先前討論的政治混亂一樣,政治極化同樣也會導致決策僵局,並讓政黨之間的對立情緒更加惡化。然而,一旦政黨不受制衡,並隨著每次選舉持續加劇極化,問題就不再只是決策僵局,而是政治易變(volatility)。阿根廷自1983年民主化以來的歷史,就是極端政治擺盪的典型案例。國家政策在經濟民粹主義「庇隆主義」(Peronism)與中間偏右的自由主義之間來回擺盪。庇隆主義者執政時,主打推動國有化與大規模公共支出;保守派上台後,則採取嚴厲的財政緊縮政策,導致支出縮減與貨幣危機。

劇烈政策動盪往往導致極端變革，相形之下，美國和西歐政黨的政治拉鋸顯得溫和許多。過去十年間，阿根廷的政局展現出截然不同的政策取向。庇隆派執政時期，費南德茲（Cristina Fernández de Kirchner）全面將私人退休金國有化，強化外匯市場管制，甚至導致阿根廷再次發生主權債務違約。然而，下一任總統，保守派的馬克里（Mauricio Macri）則走完全相反的路線，全面解除外匯管制，導致披索暴跌30%，並承諾取消所得稅，儘管最終未能落實。

　　阿根廷的經濟困境並非全然歸咎於民主制度的易變，1976年至1983年間的軍政府統治同樣造成嚴重的經濟災難。然而，阿根廷長期的經濟不穩定，很大程度上源自其政治運作的失衡。經濟學家顧志耐（Simon Kuznets）曾打趣表示，世界上的經濟體可分為四種類型：已開發國家、開發中國家、日本，還有阿根廷。這可不是什麼溢美之詞。

　　總之，極化所造成的影響，並不只是決策僵局或政策劇烈變動，當某些群體始終淪為輸家時，問題將變得更加棘手。政治理論家巴里（Brian Barry）認為，民主的良性運作依賴於「輪替的多數」（shifting majorities），也就是說，即使某個群體在今天的議題上處於劣勢，未來仍有機會在另一個議題上成為多數。然而，當政治競爭被壓縮到單一論辯面向時，輸贏就成為固定的零和遊戲，一旦敗北，就無翻身可能。如果某個群體長期無法在任何政治決策中取得優勢，他們可能會徹底失去對民主的信任，因為「敗者同意」在這種情況下幾乎無法成立。當輸家認定自己永遠無法翻盤，他們可能不再願意遵循民主規則，而是尋求非民主手段推翻體制。歷史上，這種情境曾導致1930年代西班牙的法西斯政變，以及1973年智利的皮諾契特（Augusto Pinochet）發動軍事政變，以武力終結民主選

舉。一旦政治極化達到極端，民主制度本身也可能因此崩解。

要挽救民主，讓它順暢地運作並避免政治體制崩壞，我們必須設法終結混亂與極化。唯有找到擺脫「民主陷阱」的出路，才能確保政治制度的長遠發展。

譯註
1. 指美國政壇中原本支持民主黨、但在1980和1984年總統大選轉而支持共和黨參選人雷根的一群選民。這些選民多屬白人勞工階層，對於民主黨日益偏向弱勢族群和自由議題的立場感到疏離，因而受到雷根強調國防與保守價值觀的主張所吸引。
2. 原本泛指美國（以及加拿大、澳洲）中產階級的郊區母親，常忙於開車接送學齡兒女參加足球等課外活動，因此得名。這個稱呼在1996年美國總統大選期間成為熱門的政治術語，而那群忙碌的郊區媽媽被認為是能左右選舉結果的中間搖擺選民族群。
3. 指1990年代英國政治一種典型搖擺的選民形象，即開著福特蒙迪歐轎車、有志向的工薪階層男性。該說法由英國前首相布萊爾於1996年提出：他在跑選區拜票時遇到一位自營電工，這名選民買下承租的公營住房並購置新汽車。布萊爾以此塑造出「蒙迪歐男」的概念，認為爭取這種30歲到40多歲首次購房的工薪階層男性，是工黨在1997年勝選的關鍵。
4. 英國政治術語，指女性搖擺選民的典型代表，她們是已婚、有兩個孩子的工人階級女性，經濟狀況尚可，通常居住在如伍斯特等中部搖擺選區。這一術語由保守黨選戰策略家在1990年代創造，源於其觀察到1992年大選時，許多此類選民倒戈支持首相梅傑的保守黨，助其驚險連任。
5. 2019年英國大選前夕出現的選民類型，得名於英格蘭西北部坎布里亞郡的沃金頓鎮，代指年逾45歲的白人男性，出身工人階級，長期支持工黨但感到失望，並在2016年的公投中投下脫歐。
6. 指美國南部各州在1877年至1960年代實施的一系列種族隔離法規。
7. 九一一恐怖攻擊事件中，聯航93號班機乘客試圖奪回控制權，以阻止劫機者執行攻擊計畫，最終飛機墜毀於賓州。

4
擺脫民主陷阱

民主制度在二十一世紀過得並不風光。本來一波看似勢不可擋的民主浪潮席捲全球，現在卻逐漸退潮。現實中，民主甚至開始倒退，像土耳其、緬甸、匈牙利這些彼此差異極大的國家，紛紛出現民主開倒車的現象。中國國家主席習近平和俄羅斯總統普丁（Vladimir Putin）更主張建立一套「新世界秩序」，取代美國推動的民主模式，改由中國和俄羅斯等威權國家主導各自的勢力範圍。

民主也正在遭遇來自論述的攻擊。過去十年來，西方民粹主義的崛起成為最具代表性的政治現象，他們對自由民主制度的協商妥協不屑一顧，反而稱讚強人領袖「說一不二」的果斷作風。此外，許多暢銷書甚至提出更尖銳的批評，認為選民根本不理性，民主制度已趕不上科技進步，也滿足不了消費者日益增長的需求，更嚴重的說法則直指民主已經遭到菁英階層綁架。而民主制度自身引發的亂象和社會對立，也讓民主的支持者愈來愈難反駁這些質疑聲浪。

民主還有救嗎？難道我們注定像喝醉了一樣，在混亂與對立之間不斷搖擺？民主政治最終真的會走向失敗嗎？儘管如此，我們仍不應該輕言放棄，至少如邱吉爾那句名言，民主或許差勁，但其他

制度更糟糕。然而,我們也必須正視民主本身的侷限。民主無法消除歧見,更無法隨時迅速做出決策。許多時候,群眾的意見無法僅靠一次投票就輕易化解;即使能以投票決定,投票者也往往出於各自的利益,試圖操弄民主程序以達成自身目的。因此,我們必須更加務實地看待民主制度。

事實上,仍有許多方式能改善民主制度,例如試圖凝聚更連貫的民意,或者透過重新設計政治制度及強化社會規範,來抵禦混亂與極化的衝擊。然而,要完全擺脫政治卻是行不通的。不論是反自由的民粹主義者、科技至上的自由意志論者,還是直接訴諸威權統治的獨裁者,這些對民主抱持懷疑的人所提出的替代方案,最終都難以成功,因為他們忽視了政治分歧真實存在,也忽視了實踐政治承諾時必須面對的挑戰。

為什麼我們不能透過消除那些令人厭惡的部分,比如衝突、爭執、甚至混亂,以一種更簡單、更有效率的決策方式來拯救民主呢?問題就在於,政治本就是混雜、難以乾淨俐落切割的。即使試圖在某處消除政治紛擾,這些麻煩終究還是會在其他地方冒出來。

現代的民粹主義者,不論左派或右派,經常表現得好像只要沒有了政客,事情就能迎刃而解;只要「排乾沼澤」(drain the swamp),決策就能順利推動。但問題在於,政客之所以爭吵不休,正因為社會本身充滿爭議。事實上,多數議題從來沒有全國一致的看法,更別提完美的共識。十七世紀波蘭議會的失敗案例已經告訴我們,如果每個人都擁有否決權,最後的結果只會是一事無成。

當然,民粹主義者其實也清楚,社會並非真正意見一致;他們習慣將所謂的「人民」與某群神祕的「菁英」相對立。然而,進一

步追問這些「菁英」到底是誰,就會發現這個群體龐雜且各懷心思,各自都有不同的利益訴求;被理想化的「人民」也同樣如此。因此,當一位號稱「能辦事的強人領袖」出現後,結果往往只有兩種可能:一是這位領袖依靠暫時(甚至微弱)的多數支持,強行推動自己的政策,完全不理會少數群體的權益,直到下一次選舉再重新洗牌;另一種情況則更令人擔憂,這位領袖可能會逐步拆解那些妨礙其施政的自由民主制度。不論是哪一種結果,都無法真正解決民主制度所面臨的核心難題,甚至可能意味著民主正逐漸走向終結。

一種看似能替代民粹主義的方案,是透過科技、專業或市場來實現更有效率的決策,也就是所謂「技術官僚式的政府」。事實上,自由民主國家已經擁有許多獨立且政治中立的機構,例如法院、中央銀行及科學顧問機構,這些單位發揮專業知識或判斷力進行決策,而非透過選票決定。在民主制度中,非民主性機構確實扮演著重要角色:法院與監察使可以保護少數族群不受多數暴政的侵害,科學顧問與央行則可以協助政治人物抵擋短視政策的誘惑,避免造成長遠的傷害。然而,無論是哪一種情況,民主性都在某種程度上被稀釋,也就是人民對自身事務的決定權被逐漸削弱。

談到保護少數群體免於民主多數決所造成的傷害時,這種主張聽起來合情合理,具有道德正當性,例如防止少數族群遭受多數人強制推行的種族隔離。然而,當需要保護的少數是億萬富翁時,若他們試圖藉此規避民選政府推動的加稅或監管措施,這種道德正當性就顯得耐人尋味。此外,某些涉及專業的判斷也難以與更廣泛的政治議題完全分離。科學家是否應該擁有無限期實施防疫封鎖的權力?民選政府又為什麼不能直接調整利率,以影響廣大選民的福祉?

此外，技術官僚治國也正面臨日益強烈的政治攻擊。專家無法與受到決策影響的民眾完全保持距離；民主國家也不可能對選民說：「請安靜，聽專家的就對了。」一旦選民拒絕接受這樣的回應，在民主制度下，他們可以採取行動反制。最終，新當選的政治人物將會出現，把這些專家掃地出門。為了擺脫民主陷阱，也許需要某些可以抵擋多數暴力的制度，但這些制度終究無法取代民主本身。

假如由上而下的專家治理無法解決問題，是否可以改從基層著手，透過其他方式拯救政治？或許有人會認為，既然消費市場能滿足個人需求，民主也能借鑑這種模式運作，讓選民更有效率表達自己的政策偏好。然而，「民主市場」和消費市場終究不同，在政治場域中，每個人都只有一票，無法像消費者一樣決定自己想要多少就獲得多少。

美國律師波斯納（Eric Posner）和美國經濟學家韋爾（Glen Weyl）提出一種創新的解決方法，讓民眾更能靈活地表達對各種政策的喜好程度。這個方法提供每個人一定數量的「投票代幣」（voting tokens），可分配在多個不同的政策或候選人身上。當人們要針對某個議題進行投票時，可以透過手機應用程式分配一定數量的代幣，以購買選票。

這個方法有個特殊之處：每增加一張選票，所需付出的代幣成本會逐漸提高。具體而言，購買第一張選票的代幣數量可能只要一個代幣；但購買第二張選票的成本會升高到四個代幣（即二的平方），第三張則是九個代幣（三的平方），以此類推。由於每張選票的成本都是以平方數遞增，他們將這種投票方式稱為「平方投票法」（Quadratic Voting）。簡而言之，選民愈渴望某個政策通過，就必須付出愈來愈高的代價。

平方投票法的優勢是什麼？這種方式讓選民得以清楚展現自己對每項政策的重視程度。不過，選民同時也必須做出艱難的取捨：愈是在乎某個議題，就得花掉愈多代幣。換句話說，要取得更大的政治影響力，就必須付出更高昂的代價。此外，平方投票法還能避免傳統民主中少數人永遠無法得償所願的問題，讓他們仍有機會透過投入更多代幣來強調自身的偏好，爭取應有的影響力。

然而，平方投票法無法把政治從民主中剔除。如果有多個選項在考慮中，最終仍可能陷入混亂，因為人們對選項的排序依然會產生策略性投票。更糟的是，平方投票法甚至可能加劇極化。那些願意為政策支付最多成本的人，很可能正是持有最極端偏好的人，他們可以用多票的權重來彌補人數上的不足。

技術進步或許能讓平方投票法這類概念得以實現，但無法徹底破解民主陷阱，甚至可能使情況惡化。過去十年間，機器學習演算法已經取得巨大進展，可以更精準地針對群眾的政治偏好進行預測和建立模型。臉書的商業模式也許無意中進一步強化了這個趨勢，因為它讓使用者獲得更多他們認為有趣的資訊和觀點。問題在於，民眾往往會被那些加強既有信念和偏見的資訊所吸引，進而不可避免地踏入「資訊孤島」（information silo），在那裡，他們只聽到自己贊同的聲音，最終導致網路的政治極化日益嚴重。

技術同樣無法解決混亂。演算法或許可以整理選民的政治偏好，協助釐清對議題的真正看法。網路上充斥從地方到全國各種選舉的投票輔助應用程式，協助選民判斷該如何投票。這些應用程式的確有助於做出理性的個人決策，但合併起來仍可能引發混亂，畢竟技術無法推翻阿羅不可能定理。即使我現在完全清楚自己想要什麼，也不代表可以輕易將我的觀點與你的觀點相結合。集體決策之

所以困難，正因為每個人的偏好都不盡相同。如果讓應用程式代替我們投票，最後或許還是會出現混亂的循環，只是速度提升到了微處理器的層級。

既然無法避開政治，那要如何塑造它，才能讓民主得以運作？我們需要設計政治制度並培養社會規範，以避免混亂和抑制極化。

先從最簡單的情況談起：也就是大家都已達成共識的情況。民主陷阱之所以存在，正因為大眾難以達成共識。但能否有方法，協助大眾形成共同的觀點？當我們對相同議題已有共識，就不必再擔心投票規則的變化，因為任何規則都會產生同樣的結果：也就是大家都有共識的選項。

這聽起來有點天真，彷彿在問：「為什麼我們不能和平共處？」然而，一個團體可以比所有成員的總和更強大。有時，團體甚至可以幫助所有的人找到正確的答案，或許還可以改變原先的想法。

在討論孔多塞陪審團定理時，我們已看過類似主張，這是「群眾智慧」的初期形態。通常，我們都想知道某件事是否屬實；或許每個人都有些模糊的直覺，但都不太肯定。孔多塞主張，整個團體的猜測，比各自的個人猜測更有可能接近正確。假設每個人正確判斷的機率只有55%，雖然不算很高，但稍微優於擲硬幣。如果有一萬人都維持55%的模糊成功率，透過多數決來做決定，整體正確率將高達95%。這就是人數的力量。而從根本來說，民主政治就是在匯聚大量人的觀點。

這種觀點被稱為認識性民主理論（epistemic theory of democracy），也就是說，民主能帶來更準確的知識。我們需要民主，因為它更有可能在重大問題上做出正確決策。相形之下，獨裁政權與

貴族統治僅依賴少數人的意見,因此更容易在關鍵問題上出錯。更糟的是,專制體制下,群眾往往有動機隱瞞真相,尤其當準確但不受歡迎的資訊可能危及自身地位,甚至生命時,迎合上級的期望或許比誠實以對來得安全。

還記得那個論點嗎?民主國家不會發生饑荒,因為有關糧食短缺的資訊可以向上流動,讓決策者及時應對。相形之下,在毛澤東發動「大躍進」期間,數千萬中國農民因營養不良而喪生,部分原因正是官僚出於恐懼而誇大糧食產量,營造出一種「糧食極度豐收」的假象。這種錯誤資訊加劇了饑荒,因為中國領導層在誤判形勢的情況下,減少糧食生產,改種經濟作物,甚至加大糧食出口以換取外匯。即使糧食已經短缺,毛澤東時代的中國仍無法自我糾正,因為虛假的數據掩蓋真實情況,使得危機進一步惡化。

假使所有的人都認同必須解決某個問題,並且願意在找到正確答案後遵守共識時,民主制度就能發揮正面的效果。許多問題都適用於這種情形,特別是在面對疾病或敵對勢力等共同威脅,或是在預測天氣變化、體育賽事結果及選舉等未來事件時尤其明顯。群眾智慧往往比專家的預測更準確,因為專家可能過於仰賴自身理論,反而忽略真實世界的具體狀況。如果能透過民主機制廣泛蒐集民意,不僅能讓更多人感覺參與其中、意見受到重視,而且可能創造更理想決策結果。

說來有些諷刺,群眾智慧在預測群眾本身也相當準確。現在,政治民調在美國、英國及歐洲已經是價值數百萬美元的產業。然而,近期幾次選舉意外的結果,使得民調的準確性受到質疑。民調機構通常仰賴受訪者表達的投票意向做預測,但這些受訪者可能並未誠實透露真正的想法,或者某些關鍵的選民群體,尤其是教育程

度較低的鄉村居民,可能根本沒有被納入調查範圍。

然而,當民調問題不再是「你會怎麼投票」,而改問「你認為其他人會怎麼投票」時,答案往往更加準確。受訪者會透過自身所處社區和人際網絡,預測朋友與鄰居可能的投票行為,從而提供民調機構無法掌握的資訊。最準確的結果,往往來自調查不同選區的民眾群體,詢問他們對所在選區的預測,然後讓「孔多塞的群眾智慧」發揮作用。例如,2015年英國大選中,民調完全失準,但公民預測卻明顯更為準確;1988年至2012年間的美國總統選舉也是如此。認識性民主在理解民主制度本身也更有優勢!但正如同民調一樣,公民預測也徹底錯判英國脫歐公投與川普勝選。或許,在這個充滿極化的時代,所有的人都還在努力理解現狀,而我們所形成的共識,有時也可能完全錯誤。

政治生活中的大部分議題通常難以達成共識,讓我們再次面對熟悉的老問題:混亂與極化。諷刺的是,為了避免混亂,我們或許能從極化中學到一些啟發。極化的出現,往往是因為群眾的偏好被整理或歸納成單一面向。有時候,比起立場的兩極化,我們更擔憂政治陷入混亂、無止境的循環。在這種情況下,應該嘗試將政治議題濃縮到單一面向來處理。

其中一種方法是讓大家聚在一起,要求針對複雜且多面向的議題進行審慎思考,並且整理出各種分歧之中的規律。這並不是要消除分歧,而是要釐清,這些差異當中究竟哪一個面向才是真正重要的。

若要進一步擴大這種討論的規模,可以採用「公民會議」(citizens' assemblies)的形式,讓更多人參與其中。愛爾蘭在2018年墮胎修憲公投前,以及其他如人口老化和氣候變遷等重大社會議

題上,就曾舉行公民會議。公民會議的重要意義在於協助參與者釐清各方真實的意見和分歧。每次會議都要求參與者針對不同領域的多個議題進行深入討論,例如在討論人口老化議題就納入退休金給付水準、退休年齡,以及高齡照護等多個相關問題。

　　藉由公民會議聚集公民同時考量並審議議題,有助於將辯論整理成更清楚且容易掌握的形式,也透過彼此對話有效避免可能陷入混亂的情況。過程中,公民不得不學會在政治上做出權衡取捨:政治決策中不可能魚與熊掌兼得。此外,公民也必須嘗試理解對方的觀點,即使未必全然同意。這種過程有助於建立一種新的規範,促使社會以建設性的方式傾聽與回應不同立場的意見。究竟在哪些議題上已經存在共識?或者即使沒有共識,是否至少存在一個多數人可接受的選項?

　　由於公民會議投入充足時間進行討論,因此可以更深入考量各種不同的情境與因素。以高度極化的墮胎議題為例,會議要求參與者針對可能造成墮胎的不同情況進行考量,包括對母親生命的真實威脅、心理健康風險、社會經濟因素,乃至完全不設限制的墮胎理由;以及不同的合法墮胎期限,從完全不限制,到12週、22週,甚至完全禁止。結果顯示,多數成員並未趨於極端,而是傾向中間立場,願意在較寬廣但仍具限制的情況下接受墮胎合法化。依循這套適中模式,愛爾蘭於2019年通過墮胎合法化政策,規定懷孕12週內可因任何理由進行墮胎,但超過12週後,須滿足特定嚴格條件才能墮胎。墮胎議題永遠難以形成完全共識,但透過採納公民會議的建議,愛爾蘭政府的決策更貼近一般公民對這類棘手問題的權衡與理解。

　　由於資訊技術進步,如今民眾不必實際齊聚一堂,也能進行有

效審議。儘管網路與社群媒體經常挨批加劇政治混亂與極化，因為使用者容易陷入所謂的「同溫層效應」，只聽取與自身觀點一致的聲音，即使這些意見再小眾。但如同其他技術，網路究竟帶來助益或傷害，端看如何使用，以及最終在政治上的決策。

　　一項值得注意的正面案例出自台灣在電子政務（e-government）上的實驗。被譽為「天才駭客」、年僅35歲就成為台灣史上最年輕閣員的唐鳳，帶領台灣政府發展出一套尋求社會共識的模式。唐鳳所設計的虛擬法規調適平台vTaiwan、公共政策網路參與平台Join等多個線上平台的運作模式大致相似：針對每一項爭議議題，民眾可以在網路上發表意見，其他使用者則可對這些意見投下贊成或反對票。然而，與YouTube、Reddit不同的是，這些平台不允許網友直接回覆別人的評論。唐鳳認為，沒有直接回覆的功能，可避免討論最終陷入無休止的人身攻擊與謾罵。

　　若使用者對某個意見持不同看法，必須另外撰寫一則新評論，並讓其他使用者重新對該意見進行投票。這種極簡設計使得平台能夠分析使用者群體間對特定意見的贊成與反對模式。當使用者發現自己的意見未被廣泛接受時，可能會試著撰寫一則更能兼顧各方差異的新評論。透過這種互動，使用者之間逐漸形成一種尋求共識的規範。隨著這些更具共識的意見逐步獲得不同群體的支持，平台最終能找出共同立場，讓原先意見分歧的人也能接納。

　　由於唐鳳的閣員身分，這種模式已獲得台灣政府採納，並實際用於形成共識，雖然其主要侷限於與網路有關的政策，例如共享乘車服務Uber的規範或允許線上酒類販售等。這些政策往往採取漸進式的作法，例如允許Uber營運但加以嚴格監管，或允許線上販酒但規定必須到實體店取貨以防止未成年人取得。即使允許民眾無

上限地提出意見,這種方式也未陷入混亂,因為使用者之間的反覆互動讓彼此更清楚各自的觀點在哪些層面上具有共識或分歧。網路既能帶來秩序,也能引發混亂,關鍵在於如何使用它。

　　至於極化難題又該如何解決?讓不同意見的人面對面地討論,可能會產生激烈甚至失控的衝突。極化本身存在著兩個核心問題:一是公民之間的敵意與衝突;二是輸家的反應,沒有人願意成為輸家,而輸家如何反應甚至可能決定國家的未來走向。川普拒絕接受2020年的敗選結果,最終導致2021年1月6日的國會暴動,此事凸顯出即使最成熟、最富裕的民主國家,也可能面臨同樣的難題。

　　其實解決衝突可以透過改變群體想法,或者改變他們所處的政治制度來實現。鼓勵社會培養更多同理心可能可緩解衝突,也就是試圖改變民眾依循的政治規範。心理學家發現,提高同理心能減少對弱勢群體的汙名化。歐巴馬曾感嘆美國存在「同理心赤字」(empathy deficit),並認為同理心可能有助於解決美國的政治極化。

　　嘗試理解他人的觀點雖值得肯定,但仍需謹慎。政治科學研究指出,更具同理心的人,傾向更關注所屬內部的利益,反而可能加深群體間的極化。即使聲稱反對內部群體概念的人也可能表現出如此傾向,例如英國工黨領袖柯賓的支持者,雖然宣稱支持普世人權與無偏見社會,卻時常對支持脫歐的年長白人工人階級抱持刻板印象,即使這群人長期以來處於經濟弱勢。同理心的範圍有時並不如你我的期望來得廣泛。

　　假如無法改變群體想法,是否能改變群體所處的誘因結構?政黨初選制度與競選經費制度均會助長極化,鼓勵政黨趨向極端立場。限制政治中的金錢流動或許能減少極化,但在美國,最高法院

已將政治捐款視為言論自由的一部分,使得限制競選資金成為挑戰。

取消政黨初選的法律障礙相對較少,但可能引發更大爭議,因為這似乎在暗示黨內民主參與是有害的,而跨黨派的民主參與則是有益的。然而,黨內民主往往會驅使政治人物走向極端,與整體公民期望的立場逐漸脫節。純粹從民主的角度來看,若是以最大多數人的意見作為決策基礎,或許取消初選制度反而是更好的選擇。

另一種可能的解決方案是實施開放式初選,允許非黨內成員也能參與投票。理想情況下,這將迫使候選人更加接近大多數選民的中間立場,因為他們必須考量無黨籍選民,以及立場尚未固定的其他政黨選民。但這畢竟是民主制度,具體實踐往往不容易。反對黨的支持者可能會在開放初選時,採取策略性投票,支持他們認為競爭力較弱的候選人,進而造成混亂並加劇極化。例如,在2008年美國民主黨初選中,一些共和黨選民策略性地投給希拉蕊・柯林頓(Hillary Clinton),因為他們認為巴拉克・歐巴馬將是更強勁的對手。然而,這些「假民主黨人」在大選時依然和其他共和黨選民一樣,選擇支持共和黨候選人約翰・馬侃(John McCain),他們的最終選擇,和那些在共和黨初選中誠實投給馬侃的選民是一樣的。

那麼,是否可以透過提高大選期間的政治參與度來緩解極化?美國的初選制度激烈且嚴重分化,但相較其他國家,美國總統與國會選舉的投票率卻出奇的低,其中部分原因可能是極化使得非政治化的選民更不願意參與投票。如果實行強制投票制度,提高選民投票率,是否能有效解決這個問題?

全球約有二十多個國家,如澳洲與阿根廷,採用某種形式的強制投票制度。通常來說,未參與投票的民眾會被處以罰款,但政府

並不強制人民投給特定政黨,民眾可以投廢票,但必須參與投票。罰款金額並不高,例如澳洲多數省份的罰款約20美元,儘管若未按時支付,罰款可能提高到十倍以上。儘管罰款金額不高,強制投票的實施卻大幅提高了投票率。自1920年代澳洲實施強制投票以來,選民的投票率一直維持在90%以上。

然而,強制投票是否能真正減緩政治極化?1992年,奧地利曾在部分地區實行強制投票,研究發現,主要效果是讓原本對政治缺乏興趣的非黨派選民參與投票,進而降低了極化。但這並非普遍現象,例如在澳洲,強制投票實施後,最大的受益者是澳洲工黨(Australian Labor Party),得票率提升高達十個百分點。諷刺的是,原本認為會從強制投票受益的自由黨(Liberal Party)反而未能達成目標。在大多數國家,貧窮群體更可能因強制投票而出來投票,因為罰款對他們的經濟壓力較大,但這也導致左翼政黨面臨道德兩難:制度或許有助於贏得選舉,但也使其未投票的基層支持者承受更大的經濟壓力。

最後,針對極化中長期處於劣勢的一方,我們又能做些什麼呢?民主制度在「輪替的多數」的狀態下將達到最佳效果。其一是重新引入新的政治論辯面向,讓過去的輸家有機會成為贏家。美國政治學者瑞克(William Riker)稱此策略為「操控遊說」(heresthetics),即重新框定政治論辯的能力。

瑞克提出的最典型例子是美國前總統林肯(Abraham Lincoln)。林肯透過奴隸制議題,成功重新框定了美國的政治版圖,改變了既有的政治對立。從1800年到南北戰爭爆發前,聯邦黨(Federalist)、輝格黨(Whig)及共和黨(Republican)合計僅執政9年,而其競爭對手民主共和黨(Democratic-Republican),即民主黨前身,則

掌權長達52年。當時美國的政治分界線主要圍繞著「土地」與「商業」之爭：民主黨支持土地政策，代表農業利益，而聯邦黨、輝格黨及共和黨則支持商業發展。由於當時美國大多數人以務農為生，民主黨因此長期佔據主導地位。

1858年，作為共和黨籍的參議員候選人，林肯在伊利諾州面臨著長期落敗的嚴峻局面。共和黨人當時試圖尋找一種全新的政治論辯框架，以便終結政治上的劣勢。林肯發現，反對奴隸制可以成為一個新的政治分界線，藉此贏得那些反對奴隸制但仍屬民主黨聯盟的北方民主黨選民。透過強化這些選民對奴隸制的不滿，林肯成功地將他們拉攏至共和黨陣營。

在與民主黨參議員道格拉斯（Stephen Douglas）的辯論中，林肯僅僅透過一個問題：是否能夠接受新的美國領土禁止奴隸制，就將道格拉斯置於進退兩難的境地。當時，道格拉斯回答「可以」，因此他打敗了林肯，保住伊利諾州北方反對奴隸制的民主黨選民的支持。然而兩年後，道格拉斯競選民主黨總統提名時，因為這個回答，激怒南方支持奴隸制的民主黨人，導致民主黨分裂。最終林肯拿下這次總統大選。

重新框定議題能創造新的政治分界，為政治注入新活力，讓長期感到被忽視的群體重新獲得發聲機會。然而，這並不意味著社會各方從此就能相安無事。事實上，林肯的勝利引發了美國內戰。但它確實提供另一種改變社會極化的途徑，讓長期處於弱勢的群體體驗到政治勝利。例如，英國脫歐也創造出新的論辯面向，讓許多選民可以表達並實現自己的主張，但脫歐同時也提醒我們，政治空間的擴展也可能伴隨混亂。

除了讓政治人物重新定義論辯面向，是否還有其他方式可以讓

弱勢方的聲音經常受到重視？我們清楚，沒有任何民主制度能完全避免混亂或極化，但某些選舉制度似乎可以同時緩和這兩個問題，並協助我們擺脫民主陷阱。

最明顯的選項是比例代表制（proportional representation）。在比例代表制下，政黨在議會中獲得的席次與其得票比例相當。比例代表制有許多不同形式，包括不同的得票門檻、選區大小、投票排序系統等。以荷蘭的簡單比例代表制為例，荷蘭國會共有150個席次，只要某政黨的得票數超過全國總票數的150分之一，即可獲得議席。以色列、瑞典和丹麥等國家也有類似的制度，但通常設有較高的門檻，稍微有利於較大的政黨。比例代表制下，幾乎沒有政黨能取得議會多數，因此必須透過聯合內閣執政。

組成聯合政府雖可能遇到困難，例如比利時在2010年組閣時遭遇的問題，但一般情況下，選後的協商還算順利，也能確保弱勢政黨的聲音受到重視。通常席次最多的政黨被要求帶頭組建聯合政府，必須與較小政黨協商。這種制度下，一定程度的混亂反而有助於緩和極化，因為小黨可以代表社會中的不同利益和身分，透過參與聯合政府保護自身選民的利益。如果小黨位於反對陣營，也能透過和其他政黨合作來影響執政聯盟。

當然，比例代表制也會帶來一定的不穩定性，比如首相經常更替，政府內閣也經常變動。但同時，這也表示大多數政黨都有機會輪流參與執政。例如荷蘭右派自由民主黨（VVD）前首相呂特（Mark Rutte）近年的執政經驗就是一例：呂特第一屆內閣與基督教民主黨（Christian Democrats）合作，並獲極右派自由黨（PVV）的隱性支持；第二屆內閣則僅與勞工黨（PvdA）組閣；第三、第四屆內閣則是與基督教民主黨、自由派的民主六六黨（D66）以及宗

教性政黨基督教聯盟（Christian Union）共同執政。在近十年間，另有五個不同政黨也陸續參與執政。

比例代表制的這種包容性，或許也解釋了為何這類國家通常有較高的公共支出，原因可能就在於，更多政黨代表了更多元的利益需求，又或是比例代表制通常讓左翼政黨更常執政。實施比例代表制的國家通常也有較低的貧富差距和更穩定的政策，儘管其政府決策力可能不如多數決制國家般迅速和強硬，但或許正因如此，才能營造出舒適的社會共識。

我們該如何擺脫民主陷阱？不受限制的民主會產生混亂或極化。我們每個人都有動機採取策略性行動、擾亂集體決策，或者不顧他人代價，推動有利己方的論辯。因此，我們需要適度約束民主，以確保民主的活力、維持正確方向，並提供人民有意義的自治權，同時避免民主的不穩定和易變。

我們所討論的解決方案，可以為民主決策提供一定的結構，無論是透過正式的政治制度，或非正式的行為規範。其中一些機制屬於反多數決的制度，也就是「自由民主」中所謂「自由」的部分，例如保護權利的法院、獨立的監督機構以及負責監督與問責的媒體。

然而，我們不必依賴非民主機構來約束民主；相反地，我們可以透過更多民主的方式來改進民主。在基層方面，可透過公民會議等形式，協助民眾發掘分歧中的共識，並以此為基礎，逐步擴大共識範圍。在國家層面，我們可以考量透過增加參與的方式，例如強制投票、便利投票程序、即日登記或提前投票，甚至採用如比例代表制等，以避免政治被各種極端聲音所主導。無論採取哪種方法，

重點都在於保持制度的穩定,而非僅在個別爭議事件中才臨時動用公民民意,或頻繁變動選舉制度。

　　我們也可以培養某種社會規範,養成傾聽與審議的風氣,藉此擺脫民主陷阱。混亂來自個人策略性的政治操作,而極化則源於對不同意見的排斥。作為人類,我們無法完全根除這些傾向,但可以試著抑制或緩和它們。透過開發新的政治討論平台,例如台灣的vTaiwan實驗、地方層級的公民會議,或者藉由具魅力的政治人物重新塑造議題的討論焦點,這些都有助於改變社會論辯的軸線,從而降低對立性。民主制度最終仍關乎意見的表達,唯有學會有效表達自身立場,同時包容並理解他人的不同意見,才能逐步形成必要的共識。我們或許經常有意見分歧,但最終總是必須在某些議題上達成協議。

Part II
平等

平等的權利與平等的結果兩相削弱

5
貝佐斯上太空

2021年7月,亞馬遜(Amazon)創辦人貝佐斯(Jeff Bezos)搭乘自家太空公司的火箭,展開簡短的私人太空之旅。返回地球後,當時身為全球首富的貝佐斯這麼說:「感謝亞馬遜的每位員工和每位消費者,你們幫忙支付了這趟旅程的一切費用。」太空之旅後的記者會上,貝佐斯說:「我是認真的,打從心底感謝各位,我由衷感激。」

然而,與貝佐斯的太空夢相比,亞馬遜員工的工作環境與條件則顯得渺小得多。英國廣播公司(BBC)的報導指出,貝佐斯「每十秒鐘就能賺到全美亞馬遜員工的年薪」。換句話說,貝佐斯的收入是該公司一般員工的300萬倍。亞馬遜除了薪資差距極大,工作環境也備受批評。調查報導記者詹姆斯・布拉德沃斯(James Bloodworth)曾在英國斯塔福德郡(Staffordshire)一間亞馬遜倉庫工作,記錄下極長的工時以及嚴格的時間管理,員工幾乎無法上廁所。可想而知,亞馬遜員工恐怕很難欣然接受貝佐斯的感謝之詞。

貝佐斯的太空之旅,距離美國人首次登月已50多年。1969年的登月計畫中,唯有經過嚴格訓練、受公費資助的太空人才能上太

空，當時美國的貧富差距處於歷史低點。當年的太空人返回地球後，生活型態是美式核心家庭的縮影——男性為家庭經濟支柱，女性則是全職家庭主婦，住在白色柵欄環繞的郊區住宅，一如美國情境喜劇中的典型家庭。

然而，登月成功不久後，美國的貧富差距開始擴大1970年代時，美國收入最高、收入排行前1％的群體，其收入在國民所得中的佔比為11％，而收入最低、佔總勞動力50％的人口，其收入在國民所得中的佔比僅為20％。到了2014年，收入排行前1％的人口，收入佔比已增加至20％，而勞動力底層50％的人口，收入佔比則降低至12％——這兩個群體的收入狀況完全對調。

因此，不難想像為何「我們就是那99％」（We are the 99％）會成為「佔領華爾街」反不平等運動的宗旨。但或許口號改成「我們就是那99.9％」會更精確，因為到了2018年，美國最富有的0.1％人口（即最頂層1‰的人口）擁有全國近20％的財富，相當於每人平均各有7,000萬美元，也就是說，貝佐斯不缺億萬富翁與他為伴。

美國為何會變成這樣呢？為什麼貧富差距日益嚴重，卻未成功引起政治的反對聲浪？就人口數而言，即使收入排行前1％的群體坐擁大量財富，在民主選舉制度中，應該會輸給勞動力底層50％的人口呀？然而，美國政治已然失靈，無法抑制貧富不均，反而助長貧富差距。貧富差距不斷擴大，只有極少數人從中受益，而政治人物們似乎束手無策，甚至根本不願採取行動。

美國政治為何無法回應不平等？這是因為美國陷入一種「平等陷阱」——平等的權利與平等的結果兩相削弱。美國人珍視平等的經濟自由，卻使不平等的結果難被遏止。不論是普通民眾、政治人物，或是億萬富翁，所有人的個人利益，都讓「平等陷阱」變得難

以擺脫。

　　再把焦點放回貝佐斯身上。2008年金融危機後，某些政治人物對於美國大型企業〔如亞馬遜與沃爾瑪（Walmart）〕的不滿與日俱增，因為這些企業只願支付低廉工資，然後讓政府的福利補貼來填補員工收入的不足，沃爾瑪「永遠低價」（Always Low Prices）的經營策略甚至被嘲諷地改為「永遠低薪」（Always Low Wages）。佛蒙特州參議員桑德斯是社會主義支持者，於2018年向國會提交《取消補貼以阻止惡劣僱主法案》〔Stop Bad Employers by Zeroing Out Subsidies Act，縮寫即為 Stop BEZOS Act（阻止貝佐斯法案）〕；到了2019年，與桑德斯立場相同的政治人物，其目標不再只限於大型企業，而是針對貝佐斯及其他同屬菁英階級的億萬富豪。

　　為了迎戰2020年美國總統大選，民主黨初選在2019年開跑，佔上風的候選人為桑德斯與麻薩諸塞州進步派參議員──法律學者伊麗莎白・沃倫。2019年夏天，兩位候選人都提出了財富稅計畫，直接對美國富豪階層徵稅。桑德斯財富稅計畫的門檻從3,200萬美元起算，舉例來說，對財富超過100億美元者，每年預計徵收8％的財富稅。以貝佐斯為例，若此稅收計畫自1982年就生效，到了2018年，他所擁有的財富將從1,600億美元，大幅銳減至「僅僅」430億美元。財富稅似乎是一種擺脫「平等陷阱」的方法。

　　然而，桑德斯與沃倫不僅沒當選總統，徵收財富稅的計畫甚至無法讓兩人從民主黨初選中突圍。最終當選總統的喬・拜登（Joe Biden）並未推動財富稅。共和黨持續反對財富稅，民主黨內部也有不少人反對財富稅。原本有1.58億名美國選民可以從財富稅中受益，卻因為有7.5萬個富豪家庭會受到影響，加上當前政治體制無意改變現狀，因此徵收財富稅的相關計畫遭受擱置。

有個問題顯而易見：為何大多數的民主國家——包含美國在內——並未推行財富稅？明明社會中只有極少數人需要繳納財富稅，而大多數人都可以從中受益。難道民主制度中的政治平等，無法遏止經濟不平等的情況嗎？為什麼政治運作在此失衡？

　　這是因為對億萬富豪徵收財富稅，將會遭遇「平等陷阱」。所有的人都希望擁有平等的權利——可以自由支配財產、選擇職業、投票。然而，這些平等的權利，卻也讓財富、資源與機運難以公平分配，甚至可能加劇不平等，因為個人利益與集體平等的目標相互違背。

　　億萬富翁與普通人一樣，擁有經濟自由的權利，可以選擇如何花錢、居住在哪裡，以及如何行事。這就是為什麼想要達成「平等」的目標、有效率地對富人徵稅會如此困難。若財富稅開徵，富豪們可能恣意揮霍金錢來逃避繳稅，例如：狂買豪宅、火箭，花巨資植髮；甚至資助反對財富稅的政治運動。

　　平等的經濟權利造成了經濟不平等的結果，也從根本上改變了政治體系，「藉由立法來落實平等」的目標，因而變得更加困難。事實上，億萬富翁能讓政治「立場不中立」（off-centre），正是因為民主制度中，人人都有平等的權利來遊說、施壓。自 2010 年「聯合公民訴聯邦選舉委員會案」（Citizens United v. Federal Election Commission）以來，像貝佐斯這樣的美國億萬富翁，都可以在幾乎沒有任何限制的情況下，有權資助政治廣告。政治非但無法限制億萬富翁，政治本身已然被這些富豪所操控。

　　放眼全球，無論身處何地，富人往往是民主制度最大的受益者，而且民主國家比專制國家更善於保護富人的財產權與言論自由權：中國和俄羅斯的億萬富翁處境相當危險，隨時可能被沒收財產、

逮捕，甚至喪命。此外，民主國家中，人民的政治權力並未轉化為對富人的掠奪——民主制度反而保護著富人，當然富人還是得繳點稅。平等的政治權利可能會削弱平等的經濟成果。儘管平等的權利彌足珍貴，但這些權利往往與日益嚴重的不平等並存，讓人左右為難。

因此，面對新冠疫情肆虐、民主黨籍候選人當選美國總統，以及俄烏戰爭爆發，美國最富有的億萬富翁們依然毫髮無傷。不過，並非所有的美國人都就此放棄——桑德斯在推特上呼籲：「我們必須要求極端富裕者繳納他們應付的稅額，以示公平。」對此，2022年接替貝佐斯成為全球首富的伊隆・馬斯克（Elon Musk）這麼回應：「原來你還沒死啊。」顯見「公平納稅」這個概念，仍然有很大的爭議性。

貝佐斯呢？他結束太空之旅、返回地球短短一週後，就被沃倫參議員在美國CNBC（全國廣播公司商業頻道）上點名。沃倫的財富稅計畫雖未能讓她當選總統，但在彼時民主黨掌控的參議院中，仍是舉足輕重的人物。她在節目上對貝佐斯指名道姓，持續疾呼課徵財富稅的重要性：「我還是希望可以課徵財富稅，不論財富的形式有哪幾種——房地產、現金，還是成千上萬股的亞馬遜股票，都不應有所區別。對，貝佐斯，我就是在說你。」

貝佐斯上太空

6
什麼是平等？

　　幾個世紀以來，人們幻想著若是在平等的烏托邦生活，會是什麼模樣。「烏托邦」這個詞源自摩爾（Thomas More）寫於1516年的《烏托邦》（*Utopia*）。摩爾理想的社會中，所有的人都務農，財產公有、每十年就輪替房舍來居住。不過，每戶人家都有兩名奴隸，看似平等的烏托邦，其實並非全然美好。儘管如此，哲學家們長期以來對「平等社會」的概念相當著迷，希望能擺脫古板的傳統社會階級：從盧梭、馬克思到羅爾斯（John Rawls），思想家們重新構思社會該如何設計時，都將「平等」視為社會的核心原則。

　　假如我們也來試試打造一個全新的社會，那麼要怎麼設計才可以讓社會平等呢？我們可以採用摩爾（但要捨去奴隸制度）或馬克思的模式，讓每個人擁有相同的財產，藉由「完全取消財產權」來達成目的——在摩爾的烏托邦中，家家戶戶不上鎖，一切都屬於「公有」，正如約翰・藍儂（John Lennon）在名曲〈想像〉（Imagine）中說的：「想像這世上沒有財產私利」（imagine no possessions）。不過，考量到食物等物品不可能同時被所有的人共享，我們可以採用另一種方式：允許人們擁有私有財產，但所有的人分配到的量必

須完全相等。不論是哪種方式，都確保了所有的人在財產方面，都擁有平等的結果。

那麼，這樣的社會真的平等嗎？從某種程度上來說，確實如此。但馬上就有另一個問題出現：由誰來生產這些財產呢？人們真的會因為彼此的期望，就用同樣認真的程度來勞動嗎？還是說，得把所有的人鍊在一起，強迫他們工作？如果我們希望賦予人們平等的權利，讓人們可以自由選擇工作地點、工作時間，並自行決定要付出多少心力，此時如果我們讓所有的人都拿相同報酬，那麼社會整體的生產力恐怕會嚴重不足，難以存續。

強調「結果完全平等」的社會，也可能會與「公平」的概念相牴觸。是否該根據人們努力的程度，給予相對應的報酬？還是說，應該根據個人自身的能力、對社會貢獻的程度，來給予不同的回報？如果某個人比其他人工作更努力、表現更出色或對社會產出更大的貢獻，是不是該給這個人更多的回報呢？我們應該都同意，重要的是提供「平等的工作機會」給所有的人，而不是讓所有的人「工作後獲得的報酬」都相等。

然而，一旦人們能夠自由選擇何時、何地、用哪種方式工作，我們就不可能達成「結果平等」的集體目標。每個人工作努力的程度不同，而且有的人擁有特殊的技能，會使得個人的收入有所差異。這種情況確實可能導致經濟不平等的程度惡化，形成由億萬富翁掌控的寡頭社會。

如此一來，我們陷入了兩種極端情況，即使在不同的層面上，這兩種情況的確都落實了平等概念，結果卻無法令人完全滿意：第一種情況裡，我們可以打造一個人人擁有完全等量財富的社會，但可能得強迫人民勞動，也就是說，個人的權利與自由會被犧牲掉；

另一種情況是，給予人們平等的經濟權利，讓市場自由運行，但最終可能導致巨大的貧富差距，而菁英們持續階級複製。無論是哪一種情況，政治都將面臨失敗。

這就是所謂的「平等陷阱」——平等的權利與平等的結果兩相削弱。如果賦予人們平等的權利，就難以實現平等的結果；然而，如果我們強行讓結果平等，就必須限制個人自由，人們將無法選擇用自己想要的方式過生活。在兩種類型的平等之間做出取捨勢在必行，因為我們不能就此妥協，宣稱所有類型的平等都該支持，一旦選擇重視某一類型的平等，勢必會犧牲另一個類型。因此，最理想的方式，是在兩者之間權衡，在保留絕大部分自由的同時，避免陷入「贏者全拿」的反烏托邦狀態。

這種對「平等」的取捨，適用於生活的諸多層面：人們的政治權利、教育權利、公民權利、經濟成果，甚至是對幸福的感受。然而，在前述各個層面實踐平等時，可能會造成其他面向的不平等。綜觀歷史，經濟、政治和社會權利的擴張，往往伴隨著巨大不平等的結果；而經濟不平等之所以消失，通常是因為人們的自由受到限縮，例如戰爭時期或共產主義統治下的國家。這種關聯性絕非巧合。

就像政治上的「牙膏問題」（toothpaste problem），當我們試圖「擠壓」某一部分的不平等時，另一部分的不平等就會增加。如果我們假裝這種對「平等」的取捨不存在，並試圖向所有的人承諾一切，那麼政治將面臨失敗。

所有關於「平等」的辯論，最核心的問題是：「我們要追求哪種類型的平等？」社會主義、自由主義、效益主義等不同流派的思

想家,對各種不平等的問題爭論不休,無論是結果上的不平等,還是權利上的不平等,都是辯論的內容。不過,各流派的思想家有個共通點:大家都同意,擁有某種形式的平等非常重要。正如羅納德‧德沃金(Ronald Dworkin)所說,我們生活在「平等主義的高地」(egalitarian plateau)之上。任何上得了檯面的政治觀點,幾乎沒有一個會認為,人與人之間在本質上有任何不平等,因而該被區別對待。平等幾乎是普世價值,但人們對平等的理解卻大相逕庭,這正是難題所在。

傅利曼(Milton Friedman)、海耶克(Friedrich von Hayek)和諾齊克(Robert Nozick)在內的自由主義、自由市場主義學者們,不認為人們應該無端獲得相等的資源,甚至不認為應該根據人們的努力程度、需求或渴求,就給予相同的回報。這些學者反而認為,每個人都應該擁有平等的財產權,以及在市場中平等進行交易、交換的權利,且人們不該因為族裔、宗教或性別的不同,受到差別待遇。

懷抱馬克思主義傳統的社會主義者也有類似的觀點,這個學派認為,所有的人對「生產手段」(means of production)的關係都應該是平等的——即每個人都應該有平等參與社會生產的能力,而且這個主張普世皆然。一旦革命爆發,人人皆平等,不會因為膚色、信仰或人格特質而有所區別。然而,馬克思主義不支持私有財產制,認為人們沒有權利自由使用、買賣財產;馬克思主義更重視平等的結果,而非平等的機會——正如《哥達綱領批判》(Critique of the Gotha Programme)中所言:「各盡所能,各取所需。」(From each according to their abilities, to each according to their needs)

「平等主義的高地」概念曲高和寡,不過抱持類似想法的學者

認為:人們在某些情境確實被平等對待,即使在其他情境並非如此。威爾・金里卡(Will Kymlicka)如此描述:「平等主義理論要求政府以同等的考量對待其公民;每位公民有權獲得平等的關心與尊重。」阿馬蒂亞・沈恩則採用「公正性」(impartiality)一詞來表達相近的概念;不同立場的學者們,無論偏向左派、右派,都對這個核心前提有共識。然而,「平等主義高地」的問題在於,在某個維度上平等待人,卻可能導致人們在另一個維度上遭遇不平等。

我們很容易忘記,人們並非一直都這麼支持平等主義。遠古的哲學家們,就常常用不平等的方式待人:柏拉圖設想出一個共和國,由受過良好訓練的「哲學王」來為所有的人做決定;亞里斯多德則認為,奴隸與女性不應享有與男性公民同等的待遇。十七世紀時,支持專制統治與君權神授的人認為,統治者應當擁有對被統治者無限的權利。宗教界也有類似的主張,認為信徒和非信徒不應受到相同的待遇。上述種種皆與「平等主義高地」的想法相悖。

一直到啟蒙時代之前,大多數關於「社會該如何組成」的理論確實都是不平等的。自啟蒙時代起,不平等的信念雖被邊緣化,但並未完全消失——十九世紀晚期著名的哲學家史賓塞(Herbert Spencer)支持生物決定論,認為不平等是由演化的差異所造成,與下顎、頭顱的大小有關。尼采(Friedrich Nietzsche)則明確反對平等主義,並曾如此譴責平等主義支持者:「那些人所歌頌的——平等權利、自由社會、不再有主僕之分——這一切毫無吸引力。我輩認為,在世上建立一個正義與和諧的國度根本不可取⋯⋯我們本來就是征服者。」二十世紀中葉,那些肆無忌憚宣揚種族主義的法西斯運動,正是建立在幾代人的知識偏見之上。

雖然過去幾十年來,不平等的思想先是在學術界失勢,然後遭

社會大眾排斥，今日我們仍能在當代極右翼勢力的陰影中看到這些概念的遺緒，不論是美國維吉尼亞州的夏綠蒂鎮（Charlottesville）或是匈牙利的布達佩斯，黑暗的政治論調仍陰魂不散。儘管在當今的民粹年代，鼓吹人類本質不平等的偽科學論調依然有人支持，甚至擁有狂熱的追隨者，不過這種觀點並非社會主流。平等主義的規範依舊主導著社會的公共辯論，有其正當理由。

　　雖然現今是平等主義的時代，但弔詭的是，經濟不平等的程度相當嚴重，並持續惡化。自2008年金融危機以來，富裕民主國家中「貧富不均」的問題引起媒體密切關注，也引發極大的政治隱憂。不只美國面臨貧富不均的問題，歐洲及其他地區也都如此。名義上來說，當代民主制度賦予人們平等的政治權力，每個人也有權選擇自己想要的生活方式。然而，這樣的民主制度卻能「包容」人們在收入、財產上極大的不平等。

　　存在著如此不平等的情況，社會就需要付出一些代價。相對而言，人民收入較為平等的國家好處多多，而且有大量證據支持這個說法：收入較為平等的國家中，人民的平均餘命、識字率更高，毒品使用率、輟學率、監禁率和謀殺率則更低。

　　人們常把民主國家中的資本主義與平等的政治、經濟權利聯想在一起，在「落實平等的政治、經濟權利」的目標上，有些國家做得比其他國家還成功。在某些國家中，對高收入者徵稅比較不是難事，政府將稅收重新分配給較貧窮的人，縮小人們在日常生活中感受到的不平等程度。

　　為了比較不同國家之間的不平等程度，我們可以用「吉尼指數」（Gini index）作為衡量標準。吉尼指數的範圍介於零到一之間，

零代表完全平等，每個人都獲得相同的收入；一代表完全不平等，所有的收入都集中於一人身上，其他人一無所有。「吉尼指數」的數值愈高，代表不平等的程度愈高，數值愈低，則代表社會愈平等。

如果單看人們的收入，大部分富裕國家不平等的程度都相當高。有些國家的吉尼指數超過0.5，像是意料之中的美國、英國，義大利、法國和希臘也在此列。某些國家中，人民的收入則相對較為平均，例如瑞典、挪威、南韓和瑞士，這些國家的吉尼指數都低於0.45。但說實在的，差異沒有很大。民主制度賦予公民的政治平等，完全無法保證收入的平等。

不過，事情還沒結束。人們賺進的收入與最終進到銀行帳戶的金額並不完全相同。政府會透過稅收來扣除部分收入，然後將這些錢用於社會福利；也就是說，政府可以重新分配社會整體的所得，以降低吉尼指數，這正是國家可以介入之處。芬蘭、法國和比利時等國政府干預的程度較高，能夠將不平等程度降低40%以上。以法國為例，在政府介入之後，法國的吉尼指數從超過0.5降至0.3。然而，在美國、南韓、以色列和瑞士等國，政府干預的程度較低，雖然國家有所作為，但只能將吉尼指數降低約20%。舉例來說，美國人民收入不平等的程度與法國相近，但在政府重新分配社會整體收入後，吉尼指數仍維持在0.4左右。

為什麼會有這樣的差異？答案是：政治。政府能夠幫助社會更趨近平等，甚至可能幫助人們擺脫「平等陷阱」。然而，要這麼做，需要付出代價。徵更多的稅，代表經濟的自由度可能會受到更大的限制，如果過度徵稅，甚至可能抑制經濟成長。要成功擺脫「平等陷阱」，我們必須認真權衡這些利弊得失。

關於不平等的統計數據，大多將重點放在「收入」上，因為每

個月人們都會有收入進帳,這也是政府主要的稅收來源。但收入的不平等,並不是各種形式的不平等中,唯一重要的一項:一個社會中「財富不平等」的程度,遠高於「收入不平等」。再以美國為例,美國的收入吉尼指數略高於0.5,但財富吉尼指數卻高達0.9。美國收入最高的前5%人口,賺進全美總收入的三分之一,而最富有的前5%人口則擁有全美超過70%的財富總額。

即使在那些看似已經擺脫「平等陷阱」、人民收入相對平等的國家,財富不平等的情況依然嚴重。比如瑞典和挪威是全球收入最平等的幾個國家之一,這兩國的財富吉尼指數仍然超過0.8。也就是說,儘管這兩國表面上看似平等,社會中還是有一小群極度富有的家族,其坐擁的財富分毫不受影響。

這就是矛盾所在:當今社會人人享有政治、公民和社會權利,為什麼如此極端不平等的情況仍然存在?如果我們追溯不平等的歷史,會發現「平等權利與不平等結果」之間的關聯,以及「不平等權利與平等結果」之間的關聯,已存在數個世紀之久。

平等的起源

世上好幾個富裕國家的歷史,都充滿「平等權利」與「平等結果」之間的衝突。當今人們比前幾世代的祖先更自由,我們享有言論自由、職業選擇自由、遷徙自由,然而,現今社會的貧富差距仍然相當巨大,最富有的人所擁有的財富可能是普通人收入的好幾百萬倍。人人平等的政治、公民和社會權利,居然可以和「財富極度不平等」的情況同時存在,難道這就是命中注定的結果?

現代智人(Homo sapiens)最初的生活階段,社會應該曾經近

乎平等。人類最早的物質財產，例如石器、骨製項鍊或獸皮衣物，都仰賴手工製作，而且需隨身攜帶，每個獵人可以擁有的財產數量有限。當時的社會幾乎沒有不平等的問題，即使部落中的某個人坐擁整個村落的財物，財物的總量也不會太多，其他人依然有足夠的食物、衣物為生。這樣仰賴狩獵、採集為生的社會，財富吉尼指數約為 0.25（相較之下，現代社會的財富吉尼指數通常超過 0.7）。

然而，大約一萬年前，最後一次冰河時期結束，不平等的情況開始惡化。為什麼氣候變暖，會引發社會不平等？溫度升高、降水增多，使富含能量的穀類植物得以生長得更快速。人類學會選擇種子營養價值更高的植物，從而促成定居農業的興起。同時，豐富的植物資源也使得人們更易餵養、馴化大型草食動物。溫暖的氣候帶來了農業，農業卻帶來了不平等。

沃特・席代爾（Walter Scheidel）將這段時間稱為「不平等擴張化時期」（Great Disequalization）。農業既解放了人類，卻也束縛了人類——農業讓人們得以擺脫狩獵採集時代中，食物來源的不穩定性、生存的不確定性，財產數量也不再受到游牧、採集生活的限制。然而，農業讓人類定居下來，住在固定地點就需要面對天氣變化、盜賊侵擾與外侮。農業不僅創造了史無前例的財富，還催生了高度階層化的社會，以便治理、保護這些財富——「自由」帶來了「不平等」。

農業帶來的重大改變是「糧食過剩」，有足夠的糧食生產出來，足以養活各行各業、身懷不同技藝的人群，甚至讓人類有能力製造出新型態的產品，這些新產品、新資源可以在社會各個成員之間分配得較為平均。然而，定居、務農的生活型態，容易成為地方游牧部落、其他定居社會潛在的攻擊目標。因此，早期的農業社會需要

衛兵、士兵等武裝力量來保護自身所擁有的資源,而這些武裝力量需要組織、指揮。

在大多數農業社會中,為數不多的軍人、行政官員和宗教領袖組成統治階層;財產所有權被納入法律體系、受明確規範,進一步深化社會中的不平等。此外,農業社會經常掠奪鄰近村莊,將居民俘虜為奴,為社會加入新的不平等階級。

這類型的農業社會中,政治體制的權力結構呈現金字塔狀,底層人數眾多、頂層人口稀少;那麼為何這種社會中,經濟結構的不平等,並非也長成金字塔狀呢?貧富差距之所以沒有無限擴大,是因為人們總得獲得最低限度的資源才能生存;說得直白一點,若資源分配過於不均,勢必會有人無法存活,而死人是不會被記入貧富差距的統計數據中的。若將人們的生存所需納入考量,貧窮社會中可供分配的剩餘財富可能相當有限,使得這個社會的不平等程度受到限制;也就是說,社會愈富裕,剩餘的財富就愈多、可以更不均等地分配這些財富,導致更高程度的不平等。

讓我們看看古羅馬帝國的例子吧。西元14年奧古斯都（Augustus）去世時,當時古羅馬人可支配所得的吉尼指數約為0.39,這個數字看起來並不差,還和2000年美國的數值相似。不過,當時羅馬人的平均收入僅為人們生存所需的兩倍,因此羅馬人的總收入有一半必須被平等地分配出去,否則其他人會無法生存——這代表古羅馬的吉尼指數可能高達0.53。相較之下,1999年的美國,人民平均收入為生存所需的77.7,這就是工業化的威力。理論上而言,美國的吉尼指數最高可達0.99,但就算數值這麼高,仍能確保美國人民存活——可以這麼說,當代世界所創造的財富,讓社會不平等的程度「得以」擴大。

從中世紀開始,整體社會的生活水準提高,不平等的情形也隨之加劇,人民擁有更多公民自由、政治自由的同時,社會不平等的程度逐漸擴大,這種情形並非偶發事件。一旦農民擺脫封建制度對農村的束縛,就會遷徙到城市,使城市的範圍不斷擴張。君主與行會逐漸放寬對各行各業的限制,不再限制生產者的身分、該製造哪些產品,使得商人能夠接觸到更廣大的市場、生產出新的產品。

隨著城市的經濟重要性上升,不平等也隨之擴大。城市裡生產的產品愈多,剩餘財富就愈多、可以拿來進行不平等分配。擁有新建工廠的人,或是農田產量較高的人,將坐享經濟成長帶來的利益。雖然人們享有更加平等的權利,可以選擇要居住在哪裡、要生產哪些產品,卻導致更不平等的結果。時至今日,類似的模式仍不斷上演,當開發中國家開始城市化、工業化時,不平等就會擴張——勢必如此,絕非偶然。

不過,自冰河時期結束以後,社會不平等的情況有起有落,並非恆常不變。十四世紀爆發的黑死病大幅降低了西歐的不平等,因為疫情導致人口急遽減少,造成勞動力短缺,使倖存者的薪資上升。更近期的例子,是從第一次世界大戰到1970年代中期,不平等在工業化國家大幅下降,這個現象被稱為「大壓縮」(Great Compression)。人們把「大壓縮」時期稱為「幸福時代」(Happy Days),此時城市開始郊區化,郊區蓋起一棟棟白色柵欄圍成的住宅,當時確實比今日更加平等,那時究竟發生了什麼事?

這其中有個令人欣慰的解釋,也有個不太美好的解釋。令人欣慰的解釋是,城市區域人口密度高,勞工們更容易組織起來、爭取更高薪資,並且在政治上更能推動對富人課稅與監管的措施。此外,基礎教育與中等教育的普及,削弱了舊時菁英階層獨有的識字

能力、計算能力,使收入的差距縮小。換句話說,社會發展幫助了窮人,讓他們獲得應有的回報。

「大壓縮」時期確實經歷了教育普及、勞工權力擴張,使社會更平等,著實令人欣慰;然而,社會不平等程度趨緩的時間點,卻恰好與兩次世界大戰吻合,這就帶出了那個「不那麼美好的解釋」:暴力及其帶來的影響。戰爭降低不平等的方式,一部分是透過對資本的實際破壞,另一部分是因應戰爭所需,而產生大量的勞力需求,比如女性在戰時參與彈藥工廠的工作。

由於戰爭期間對富人大規模徵稅,而且公共支出大幅增加,稅賦不平等的程度因而下降。舉例來說,美國聯邦所得稅(US federal income tax)於南北戰爭期間首次開徵;在美國加入第一次世界大戰時,該所得稅的最高稅率從15%提升至67%;美國參與第二次世界大戰時,最低稅率甚至翻了四倍。兩次世界大戰結束後,各國政府承諾新的社會福利計畫,例如英國首相大衛・喬治(David Lloyd George)在1918年宣示會建立一個「適合英雄居住的國家」(a fit country for heroes),因此在第二次世界大戰結束後的幾年內,英國建立了國民保健署、退休金計畫與疾病保險計畫,並大規模興建社會住宅。現代個人自由受限最嚴重的時期,也就是戰爭時期,卻恰好是不平等受到最嚴格抑制的階段;當人民的權利不平等時,反而獲得了更加平等的結果。

1980年起,情況開始反轉,財富不平等、收入不平等的情況在工業化國家急遽擴大,改變的模式相當驚人。回望第一次世界大戰以前,大部分國家中,前1%富有的人口,其收入在國民所得中的佔比為20%。兩次世界大戰後,特別是第二次世界大戰後、一直到1970年以前,最富裕人口的收入佔比剩下不到10%。然而,後

來的局勢再次逆轉。

以美國為例,到了2000年代中期,前1%富有的人,其收入在國民所得中的佔比為20%,與1900年的數值一致;加拿大、英國和德國的數值則上升至15%。即使在瑞典和澳洲等富人相對沒那麼富有的國家,自1970年以來,富裕人口的收入佔比也翻了一倍。

不平等的程度之所以迅速惡化,是因為過去幾十年來我們所享有的各種自由——即平等的權利——反而激發了不平等的結果。全球化就是一個典型案例,由於外國公民有權前往富裕國家進行貿易、投資或移民,造成西歐、北美原本的薪資水準被壓低;另一方面,全球化的自由市場創造了絕佳的致富機會,讓受過良好教育、有能力投資的人賺得盆滿缽盈。

另一個造成不平等擴大的原因是科技發展。電腦與行動電話讓高技術勞工(如顧問、銀行家和工程師)賺取更多收入,並取代了低技術勞工(如生產線工人、後勤辦公人員)。此外,大學教育對於取得高薪工作的重要性愈來愈大,使得高技術勞工與低技術勞工的收入差距進一步擴大。「成就主義」(Meritocracy)的概念可說是一把雙面刃,教育確實提供了更平等的機會讓人往上爬,不再單純仰賴血統、社會階層來決定命運,然而,新時代的「贏家」們也建立了一個屬於「教育貴族」(educational aristocracy)的階層,壟斷了未來發展的大好機會。

最後一個導致不平等擴大的原因,是解除對勞動市場、產品市場的管制。先舉個反例,像丹麥這樣的國家,由於工會普及、對勞工的保護十分完善,社會不平等的程度因此較低。至於市場自由度較高的國家,則是社會頂端的富人才能獲得市場極大的回報,形成「贏者全拿」的經濟型態。要了解社會不平等的差距有多大,我們

不只要把社會中前10%、前1%富有的人，拿來跟普通人做對比；而是要把前0.1%、前0.01%的「超級富豪」，拿來跟普通人對比——「超級富豪」與普通人之間的鴻溝，才是社會不平等最為顯著之處。

　　過去十年來，富裕國家的政治動盪，在某種程度上反映了人們對不平等加劇的反彈，特別是民粹主義政治人物們，無論立場偏左、偏右，都將全球化視為罪魁禍首，認為「全球化支持者」造成平均收入下降、導致社會不平等更加惡化。此外，高等教育也飽受批評，富裕的自由派菁英階級遭指責掌控、壟斷了高教體系；科技公司則愈來愈受新興民粹主義者——特別是右翼民粹派的懷疑。那些捍衛貿易、移民、創新與教育權利的自由主義者，或許太過輕率地認為，享有上述這些自由、權利，不需要付出任何經濟或政治上的代價。

　　回顧歷史，可以看到同樣的情況不斷重演：平等的權利與平等的結果之間，存在著緊張關係。不平等只有在權利受限的時代才會大幅下降——戰爭、瘟疫、饑荒等時期就是如此。但隨著世界的開放，人們擁有更平等的權利來選擇職業、貿易對象與居住地點，不平等又開始擴大。因此，我們依然困在「平等陷阱」之中。富人的財產權受到保障，並能夠自由進行投資，而這樣的平等權利，本質上牴觸了「在富裕世界中實現平等結果」的可能。難道這種情況真的無可避免嗎？

7
平等陷阱

　　人人都希望被平等對待。但這種「平等」是指過程的平等，還是結果的平等？人們珍視平等的自由：選擇在哪裡工作的權利、投票的權利、言論自由的權利、選擇婚配對象的權利。與此同時，平等的結果也非常重要，若光彩奪目的豪宅邊緊挨著貧民窟，而且如此不平等的情況日益嚴重，就會讓人於心不安。

　　要實踐平等，人們的共同目標是縮小貧富差距，然而，每個人都希望盡可能自由地行使平等的權利，過上自己理想的生活——如此一邊追求平等的結果，又想同時滿足個人的追求，實在自相矛盾。假如社會真的完全實現了平等的結果，是否代表平等的自由必須被犧牲？我們可以說，當前政治體系正被困在「平等陷阱」之中：平等的權利與平等的結果兩相削弱。

　　幾個世紀以來，人們藉由政治行動爭取各項平等權利，這些權利和「追求平等結果」的目標之間，卻存在著微妙的緊張關係，其中最明顯的就是平等的經濟權利：人們有經濟自由權，能恣意取得、持有並處置財產——這就是資本主義的根本。目前的經濟體系造成如此強烈的不平等，若要達到經濟完全平等的結果，可能就需要強

行壓制我們原有的經濟權利,甚至可能連帶導致原有的公民權利和政治權利受到壓迫。然而,一旦完全放任經濟自由,則可能造成一個完全由富人主導的社會,經濟再分配的可能性將永遠消失。為了讓政治不至於失敗,我們需要在「平等的經濟權利」與「平等的經濟成果」之間,謹慎地取得平衡。

民主帶來平等的政治權利,卻不一定總能帶來平等的結果。事實上,往往正是因為社會不平等,民主才會誕生,這是因為新富階層希望保護自身的財富不受貪婪的獨裁者侵害,因而推動民主制度發展;當人們身處獨裁國家、沒有其他政治權力足以挑戰統治者時,人們所遭受的壓迫都是平等的。因此,為了不讓國家陷入獨裁,社會需要的反而是更高程度的不平等。

最後,即使人人都擁有平等的社會權利,也不一定會帶來更平等的經濟成果。回顧一下1950年代,當時每戶人家的家庭收入更加平等,但女性卻受到限制,無法進入勞動市場。此後的幾十年間,女性獲得了更平等的權利,但每戶人家家庭收入的不平等卻隨之上升。每個人都希望受到平等對待,也為此付出努力,但這種努力未必會直接反映在貧富差距的統計數據上。如果希望政治體系能夠確保人們都獲得平等待遇,同時讓薪資收入更公平,我們仍然有很長的路要走。

平等的自由 vs 平等的結果

世上的富裕國家都呈現一種矛盾的情況:這些國家大多奉行民主體制,社會的最終決策由大眾投票決定;同時,這些國家採用資本主義體制,經濟成果反映出數十億個由企業、消費者自願做的決

策;財產所有權的平等權利則確保了人們的資產不會被隨意掠奪。

為什麼說這是一種矛盾的情況?這是因為民主制度分散了政治權力——民主制度意味著人民當家作主,一人一票。資本主義卻集中了經濟權力——已經擁有社會中大部分財富的人,所累積的財富只會愈來愈多。

不過,政治權力可以凌駕於經濟權力之上。民主國家擁有主權,可以透過法律或武力威脅來統治。如果政治權力掌握在社會大眾手中,經濟權力卻集中在少數菁英身上,為什麼社會大眾不會奪走少數菁英把持的財富,進而實現收入上的平等?面對這種財產可能被剝奪的威脅,經濟菁英又會如何避免?他們是否會試圖顛覆民主制度,來保護自己的利益?

這正是「平等陷阱」的核心所在。理論上來說,資本主義賦予人們平等的經濟自由——每個人都擁有相同的權利,來擁有財產與處置財產,但這樣的權利卻削弱了平等的經濟成果。若要達成平等的經濟成果,就必須強迫那些受益於資本主義的人放棄其所得,而這可能會因此侵害到這些人的經濟權利。

民主體制與資本主義的核心衝突著實令人兩難,卻難以迴避,因為兩者間的緊張關係如果不加以控制,就可能會威脅到民主本身。若過度追求經濟成果完全平等,可能得強迫所有的人接受相同的生活方式,這不僅會限縮人民的經濟權利,公民權和政治權可能也會被剝奪。歷史上有許多案例都證明了社會整體收入雖可被徹底、平均地分配,但人民的權利會遭到限制:雅各賓派(Jacobin)、共產主義(Communism)、布爾什維克主義(Bolshevism)等極端社會主義都是如此。

另一方面，若人們堅信經濟權利神聖不可侵犯，因此完全放任資本主義發展，可能就會陷入「贏者全拿」的經濟體制，只有人數極少的寡頭們將積累愈來愈多的財富，導致民主體制受到嚴重威脅：極少數的經濟菁英會透過遊說、媒體操控和貪腐行為來扭曲民主決策，最終我們將淪為寡頭政治。

過去半個世紀以來，歐美那些奉行資本主義的富裕民主國家，都成功避免了這兩種極端情況，得以在「平等的經濟權利」與「平等的經濟成果」之間取得平衡。但這種平衡並非必然，一百年前的歷史曾經證明過這點，我會在本章接下來的內容中加以說明。為了防止政治體系崩潰，人們必須學會如何利用「經濟權利」與「經濟成果」之間的緊張關係，在保有珍貴自由的前提下，讓經濟不平等維持在較低的狀態。

隨著政治權利的擴展，資本主義與民主體制之間的矛盾，最初透過對富人課稅來解決。儘管富裕國家中的民主制度稱不上完美，漫長的發展過程充滿阻礙，不過與一百年前相比，當今的民主制度已讓公民擁有更多的政治權力。過去一百年間，剛開始稅收增加得很快，多到足以讓維多利亞時代的貴族感到震驚。

然而，稅收後來卻停滯不前。到了1970年代晚期，政府權力的擴張到了極限，政治上的反彈導致1980年代削減稅收的浪潮，英國首相柴契爾夫人和美國總統雷根的相關政策就是削減稅收的典型代表。1970年代以來，收入不平等和財富不平等的程度急速惡化，但在這個新興的「鍍金時代」（Gilded Age）中，社會大眾的回應並不是要求更嚴厲地徵稅，反而是擁護減稅的呼聲更高。我們不禁要問：為什麼民主國家沒有朝「推動收入平等」的方向發展？

研究不平等、民主與稅收關係的學者們，主要使用的經濟理論是梅爾策—理查模型（Meltzer–Richard model），該模型由艾倫・梅爾策（Allan Meltzer）與史考特・理查（Scott Richard）提出。梅爾策在卡內基美隆大學（Carnegie Mellon University）任教數十年，不只獲得教授終身職，該職位還以他命名：「艾倫・梅爾策政治經濟學教授」（Allan Meltzer Professor of Political Economy）。能擁有一個以自己命名的教授職位，確實是個相當值得追求的成就。

梅爾策和理查構建了一個簡單的稅收模型：每個人繳稅的稅率完全相同，納稅額則取決於個人收入，而所有的人獲得的政府福利完全相同。如果一個人的收入較高，20％的稅率代表得繳一大筆稅，而收入較低的人要繳的稅就比較少；無論如何，政府提供的福利都相等。因此，根據這個模型，收入比平均收入高的人，應該會反對課稅，而收入較低的人則會希望稅率愈高愈好。這個模型的核心概念很簡單：收入愈低的人會愈喜歡課稅；收入愈高的人會愈討厭課稅。

該怎麼用這個模型來解讀稅收對民主與不平等的影響呢？民主制度代表政府由社會大眾共同統治，更明確地說，政策是由「中間選民」（median voter）來決定的。梅爾策和理查所謂的「中間選民」，指的是那些分布在全國人民收入統計數據「中間」位置的人，恰好落在窮人與富人的正中間。兩黨制的選舉制度下，這些中間選民投下的游離票，應該會影響政策的發展方向。

照理說，社會的不平等應該會改變中間選民的立場。當富人變得更富有，中間選民的收入卻停滯時，不平等的程度就會上升，這種情況對中間選民帶來一種政治上的誘惑：中間選民的收入不變，但富人的口袋裡卻有更多的錢，會使得中間選民更希望政府對富人

徵收財富稅。因此，梅爾策和理查認為，當民主國家的不平等程度惡化時，就應該增加稅收，甚至要大幅提高稅收。民主應該要能制衡資本主義，透過徵稅來縮小經濟差距，用平等的經濟成果取代平等的經濟自由，藉由民主的手段來落實社會主義。

民主國家理應「劫富濟貧」，然而實際情況並非如此，自1970年代以來，不平等的情況加劇，這個時期的稅收卻大幅削減，政治經濟學家將這種情況稱為「羅賓漢悖論」（Robin Hood paradox）。為何民主國家的政府不像羅賓漢這位戴羽毛帽的英國義賊一樣，向富人徵稅來補助窮人呢？

最簡單的原因是，若課以苛刻的稅率，勢必會改變人們原有的行為。人人都珍視自己所擁有的閒暇時光，一旦稅率過高，就可能會降低工作努力的程度、整天只知道享樂，或乾脆直接搬到稅率較低、陽光明媚的地方生活。這樣一來，社會中可供徵稅的整體收入就會減少，導致政府稅收降低。

這正是「平等陷阱」：如果希望達成平等的結果，就必須阻止人們因為稅率上升而乾脆選擇懶散度日；但這也意味著個人「能自主決定要工作得多努力」的平等權利會遭到剝奪。

從一些極端的例子可以看出，若是讓「完全平等的結果」強制落實會是什麼情形。以1930年代的蘇聯為例，努力工作幾乎不會帶來額外的報酬，所以人們通常只做最低限度的工作，導致史達林（Joseph Stalin）不得不想盡辦法激勵人民工作，甚至強迫人民勞動。蘇聯政府鼓勵民眾效仿礦工史達漢諾夫（Aleksei Stakhanov）的作為：斯達漢諾夫每天的工作量為1935年每人每日工作配額的14倍，當時的勞動楷模。「為國家工作，而非為自己勞動」成了人人該遵循的道德典範。

讀過歐威爾（George Orwell）《動物農莊》（*Animal Farm*）的人應該都記得那匹名叫「拳擊手」（Boxer）的馱馬，為豬所掌權的革命耗盡心力，最後卻落得被送往屠宰場的下場。相較之下，蘇聯礦工楷模斯達漢諾夫能光榮退休，算是十分幸運，儘管現實中這個例子的結局沒有歐威爾寓言那麼駭人，但並非所有的人天生都像斯達漢諾夫一樣拚命，因此史達林只能透過集體農場（collectivized farm）、蘇聯各級代表會議（soviet）或古拉格勞改營（Gulag）來強制人民勞動。由此可知，政府為了實現平等的經濟成果，可能會剝奪了人民的經濟權利、公民權利，甚至是政治權利。

自由民主國家中，完全平等的結果是否可能落實，而不需訴諸極權統治？柯亨（G. A. Cohen）認為，唯有在「平等主義精神」（egalitarian ethos）存在的情況下，才可能產生完全平等的結果。如果人人都有平等的權利，可自由選擇工作地點、要工作得多認真，那麼實現平等結果的唯一方式，就是那些有能力、夠努力，可以賺取更多收入的人，願意接受與他人相同的報酬，否則這些人可能會選擇撤回自己的勞力、技能。柯亨認為，平等的結果確實可能實現，但前提是所有的人都願意接受這種情況，特別是那些原本願意付出更多，來換取額外物質所需的人，可能會因此受到影響。我們需要一種社會規範，讓人們認同平等的重要性，並持續強化這種認同。

如果人們願意放棄變得比他人更富有的機會，就能夠在不限制自由的前提下，實現平等的結果，這樣的情況聽起來十分理想。然而，現實世界離理想還有相當大的距離：對許多人來說，重要的不是實現完全平等的結果，而是擁有平等的機會功成名就，而人們也意識到，要實現完全平等的結果，幾乎是不可能的。

不平等的結果確實有存在的必要,來激勵人們努力工作。講得直接一點,如果無法獲得好處,人們幹嘛要付出額外的努力?換句話說,人們需要在「平等」與「效率」之間做出取捨。1970年代,亞瑟・奧肯(Arthur Okun)提出了一個生動的比喻:「漏水的桶子」(leaky bucket)來描述這種取捨。奧肯認為,透過向富人徵稅、將財富重新分配給窮人的過程,就像是用桶子運送財富給窮人。然而,桶底有一個小洞,會導致部分稅收在運送的過程中流失,直到桶子送到窮人手上時,才會發現稅收並未完全送達──為了要達到收入平等的結果,整體社會勢必得蒙受一些損失。會造成這些損失,有幾種可能的原因:富人因稅收過高而減少工作,使可供分配的財富減少;政府因官僚作風、貪汙而導致資源浪費;人們覺得課稅不公而選擇逃漏稅。無論是哪種情況,試圖讓收入平等的結果,往往會造成損失。

但這個「桶子」真的有漏水嗎?極端一點來講,若稅率高達100%,確實可能就沒有人願意工作,除非人們受到強迫勞動;然而,現實中的稅率根本沒有這麼苛刻。經濟學家發現,通常只有在稅率極高(60%或70%以上)的時候,稅收對「效率」的影響才會出現。人們的確曾經繳納過這麼高的稅率,喬治・哈里森(George Harrison)甚至為披頭四(The Beatles)創作著名歌曲〈稅務員〉(Taxman),戲謔1960年代英國的「超級稅」(supertax),當時稅率最高可達95%。不過在1980年代以後,各國政府已放棄這種極端稅制,因為富人要不是找到漏洞來規避高額稅率,不然就乾脆移民他國。權衡過「平等的結果」與人民「平等的自由」後,各國政府最終選擇了後者。

然而,政府轉向支持人民擁有「平等的自由」,卻也帶來了政

治上的陷阱。正如政治權力可以轉化為經濟權力，經濟權力也可以轉化為政治權力。民主制度雖建立在「一人一票」的基礎上，但政治運作的許多面向卻沒那麼平等。競選資金、遊說活動及其他形式的政治影響力，遵循的規則是「鈔票換選票」。

「不平等」與「政治極化」之間，有著幽微而有害的關係。當不平等的程度加劇，富人和窮人的政治立場會更加分歧，富人將愈來愈不支持財富再分配，而窮人則愈發支持。此外，不平等也提高了遊說活動與競選廣告在富人心中的重要性：他們擁有更多財富，也因此更需要靠這些手段來保護財富。

這就是為什麼獲得富人支持的政黨（通常是右翼政黨）上台時，會傾向迅速削減稅收，並進一步減稅；若是左翼政黨上台，則會採取相反的措施。由此可知，政治極化雖會導致政策波動，但長期來看，平均稅收應該不會有太大的變動。然而，某些國家的在野黨有能力阻撓法案通過，例如美國的政治體制就有強大的制衡機制，所以右翼政黨就算身為在野黨，也有辦法阻止增稅與擴大公共支出。因此，稅收面臨「棘輪效應」（ratchet effect）：稅收一旦降低，就難以回升。不平等由此不斷強化，因為富裕階級能夠進一步將政治推向對自身有利的方向，偏離中立的立場。

我們可以用類似的邏輯，來解釋美國及其他國家中自由派富裕菁英的作為。由於教育對收入與職涯前景的影響力日益增加，過去幾十年來，進入頂尖大學、獲得高等教育文憑的重要性不言可喻，那些富有且受過良好教育的家長很懂這套遊戲規則，於是利用自己的高收入來支付私人家教、優質學校的學費，確保子女能夠順利進入菁英教育體系。這就導致了一種「機會囤積」（opportunity-hoarding）的現象：一群已經相當富裕的人們，壟斷了其他人進入

社會中上階層所需的資源。很多受益於「機會囤積」現象的人，都是受過良好教育的自由派人士，滿口推崇「平等」這種群體價值，但從個人動機來看，他們在乎的其實是確保自己的子女能夠脫穎而出。最後，進入菁英階層的門檻被推得愈來愈高。

前面幾個段落所描述的情況下，不平等的問題會愈來愈嚴重，甚至導致「鎖定效應」（lock-in effect）。不平等的政治機制會不斷自我強化，原本人人享有各種平等的經濟權利：自由創業、受教育的自由，也就是享有公平的「機會」，最終這些經濟權利卻演變成對「平等結果」的抵制。降低不平等的目標愈來愈難落實，即使許多人聲稱希望社會能夠更平等，我們的政治體制卻逐漸失靈。

也許「強制達成嚴苛的平等結果」與「極端資本主義造成的不平等結果」這兩種情況都過於激烈了。也許人們還是有辦法在維持經濟自由的同時，實現更大程度的平等。

或許我們該問，在現實世界中，「平等」與「效率」之間真的存在取捨關係嗎？若比較「各國不平等的程度」與「人均收入水準」的關係，其實並沒有找到兩者之間明確的關聯性：有的國家富裕卻不平等，例如美國與澳洲；有的國家既富裕又平等，例如丹麥、挪威與瑞典；有的國家富裕且相對平等，例如瑞士。與此同時，有的國家既不富裕又不平等，例如希臘，也有國家雖不富裕但相對平等，例如捷克。某些國家成功避開了「平等陷阱」，卻有一些國家陷入了最糟糕的局面——既不平等，又缺乏效率。

北歐國家的經驗讓人了解到或許真的可以「兩者兼得」，讓國家既富裕又平等，特別是瑞典模式（Swedish model）長期以來受全球左翼政黨推崇，因其承諾了一種真正的「經濟民主」（economic democracy），使得社會主義者能夠對市場經濟進行改革。前面章節

提到的美國參議員桑德斯是社會主義支持者,曾主張美國應該「學習丹麥、瑞典和挪威等國家的作法」;充滿幹勁的「新左派」(new left)政治運動也將瑞典視為「民主社會主義」(democratic socialism)的典範。

然而,瑞典等國並沒有完全避免「平等陷阱」——現實中的瑞典,並不像政治人物競選演說所描繪的「瑞典烏托邦」那般順遂完美。

表面上看來,在1950年代到1970年代之間,瑞典似乎成功避開了「平等陷阱」:瑞典將自由派民主體制與相對自由的市場經濟結合在一起,並成功壓低了國民收入的差距(當時人民可支配所得的吉尼指數僅為0.22)。這個「甜蜜點」(sweet spot)背後的關鍵是「雷恩−梅德納模式」(Rehn–Meidner model),該模式由兩位瑞典經濟學家約斯塔·雷恩(Gösta Rehn)與魯道夫·梅德納(Rudolf Meidner)提出,兩人皆曾為瑞典勞動工會(Swedish Trade Union Confederation)效力。「雷恩−梅德納模式」的運作方式如下:工會得以要求進行全國性的薪資談判,確保大多數企業給員工的薪水一致,從而縮小國民收入的差距。由於所有的企業都必須支付給員工差不多的薪資,效率低落的企業會無法生存、被市場淘汰,這讓瑞典經濟得以維持高生產力;而效率最高的企業則從中獲益,他們支付給最優秀員工的薪水,只需按照全國統一的標準就好,這讓這些公司因此能夠有更高的獲益。透過「雷恩−梅德納模式」,瑞典成功拉低薪資差距、減少不平等,更確保生產力高的企業能夠蓬勃發展,一舉數得。

然而,「雷恩−梅德納模式」並非完美無缺。由工會集中協商薪資後,生產力最高的員工們,所能獲得的薪資會遠低於原有的水

準，也代表雇主們能夠從這些人辛勤工作的成果中獲取巨額利潤。因此，接下來該做的，就是將利潤回饋給員工：工會於1971年提出梅德納計畫（Meidner Plan），要求每家公司應將20%的利潤，以發行股票的方式分享給員工，稱之為「受薪者基金」（wage-earner funds）。這個計畫的目標是逐步讓員工們擁有股份、參與企業運營——如此一來，民主社會主義似乎真的能夠實現。

然而，事情並沒有如預期發展，「受薪者基金」遭遇極大的政治阻礙。為了實現經濟更平等的結果，梅德納計畫試圖限制企業按自身意願進行投資的自由權利。當時瑞典執政的社會民主黨（Social Democratic Party）雖感受到來自工會的壓力，但其實對推動此計畫相當猶豫。反對梅德納計畫的人認為，「受薪者基金」將導致企業逃離瑞典，或直接停止在瑞典的投資。「決定離開瑞典與否」、「自主決定投資計畫」都是企業所擁有的自由權利，卻與追求平等經濟成果的目標直接產生衝突。

最後，社會民主黨在1982年實施的「受薪者基金」政策，比原來的版本大幅縮水，有好幾萬人走上首都斯德哥爾摩街頭抗議。該政策極不受選民歡迎，因此當社會民主黨於1990年失去執政權時，「受薪者基金」也隨之被廢除。之後的數十年內，「基金」（fund）這個詞甚至成為社會民主黨的禁忌詞彙。民主社會主義自此開始走下坡，瑞典的政治風向逐漸向右傾，社會不平等加劇，稅收也逐步下降。不過，這個結果沒有讓桑德斯卻步，他在2019年提出計畫，要對美國企業的獲利徵稅2%，將稅收拿來為員工購買公司股票，直到員工持有的企業股份達到20%。

試圖促成更平等的結果，雖然可能適得其反，卻不代表「經濟

不平等」自然帶來更好的結果——後者反而會導致兩頭落空。經濟學家提出「大亨曲線」（Great Gatsby curve）的概念，認為較高程度的不平等，會降低社會流動性，導致當前較貧困、但未來潛力無限的人被排除在外，進而對經濟成長帶來負面影響。因此，為了提高經濟效率，我們需要一定程度的平等。

有些工業化國家不平等的程度相當高，個人收入也很低，原因是產品市場與勞動市場受高度管制，而且保護主義盛行。西班牙和希臘就面臨了這樣的情況，為數不多的企業政商關係密切，壟斷了主要產業；想進入某些圈子、成為專業人士，則需要雄厚的家世背景與人脈。這樣的環境不僅導致不平等，也阻礙了經濟發展，負面影響可說是接二連三。

義大利的情況則不太一樣。2000年以來，義大利國民的平均收入幾乎沒有成長，收入不平等的程度依然很高，與美國和英國差不多。造成這種情況的部分原因，是義大利收入最高、最低兩極端的勞動市場，都設立了嚴格的規範。義大利有大量「非正式」的工人，薪資十分低廉，這些人被排除在受保護的正式勞動市場之外。另一方面，義大利的專業人士受到各種保護機制的庇護，使少數的幸運兒能夠獲得極為豐厚的報酬。

義大利的「公證人」（notaio）一職就是受惠於保護機制的幸運行業。十多年前，我曾在佛羅倫斯住了一年，每天步行前往公車站時，都會經過佛羅倫斯最富裕的區域，這邊的四季酒店（Four Seasons）甚至由一座文藝復興時期的宮殿改建而成；街道上隨處可見閃亮亮的金色招牌，掛在宏偉的宮殿式建築上，招牌寫著notaio，就是公證人辦公室，與美國商場一角那種不起眼的公證處可說是天差地遠。然而，不論是哪一國的公證人，工作的內容都大

同小異：公證人的職責是確認日常文件合法、有效，不論是房屋買賣或是一般性合約，義大利在2006年以前，甚至連二手車的買賣文件都需要公證。義大利的公證人成功抵制律師、產權公司等競爭行業的挑戰，維持住公證人產業的壟斷地位，坐享可觀的經濟回報：一名公證人的平均年收入高達數十萬歐元。以房屋買賣為例，屋主為了獲得房屋交易的法律認證文件，需要支付房價的2％作為公證費用。

　　從義大利公證人的例子可以看出，「平等」與「效率」之間的取捨，並非二選一這麼簡單。低效率會導致不平等，而不平等反過來又會導致效率更低，而且這種現象不只影響經濟層面，還會擴展到更廣泛的權利不平等問題——「種族偏見」對美國經濟成長的負面影響就是一個鮮明例子。美國歷史上對非裔美國人系統性的政治壓迫，例如動用私刑（lynching）、開啟種族隔離政策的《吉姆・克勞法》，不僅剝奪了美國黑人的基本權利，也大幅壓抑其創新能力。二十世紀初，對黑人動私刑的狀況最為嚴重，此時非裔美國人的專利申請率也隨之下降。這種情況簡直就是最糟的局面：政治權利與公民權利都不平等，導致經濟成長放緩、種族不平等加劇、國家默許的暴力行為泛濫——在如此悲慘的情境下，不僅個人的發展機會受限，社會也蒙受集體的財富損失。

　　同時擁有「平等的權利」並落實「平等的結果」確實很困難，令人遺憾的是，「權利不平等」與「結果不平等」同時存在的情況卻在所多有，對世界各地遭受壓迫的人群來說，這種不幸的經歷並不罕見。

平等的選票 vs 平等的結果

資本主義下的民主國家面臨著強大的離心力,同時被「強制性的平等」與「寡頭式的不平等」相互拉扯。那麼非民主國家呢?非民主國家中的人民最初更為平等,這樣的社會將如何影響人們獲得平等政治權利的機會?不平等的專制政權比較可能延續下去,還是更容易被推翻?

人們或許會認為,平等的政治制度應該會先出現在經濟成果較為平等的地方,但現實並非如此。這就是「平等陷阱」的另一個面向:當我們擁有更平等的結果時,未必會獲得更平等的政治權利。換句話說,或許社會需要一定程度的不平等,才能促成民主誕生。

幾世紀以來,民主崛起的過程緩慢且屢遭阻礙。十九世紀以前,由人民統治的政體往往難以長期存續,一旦人民的權力過度擴張,菁英階層會以武力回應,像是雅典的民主體制最終被「三十暴君」(Thirty Tyrants)取代;兩千多年後的法國國民公會(French National Assembly)雖由普選產生,卻很快被削弱——民粹領袖羅伯斯比爾(Robespierre)和雅各賓派支持者展開恐怖統治,而後在「熱月革命」(Thermidorian Reaction)期間被送上斷頭臺,法國自此迎來拿破崙(Napoleon)的統治。

為什麼菁英階層不願接受由人民直接統治的政體呢?有一種說法很流行,但我認為不太正確:菁英階層害怕「羅賓漢」(Robin Hood)。這個說法的支持者認為,若菁英家財萬貫但人民極端貧窮,確實有很多情況會讓菁英們感到憂心。由人民統治,代表菁英的土地可能會被瓜分出去、分配給農民,菁英們的高收入可能會被課重稅,導致財產所剩無幾。法國大革命坐實了菁英們長久以來對

人民統治的恐懼：貴族和教會的土地被重新分配給平民，貴族的稅賦特權也被取消。借用馬克思的名言來說，當時有個幽靈在菁英階層徘徊，那就是「財富再分配」的幽靈。

我和我的同事大衛・山繆斯（David Samuels）把這種觀點稱為民主的「再分配主義」（redistributivist）——我得承認，這個詞有點呆板。這種觀點認為，不平等程度愈高，落實民主的可能性就愈低。試想，你現在是某個高度不平等、專制政權中的統治菁英，不僅掌握了政治權力，還能夠控制國家財富——農田、礦產、石油等。某天，有人要求你考慮賦予人民政治權力，若真這麼做，你將失去保護自身財富的能力，像是防止自己被徵稅、阻止國家將你的財富收歸國有。

人民可能會說：「別擔心，我們保證不會對你課重稅，你可以信任我們。」然而，一旦你放棄了政治權力，又能怎麼阻止人民改變主意，決定要分一杯羹，佔有你的城堡、豪宅等種種資產呢？這就產生了「承諾問題」，人民的承諾缺乏可信度；專制政權的菁英們同樣可以承諾會提高自己該繳納的稅額，並把稅收移轉給人民，但這種承諾也無法讓人信服，因為菁英階層不受約束，他們的承諾甚至更加不可靠。我們並沒有一個超然的第三方，能夠強迫人民、菁英階層分別遵守各自的承諾。

如果菁英階層不願交出政治權力，人民可以發動抗爭來威脅這群專制菁英。菁英階層必須權衡鎮壓人民所要付出的成本，以及接受民主體制的成本。菁英階層要思考的是：自己願意付出多少代價，來維持專制統治、鎮壓人民？而讓人民來治理，對菁英階層來說會有多糟糕？

我們回頭看看平等的問題。一個社會有多民主，取決於這個社

會有多平等。經濟不平等程度較低的社會中,菁英與一般民眾之間的差異並不明顯,如果人民在這種情況下掌權,對菁英課懲罰性稅收的可能性會比較低,因為人民自己也必須繳稅,而菁英階層的財富也沒有多到要成為課重稅的目標。然而,現實中比較常見的是,經濟高度不平等的獨裁社會,在這種情況下,要菁英階層放棄權力,菁英們會感受到無比巨大的威脅:這些人擁有大片土地、產量極高的礦場和油田,甚至是數不清的工廠、銀行和豪宅⋯⋯凡此種種,都可能因為貧困大眾意圖奪取政權而受到威脅。因此,民主化只會發生在相對平等的國家,而不平等的國家則依然受到專制菁英的控制。

「再分配主義」支持者認為,平等的經濟成果和平等的政治權利是相輔相成的。乍看之下,這似乎可以幫助我們擺脫「平等陷阱」⋯⋯

這種觀點好像很合理,如果真是如此,想必人人樂見其成。然而,我個人對這個論點有些疑慮,先請各位想一想,當今世界有哪些國家貧富差距極大?很多人可能會想到美國,或者是巴西、墨西哥、南非——這些都是民主國家。再想想那些描寫工業時代中社會貧富懸殊的文學名著,偉大的作家們如查爾斯・狄更斯(Charles Dickens)、法蘭西斯・史考特・費茲傑羅(F. Scott Fitzgerald)、約翰・史坦貝克(John Steinbeck),紛紛在作品中記錄下富人、窮人艱難的處境,這些故事的背景,正好也都是民主國家。

進一步說明我的疑慮之前,先讓我們換個角度,看看過去一百年來,世界上最平等的國家是什麼情況。首先,是瑞典和挪威:在這兩個國家中,儘管人民收入相當平等,但社會整體的財富分配並不平等。另一方面,我們發現以下幾個由獨裁者掌權的國家,也可

說是相當平等：毛澤東時期的中國、赫魯雪夫（Khrushchev）時期的蘇聯，以及當今的白俄羅斯。既然這些獨裁國家都實現經濟平等了，為何這些國家的統治菁英就是不願將統治權交給人民？你可能會馬上回答，這些都是共產獨裁國家，人民的「經濟平等」本來就是與獨裁體制綁定的。但這也帶出了一個問題：強制實現的「結果平等」，是否有辦法與民主制度提倡的「權利平等」共存？

此外，我還想指出：經濟平等的獨裁政權並非共產國家獨有。就統計數據來看，十九世紀末的中國在經濟面也相當平等，大清帝國的吉尼指數估計僅為 0.24，這是因為當時大多數的中國人都同樣貧窮。儘管清朝有一小群人數不多的統治菁英，但當時中國的生產力不高，不足以讓菁英階層掌握大量的財富，因此在統計數據上，並未顯示出明顯的經濟不平等──清朝社會在政治上極端不平等，但經濟面卻沒有那麼懸殊的貧富差距。

至此，我們可以歸納出兩種情況，足以推翻「再分配主義」的立論：第一種情況是，民主國家可能也有不平等的情況；第二種情況是，專制國家也可能在某些面向上「很平等」。「再分配主義」認為，不平等程度愈高，落實民主的可能性就愈低；我反倒認為，往往是社會中的不平等催生了民主制度。

我認為，我個人的論點更具說服力，我的推論如下。社會變得更不平等，有兩種途徑：第一種是重新分配現有的財富，讓一小部分人獲得更大比例的財富，其他人所擁有的財富就會相對減少；第二種則是創造新的財富，但分配的方式不均，使一小部分的人獲得新增財富的絕大部分。

當一個社會的經濟停滯不前，如果貧富差距不斷擴大，那麼一定是因為富人從窮人手中奪取了財富；而當一個社會的經濟處於持

續成長的狀態，此時如果貧富差距不斷擴大，那可能就是社會中某群人比其他人獲得了更多的新增財富。由於這個群體的財富成長得比其他人更快，因而導致不平等加劇。在此我必須強調，財富增長快速的群體，不一定是社會中的統治菁英。

舉個歷史上的實例，讓大家更容易理解我的推論。1600年左右，英格蘭大部分的財富來自農業，然而，身為地主的貴族決定將農民趕走，以便放牧更多羊群，來獲取商業價值更高的羊毛，導致社會不平等加劇。只有在極為罕見的情況下，像是貴族所擁有的土地被重新分配，或是大批貧困農民因瘟疫死亡、導致每個農民平均擁有的土地增加，不平等的程度才會降低。

而後英國迎來工業革命，創造出數量驚人的新增財富，而且人們不再需要仰賴土地就能產出這些財富。當可用的資源增多時，財富的分配可能變得更加不均，社會中新增的財富流向一個全新的群體——因工業發展而致富的都市工廠老闆、商人們，這些人因此成為新興的經濟菁英。工業革命剛開始的一兩百年內，窮人的生活沒有太多改善，他們的身分只不過是從貧困的農夫，變成貧困的工廠工人罷了；與此同時，新興的經濟菁英階層崛起，只不過當時的政治體系並未承認這些人的地位。

十九世紀英國逐步民主化，就是在回應新興菁英階層對於政治代表權的要求：勤勞而富裕的資產階級爭取選舉權，使新興的工業城市在國會中獲得代表權，原本只屬於農業時代菁英階層的特權也受到一系列的挑戰。經濟成長導致不平等的程度加劇，而不平等的加劇則催生了新興的經濟菁英階層，儘管經濟菁英此時尚未躋身政治菁英的行列。

其實這種新、舊時代菁英之間的鬥爭無處不在，而且通常發生

在不平等加劇的時期。社會不平等的程度加劇，代表會有「新玩家」登場，共同競爭資源，這反而可能有助於民主發展；反之，社會維持平等的狀態，則會伴隨經濟停滯，意味著獨裁體制會持續下去。這正是「平等陷阱」的另外一面：過於平等的結果，有時候反而會削弱平等的權利，而不平等則可能對民主有利，因為不平等能夠撼動傳統菁英階層的統治地位。

　　為什麼新興的經濟菁英階層這麼在意民主？難道經濟菁英們不會想要控制整個國家、凌駕於所有的人之上嗎？的確有這種可能，但更常見的情況是，新時代的菁英會試圖擴大國家對他們的保護，而民主和憲政體制較能提供這種保障。社會中的新富階層通常是藉由商業活動、工業生產致富，而不是依賴土地、農業或礦產來獲取財富。工業和商業的運作邏輯更為複雜，不是只單純從土地中榨取價值就好，而需要大量的契約協議、各式各樣的商品、遍布全球的貿易網絡，以及活躍的消費群體等種種要素參與其中。

　　獨裁政權難以提供這些社會網絡與經濟資源，更遑論對其加以保護。由於獨裁者的權力幾乎不受限制，人們無法信任獨裁政權不會恣意違背合約、阻礙貿易或徵收財產。在槍口威脅下，獨裁者的政治承諾隨時可以輕易收回。因此，新興的菁英階層在獨裁體制下，時時面臨財產被沒收、被勒索的風險。

　　俄羅斯總統普丁與該國寡頭大老之間的緊張關係，就是一個非常典型的例子。蘇聯共產主義崩潰後，許多國有企業落入俄羅斯寡頭大老手中，寡頭們幾乎全是男性，享有這些大公司的特許經營權，讓他們賺進大筆財富。

　　隨著普丁強化對俄羅斯的威權統治，反對普丁政權的寡頭們紛紛陷入了嚴重的法律訴訟，甚至面臨更糟的命運。

2003年是個關鍵時刻,當時身為俄羅斯首富的米哈伊爾‧霍多爾科夫斯基(Mikhail Khodorkovsky)於新西伯利亞市(Novosibirsk)登上私人飛機時遭到逮捕,被控欺詐、逃漏稅。霍多爾科夫斯基原為尤科斯(Yukos)石油公司總裁、俄羅斯天然氣產業巨擘,卻因為支持反對黨、「開放俄羅斯」(Open Russia)等異議團體,被監禁長達十年,也失去對公司的控制權。其他的寡頭們則更為不幸,許多人在流亡期間離奇身亡,像是反普丁的媒體大亨鮑里斯‧貝瑞佐夫斯基(Boris Berezovsky),被發現陳屍於倫敦郊區豪宅的浴室內。俄羅斯入侵烏克蘭後,至少還有七名寡頭死得不明不白。對於新富階級來說,相較於獨裁統治下無法掌握自己命運的不確定性,即使民主制度會課較高額的稅率,後者也許才是更合適的選擇。

民主體制或許意味著富人要繳交更高的稅,但也代表司法機構能夠發揮作用、統治者的權力會受到約束。雖然要繳稅,但至少保有政治代表權。這也是為什麼,不平等並非永遠總是民主的敵人。美國獨立戰爭發生的原因,正是源自日益富裕的北美殖民者反對大英帝國「不給代表權卻要徵稅」(taxation without representation),於是,來自波士頓、紐約和費城等新興商業城市的菁英們決定發動戰爭。然而美國獨立後,這些新興的經濟菁英並不熱衷於在美洲建立君主政權,而是追求喬治‧華盛頓(George Washington)所謂「人民守得住的民主」(a "democracy if you can keep it")。美國的政治體制以權力分立為基礎,防止任何一個機構獨自掌控主導權,並保障了財產權。對於這些因商業崛起的新富階級而言,民主確實是個好體制。

然而,我們還是應該保持謹慎,不要輕易假設經濟不平等總是

有可能帶來平等的政治權利。美國在白人男性的努力下，所建立的民主制度確實帶來了平等的權利，但他們爭取權利的目的，是為了保護自己的財產免受國家干預。與此同時，南方廣大的墾植園卻仍舊依靠奴隸勞動來維持，並且一直延續到十九世紀：偏遠、落後、以暴力強制維持的不平等還是存在，黑人奴隸的自由、政治權利持續被剝奪——這種形式的不平等，本質就是極端專制。

平等的待遇 vs 平等的結果

第二次世界大戰結束後，西方民主國家爭取平等經濟自由、平等政治權利的成果已大致底定。過去50年間，這些國家努力的目標，轉變成替「白人男性」之外的群體爭取平等的社會權利，因為這些群體過去在傳統上、法律上受到的待遇往往不及白人男性。時至今日，民權運動、女權運動與同志權利運動仍面臨種種不平等，不過勞動市場和政治圈中的歧視已經比幾十年前少了許多。

儘管人們在「平等的待遇」這方面有了歷史性的進步，自1950年代以來，各群體之間的經濟成果卻變得愈來愈不平等。無論用哪一種標準衡量，在過去幾十年間，薪資最高與薪資最低勞工之間的差距愈來愈大。這種情況看似矛盾，卻再次顯示了「平等陷阱」另一種表現形式。

經濟不平等日益惡化的原因之一，是社會中勞動力的組成產生巨大變化。當今職場重視公平的招募過程，更多女性得以進入勞動市場，與此同時，薪資不平等的程度也變得愈來愈高。由於女性更有可能從事非全職工作，因此在進行年度薪資比較時，若未將工時差異納入考量，那麼統計數據最終將顯示出更大的薪資不平等。當

然,如果女性的薪資普遍低於男性,薪資不平等的程度也會加劇。

自1950年代以來,儘管女性獲得工作的機會更加平等,但是在不同性別之間,招募和薪資制度仍然不完全公平。男性與女性所受的待遇看似平等,實際上新型態的經濟不平等依然存在,而且女性的薪資仍普遍低於男性,這種系統性的落差在北歐國家也是如此,即使這些國家似乎已落實性別平等,女性收入仍比男性低約20%。

想要理解平等的待遇如何導致更不平等的結果,可以觀察不同經濟發展程度的國家中,女性進入勞動市場所帶來的影響。在國民年均所得約5000美元的國家,女性的勞動參與率顯著偏低,比男性低約50%;這些國家男女之間的薪資差距更為懸殊,女性的收入比男性低65%。至於國民年均所得約4.5萬美元的富裕國家,男女之間勞動參與率的差距縮小至不到10%,不同性別之間的薪資差距也較小,但仍然高達近40%。

如此不平等的現象有兩種解釋。第一種解釋認為,女性在勞動市場中的比例較低時,男女之間的薪資差距通常較大,因為女性剛開始進入職場時,往往只能獲得薪資比男性低的工作,因而加劇了不平等的程度。有人可能會認為,在較貧窮的國家中,男女薪資的不平等,主要源自女性的工時明顯比男性少——然而事實是,無論國家的富裕程度為何,男女工時的差距其實都差不多。第二種解釋認為,女性在勞動市場中仍系統性地處於劣勢,即使在富裕國家也是如此,導致不平等持續存在,並且難以消除。自1980年代以來,不同性別之間的薪資差距在富裕國家仍然存在,僅縮小了約10%。

為什麼不同性別之間的薪資差距持續存在?這種情況特別引人注目,尤其是在大多數的富裕國家中,女性的高等教育入學率已超

過男性，照理說，應該能夠逆轉性別上的薪資差距。然而，勞動市場一大不公平之處，在於女性會因為生兒育女而遭受職涯懲罰。經濟學家發現，男性的收入在第一個孩子出生後仍舊保持穩定，而女性的收入則會在孩子出生後的十年間，下降至生產前收入水準的一半。

女性收入下降的原因，是勞動參與度的變化所導致：小孩出生後，男性的勞動參與度沒什麼改變，女性的勞動參與度則會因為請產假而大幅下降。至於產後立即恢復原本工時的女性，短期內時薪不會受到明顯影響，但幾年後，她們的薪資與同時期育有子女的男性之間會出現巨大落差。這種現象反映了女性的兩個困境：第一，產後仍持續工作的女性即使並未減少工時，職場晉升的機會仍然受限；第二，曾因育兒而中斷職涯的女性，重新進入職場後的薪資普遍較低。經濟學家發現，生育所帶來的薪資懲罰，幾乎完全來自於在職經驗的流失，以及女性在生育後傾向選擇彈性更高的工作類型。對於教育程度較高、收入成長潛力更大的女性來說，這種薪資懲罰尤為嚴重。

問題來了，為何有些勞動市場明明號稱很平等、沒有明顯的就業歧視，薪資與職涯發展的差距依然存在？答案是，儘管兩性在法律層面上平等，家庭內部的不平等卻仍根深柢固。不論國家有多富裕，女性從事無償家務勞動的工作量遠多於男性：兩者的差距在瑞典約為一小時，葡萄牙和日本則為三個多小時。這種家務勞動量的差距與不同的就業模式有關，然而，一個研究英國家庭行為的報告指出，新冠疫情封城期間，一個家庭中，即使女性的收入高於男性，女性仍然承擔更多的家務、育兒工作，也無法像男性那樣專注於有薪工作。

有些國家即使有性別中立的育嬰假政策，例如瑞典，家務分工仍然帶有強烈的性別色彩。瑞典的新手爸媽們每人都有240天的帶薪育嬰假，其中150天可轉讓給另一方。也就是說，有90天的假期是不可轉讓的，對爸爸們來說就是所謂的「爸爸配額」（daddy quota），不用就作廢。然而，男性僅使用育嬰假總天數的25％，並且只有13％的家庭分配使用育嬰假的方式較為平等。除此之外，「爸爸配額」政策推行後，使用過這項政策的男性們，照顧生病子女的可能性並沒有比未享有該政策的男性更高。這些表面上公平的政策，往往掩蓋了家庭內部原有的不平等——誰得以全力發展事業，誰又必須做出更多犧牲。

　　有了公平的育嬰假政策，要真正實現家庭內部的平等，還是需要改變大眾對社會慣習的認知。挪威的資料顯示，男性如果看到自己的兄弟或同事請育嬰假，跟進的可能會更高，代表請育嬰假會產生「雪球效應」。另一方面，男性請育嬰假的風氣可能受職場文化影響，以日本為例，男性的育嬰假制度可說是全球最慷慨，最多可以請到12個月，能夠領原有薪資的60％左右，但實際上只有6％的日本男性會請育嬰假。研究顯示，日本男性不願請假的主要原因，是他們高估了其他男性對育嬰假的負面反應；甚至有某些日本企業被爆出邊緣化請育嬰假的男性員工。這種施加於夫妻雙方的不平等社會慣習，讓表面上公平的政策，反而強化了原本不平等的情況。

　　比較家家戶戶之間不平等的程度，是另一個很好的切入點，來理解更平等的待遇如何掩蓋其他面向的不平等。1950年代大多數家庭的收入來源只仰賴男性一人，因此比較各個家庭的收入時，實際上是在比較男性們的收入。隨著女性進入勞動市場，大多數的家戶變成雙薪家庭。而如果人們通常是依照某種特定模式在進行伴侶選

擇的,那麼各個家庭之間不平等的情況將產生極大改變。

高技能、高收入職業的女性往往會與同樣高技能、高收入職業的男性結婚;相對而言,低薪女性通常會嫁給低薪男性。如果這種情況持續存在,就會進一步擴大家庭之間收入的差距,甚至會使富裕家庭、貧困家庭之間的收入差距翻倍。

帶入實際的數據可以讓各位更容易理解:本章前面提過,1950年代被稱為「幸福時代」(Happy Days),此時各個家庭唯一的收入來源都只有男性一人,從事藍領工作的男性,年收入為四萬美元,而從事管理工作的男性年收入為八萬美元,此時這兩個家庭的年收入差距為四萬美元。到了《六人行》(Friends)影集風靡全球的1990年代,此時男性、女性都進入職場工作。假如此時的婚配模式是「異極相吸」,也就是藍領階級的男性可能會與女性管理者結婚,而男性管理者則可能會與藍領階級的女性結婚,如此一來,每個家庭每年的總收入應該都會達到12萬美元,各個家庭的收入應該不會有落差。

但實際的婚配情況並非如此,「門當戶對」比「異極相吸」的情形更加普遍,因此我們會看到男女雙方都是藍領階級的家庭,每年的總收入變成八萬美元,而雙方都是管理階層的家庭年度總收入變成16萬美元,這樣一來,兩個家庭之間的收入差距擴大到八萬美元。此時管理階層家庭的富裕程度仍然是藍領家庭的兩倍,但兩者絕對收入的差距卻加倍了。此外,較富裕的夫妻離婚率通常比較低,因此這個年收入16萬美元、較富裕的管理階層家庭很可能保持完整,而藍領家庭則可能因離婚而分裂成兩個年收入僅有四萬美元的單親家庭,導致家戶之間收入的差距更擴大。

家戶之間收入的不平等和這種「選擇性婚配」代表什麼意義?

儘管不同研究的結果存在分歧，整體而言，過去50年內，選擇性婚配對富裕國家的收入不平等加劇有著相當大的影響。學者估計，如果美國選擇性婚配的程度維持在1960年代較低的狀態，那麼1967年至2005年間，收入不平等的增幅將減少約25％至30％。社會學家還認為，父母收入與子女長期收入之間的相關性，高達50％可歸因於選擇性婚配，可以說選擇性婚配也減少了「代間流動」（intergenerational mobility）。

丹麥、英國、德國和挪威等國家都發現了類似的現象，不過各國之間仍存在差異。選擇性婚配在勞動市場監管較強的地區（例如北歐國家）較不明顯，而在英語系國家、東歐地區等勞動市場監管較少的區域則最為明顯。北歐國家的勞動市場受到較強監管、不同性別之間的收入較平等，而且各個職位之間的薪資差距較小、鮮有特別高薪的職業，不同從業人員——如律師和教師——共組家庭的情況會更為常見，部分原因是兩者收入的差距較小。

選擇性婚配可能會加劇家戶之間收入的不平等。其實當人們開始追求性別平等，也就是讓女性在勞動市場獲得平等待遇時，就為選擇性婚配的現象埋下遠因——當女性更容易能進入法律、金融和醫學等專業領域工作後，「雙律師」、「雙銀行家」、「雙醫生」組成的家庭也開始變得愈來愈多。在勞動市場中獲得平等的待遇，加上自由選擇婚姻伴侶的權利，最終卻在另一個層面上，也就是家庭收入上造成了不平等的結果。正如社會學者克莉絲汀・施瓦茲（Christine Schwartz）所說：「過去幾十年來，夫妻之間變得更加平等……然而，配偶之間的相似度提高，卻有可能帶來意想不到的後果，也就是家戶之間的不平等程度加劇。」

這正是「平等陷阱」困境的再現。如果賦予人們平等的權利，

讓人們按照自己的意願行事，儘管每個人受到的待遇公正且公平，最終仍可能導致高度不平等的結果。如果我們天真地認為，平等的待遇必然會減少經濟不平等，那麼政治勢必會失敗；我們需要做的，是確保像「育嬰假」這類政策，能夠真正考慮到既有的性別不平等問題，例如雇主對請育嬰假後復職員工的反應，以及長期存在的家戶不平等現象。若不考慮這些，那麼政策設計得再縝密，都有可能失效。

8
擺脫平等陷阱

怎麼做才能同時保有民主自由,並抑制資本主義過度擴張?若強行落實完全平等的措施,人們的權利可能會因此受到限制,相信絕大多數人不會同意這麼做。我們該做的,是試圖先縮小富裕國家中日益擴大的貧富差距,降低不平等的程度,並防止不平等的情形顛覆既有的民主制度。「擺脫平等陷阱」並非天方夜譚,像北歐國家就做到了,成功讓人民的收入更加平等,並將相關措施融入到自由民主、活力滿滿的文化之中。要達成這個目標,勢必需要政治介入。

認為不平等的問題可以透過「市場」或「科技」等神奇力量來解決,無疑是天真的想法。在缺乏政府干預且勞工團體影響力不高的情況下,自由市場往往還是會朝向財富積累的方向發展,尤其是菁英教育盛行的情況下,富人能夠藉由這種教育,確保自己的子女進入富裕階層。雖然自由市場遭受衝擊時,不平等的情況的確會降低,但歷史上這種衝擊往往來自饑荒、瘟疫、戰爭和經濟衰退,因此稱不上真正能夠擺脫「平等陷阱」的解方。

那麼,科技能夠讓社會變得更加平等嗎?這取決於科技的種

類。通訊技術的成本愈來愈低廉,或許可以帶來新機會,讓原本被排除在全球市場、國家級市場的人們能夠參與其中。然而,近期新型的科技工具並未惠及貧困人群,反而是高技術勞工受益於資訊技術的發展。新科技進一步強化了教育的重要性,使專業人士和管理階層致富,普通勞工則獲益有限。

因此,只依賴外部力量無法降低不平等的程度,而是需要透過政治決策來達成目標:以不同的方式教育勞工,並且用更有效率的方式,規範產業與勞工之間的關係。在此之前,我們需要找到方法,對當今不平等的經濟體系所創造的龐大財富徵稅。如果說人類終其一生只有「死亡」與「稅賦」兩件事無法避免,那麼我們不妨把後者運用得更有效率一些。

也許有些讀者對以下的畫面有印象:賴瑞・桑莫斯(Larry Summers)整理了手中的文件,走向麥克風,準備對其他與會學者發起猛烈抨擊。桑莫斯曾任美國財政部長、哈佛大學校長,以及美國總統歐巴馬的首席經濟顧問,其職涯與經濟學界、民主黨緊密連結。

在桑莫斯之前上台的是伊曼紐爾・賽斯(Emmanuel Saez),他和加柏列・祖克曼(Gabriel Zucman)、湯瑪斯・皮凱提(Thomas Piketty)都是法國知名經濟學家。賽斯與祖克曼提出了一個財富稅計畫,徵稅對象是美國最富有的一群人——例如名列美國《財富》(Fortune)雜誌排行榜上最富有的400人,這些億萬富翁所擁有的財富,佔全美整體財富的比例,從1982年的0.9%飆升至2018年的3.3%,翻了近四倍。

賽斯提出的財富稅計畫,要對擁有超過十億美元財富的人,徵

收每年10%的稅款。賽斯的構想為沃倫和桑德斯帶來啟發，兩人提出的財富稅政策概念類似，也都在2020年美國總統大選民主黨初選佔上風。

沃倫的提案是要對擁有超過5,000萬美元財富的人徵收2%的稅，若財富超過十億美元，則額外加徵百4%的附加稅；這項政策提案會有約7.5萬個家庭受到影響，但在十年內將帶來近四兆美元的額外稅收。桑德斯則聲稱他的財富稅計畫能夠帶來更多稅收：對擁有超過3,200萬美元財富的人，徵收1%的稅，並逐級提高稅額，對超過100億美元的財富則最高徵收到8%的稅。2018年的數據顯示，美國最富有的15人，擁有總計近一兆美元的財富；若依沃倫的方案，這個數字將降至4,340億美元；若依桑德斯的方案，則會進一步縮減至1,960億美元──如此一來，富豪們能夠購買的私人島嶼數量將大幅減少。

無論選擇哪種財富稅計畫，背後的政治與經濟邏輯都顯而易見。從政治面來看，這場較量是不到十萬名的美國富人與其他美國人的對決。如果民主真有其意義，那麼社會中的多數，是否能夠限制極少數人的財富？若桑德斯的財富稅計畫自1980年代就開始實施，美國最富有的400人所擁有的財富，佔全國財富的比例幾乎不會增加，但實際上，這個數據至今已成長超過三倍。

然而，前財政部長桑莫斯並不認同以上論點，他指出賽斯的數據與計算方式有問題，認為財富稅根本無法達成其設想的目標。首先，桑莫斯表示削減億萬富翁的財富，不會對政治權力產生任何影響，因為無論是民主黨還是共和黨，資金來源並非這些億萬富翁，而是財力不及億萬富翁的有錢人，而這些人的財富不會受到財富稅的影響。事實上，推動財富稅反而可能促使超級富豪們投入更多資

金進行遊說,以逃避稅收。

第二,桑莫斯認為「財富不平等加劇」會與「收入不平等加劇」的情況同步,因此貧富落差主要來自人們收入上的差距,真正的問題在於「收入不平等」,而非財富本身。第三,桑莫斯點出了一個已令許多研究財富不平等議題的學者們困惑許久的現象:為何在一些社會安全網或公共退休金制度極度完善的國家,財富不平等的程度會這麼高?其實在這類國家,由於有一定程度的社會保障,因此人們持有的私人財富會比較少。也因此,像瑞典這樣的國家之所以會呈現出高度的財富不平等,就是因為他們的中產階級不需要累積私人財富來確保退休生活無虞,他們已擁有國家退休金或職業退休金的保障了;而另一方面,該國的富豪仍會繼續累積財富。

最後一點,桑莫斯認為,向富人徵財富稅,其實也是在對他們的投資行為徵稅。如果富人選擇保留財富,將其用於儲蓄或投資,那麼就會被課稅;但如果他們選擇花掉財富,將其用於奢華旅行或政治獻金,那麼就不會被課稅。在自由社會中,富人有權選擇如何運用自己的財富,來降低自己所需要繳納的財富稅。那你覺得富人會怎麼選?對桑莫斯來說,這正是「平等陷阱」再次發揮作用:除非某種形式的平等受到限制——例如限制人們提供政治獻金、支配財富的權利,甚至是遷徙的自由、選擇國籍的自由——否則無法確保真正達成更平等的結果。

究竟財富稅有沒有可能幫助我們擺脫「平等陷阱」呢?《二十一世紀資本論》(*Capital in the Twenty-First Century*)作者湯瑪斯・皮凱提提出的解方是「全球財富稅」。世界上有許多微型小國現今成為富人的避稅天堂,為外籍投資人提供極低的稅率。從整體來看,確保億萬富翁支付其應繳的稅款,可以讓全球所有的國家受益;

但如果這些富豪能夠自由遷移,那麼就只有這些微型小國得以從徵收的稅款中獲利,即使這些國家對富豪們徵收的稅率極低,仍能夠帶來可觀收入。然而,若對世上所有的國家都共同徵收全球財富稅,僅有小國獲益的情況就不會發生,因為億萬富翁們無論遷往何處,都無法逃避課稅。「全球財富稅」的概念來自「全球企業稅收協議」(Global Agreement on Corporate Taxation):2021年,全球有136個國家達成共識,同意設定企業最低稅率為15%。在這邊我不禁想問,難道億萬富翁比跨國企業更難課到稅?

全球財富稅的難題在於政治現實未被納入考量,皮凱提自己也承認這一點。全球財富稅作為打擊億萬富翁避稅手段的解方,可說是無懈可擊,卻落入了「平等陷阱」。表面上來看,我們確實解決了問題:富翁們仍擁有選擇居住地的平等權利,而財富稅則幫助社會縮小經濟差距。但是另一種平等權利,也就是民主國家的人民選擇自己稅率的權利遭到剝奪。此外,會受全球財富稅影響的,不只是容易被大國施壓的微型小國,甚至會引發各國之間的激烈爭論,例如稅率應該收多少、受益方是誰,以及稅率是否可以根據國家差異而有所調整——美國可能槓上歐洲,中國可能與印度角力。換句話說,全球財富稅將陷入國際政治的漩渦,不僅需要說服單一政府推行此政策,而是需要全球所有政府的支持。

財富稅往往受到大眾輿論的影響,相關議題的政治考量變得更加複雜。讀者可能以為財富稅理應獲得大眾壓倒性的支持,畢竟受到影響的人數極少。在議題層面,人們確實通常都會支持對富人徵稅,然而,一旦涉及徵稅的具體細節,態度卻變得猶豫不決。此時若依賴某位「道德領袖」來說服大眾,相信徵財富稅是「正確的

事」，會面臨一個棘手的問題：社會大眾其實並不認同這麼做是對的。

2001年美國小布希總統的減稅法案就是一個經典案例，到了2010年，這項法案基本上終結了美國的遺產稅制度。這項減稅法案對富人極為有利，以至於到了2010年時，該法案減免的稅收中，有51.8%流向了全美前1%富有的家庭。儘管美國人普遍認為富人繳納的稅款根本不夠多，這項法案仍然廣受歡迎。

2005年，政治學家賴瑞・巴特斯（Larry Bartels）發表了一篇名為〈荷馬被減稅〉（Homer Gets a Tax Cut）的文章，並配上一幅漫畫：荷馬・辛普森（Homer Simpson）興奮地拿著幾張鈔票，而站在一堆錢袋前的老闆伯恩斯（Mr. Burns）則奸笑著說：「傻瓜。」這幅漫畫稱不上精妙，但確實點出了美國民眾對財富稅態度的矛盾。巴特斯發現，儘管52%的美國人認為富人目前繳納的稅款太少，但只有不到20%的人反對布希減稅法案，即使這項政策讓富人該繳的稅變得更少。

為什麼人們既支持對富人徵更多稅，卻又支持削減只有富人才需要支付的遺產稅？巴特斯認為，這是因為人們「對自身利益的考量不夠明智」（unenlightened self-interest），以為自己將來會需要支付遺產稅（更確切來說，是繼承人在他們死後需要支付），但事實上，會受遺產稅影響的，只有遠比一般人更加富有的人。人們以為「支持減稅」是在為自身利益行動，實際上卻是為富人的利益行動：社會大眾對布希減稅政策的態度，取決於他們認為自己是否被課過重的稅，而非富人被課的稅是否過重。

人們不喜歡財富稅，還有許多其他原因。不動產往往佔多數家庭所擁有財富中最大的一部分，因此遺產稅主要課徵的標的是家族

住宅。然而，人們對家族住宅、家庭農場或家族企業懷有深厚的情感，不願看到這些資產被國稅局的官員染指。即使大多數人不會真的因為被課稅而失去這些祖產，反對遺產稅的政治人物仍可以找到一些反面案例，來博取大眾同情。人們反對財富稅也有道德上的理由：財富通常以儲蓄的形式存在，許多人認為對「存款」徵稅，等同於對辛苦賺來的收入「重複課稅」，令人無法接受。此外，還有人擔心徵收財富稅有實務上的困難：所得稅和交易稅可以在金流的來源處直接徵收，但財富稅需要在變賣資產、抵押貸款時才有辦法課稅。

當社會大眾被問到對財富稅的看法時，通常抱持懷疑態度。2015年進行的一次民調，曾詢問英國民眾對政府各類稅收公平性的評價。大多數的受訪者認為對酒類和香菸徵稅是公平的；約50%的人認為徵所得稅也是公平的；卻只有約20%的人認為徵遺產稅是公平的，近60%的人認為徵遺產稅不公平；印花稅（房屋交易稅）也極不受歡迎。對富人影響最大的幾樣稅種，令英國大眾最為反感，受訪者反而較支持對窮人影響較大的稅種。為什麼會這樣呢？

2021年，我在英國的英格蘭地區和威爾斯地區進行一項調查，發現人們對財富稅（如遺產稅）的反對態度依然強烈，只有不到20%的受訪者支持提高遺產稅，卻有超過60%的人認為目前的遺產稅已經太高。然而，從2019年的資料來看，實際上只有不到4%的過世者需繳納遺產稅。換句話說，大多數的人根本不需要繳納遺產稅，但仍對其抱持強烈的反對態度。我的研究團隊請受訪者用一句話，說明他們對財富稅的態度，最常見的詞語是「已經繳過稅了」、「繳稅」、「努力工作」和「人們存錢」。換言之，即使人們自己不會被課財富稅，仍然認為這樣的稅種是不公平的，而且是一種重

複課稅。

然而，如果人們認知到財富是源自「運氣」，而非透過「能力」或「努力」得來，也許就能夠被說服，覺得徵收財富稅也算公平。2020年，我和同事們進行了一項線上實驗，把受試者分組、每組有24人。我們想了解，如果讓人們自行決定要對彼此徵收多少財富稅和所得稅，會有什麼樣的反應。

實驗開始的前幾天，我們發送電子郵件給受試者，告知他們將無條件獲得一筆錢，這是他們的「財富」。實驗過程中，受試者需要執行一項非常無聊的任務來賺取「收入」，報酬則取決於表現。在實驗中，大家的初始財富及任務報酬都不盡相同。

實驗結束時，我們告知每位受試者他們的總進帳（「財富」加上「收入」），並將之與其他參與者的總進帳對比，再讓受試者為財富、收入分別設定不同的稅率，稅收則平均分配給所有的人。我們首先觀察到的結果並不令人意外：人是自利的，擁有較高收入或較多財富的人，傾向支持較低的稅率。

針對其中一組受試者，研究團隊額外提供了更多資訊，讓他們不僅知道自己的總進帳在所有的受試者中排行第幾，還能看到自己在「收入」與「財富」兩方面的排名。也就是說，這組受試者可以清楚知道自己的進帳來源，是因為努力完成任務，還是純粹運氣使然。

我們在此觀察到一個有趣的現象：這組受試者得知關於「收入」排名的額外資訊後，更加堅持自身的利益。一旦人們得知自己賺得更多，會更加反對提高所得稅。由於完成任務需要付出努力，受試者非常在意與他人相比，自己的表現如何。辛苦工作的人，認為自己理應擁有這筆收入，因為收入較低的人顯然是「不夠努力」。然

而,受試者面對「財富」排名的情況則完全不同,人們很清楚自己獲得的財富是隨機的,因此額外的資訊並未影響他們對財富稅的態度。

這次研究得出的結論是,如果人們認為財富的來源是運氣而非努力,那麼徵收財富稅會引起的爭議,將比所得稅低。若人們知道自己獲得的是一筆意外之財,就比較不會抗拒被課稅,因為他們知道自己並不是真正「配得上」這筆財富;而沒有獲得這種天降財富的人,也會更支持對其課稅,因為那些獲得財富的人不過是走運罷了。

研究的結果意味著:對某些類型的財富徵稅,可能比其他類型的財富更容易。比如說,人們極力反對課徵儲蓄稅,因為儲蓄稅感覺就像是對過去辛勤工作的收入進行重複課稅。遺產稅則較為複雜:對於繼承人來說,這是一筆意外之財,但這筆錢通常來自父母的儲蓄,也就是上一代辛勤工作的成果。此外,除了少數極為富裕的人,對大部分的人來說,繼承的遺產佔一生中財富總額的比例並不高(對大多數人來說,只佔每年財富總額不到5%),因此課徵遺產稅對減少貧富差距的影響有限。相對來說,若要課徵財富稅,更可行的標的是人們的「投機性資產」,例如:加密貨幣、股票和第二間房產——這類資產的增值,與個人努力程度的關聯性較低(甚至沒有關聯)。

那麼,該如何設計有效的財富稅課徵制度呢?我們需要順應政治現實:即使大多數人幾乎不太需要繳納財富稅,卻會對這類稅款抱持懷疑態度,因此我們更需要確保課徵財富稅的透明性,並且清楚針對特定群體課稅。從政治面來看,最可行的目標應該是對「意外之財」課徵財富稅,人們常認為這類未經努力就獲得的財富來自

運氣,而非辛勤工作。儘管現行的遺產稅在一定程度上符合此原則,卻觸及了兩個承載人們情感的課稅標的:家庭與房產。如果我們真正在意的是「超級富裕階層」世代之間的財富轉移,那麼與其對所有人的遺產課稅,不如將遺產稅的適用範圍限縮於超巨額財富,並加強執行,以確保其有效性。

除此之外,更好的方式或許是讓財富增值的稅率與個人所得的稅率趨於一致。許多國家中,資本利得的稅率遠低於個人勞動所得的稅率;如果我們能夠突顯「來自運氣的收益」與「來自努力的收益」之間的落差,我們就能夠利用社會普遍接受的價值觀——也就是前述實驗所看到的「努力工作比意外之財更值得鼓勵」——來為財富稅建立正當性。畢竟任何稅制長期的有效性與政治可行性,最終都取決於是否與人們對「公平」的觀念相契合。

如果對人們徵稅這麼困難,要不要考慮把徵稅目標轉向那些無法反抗的對象(或者說,我們希望不會起身反抗的對象):機器人?「機器人稅」(robot tax)的概念曾在《紐約時報》和《華爾街日報》(*Wall Street Journal*)上引發討論,並獲得比爾‧蓋茲(Bill Gates)的支持。機器人問世後,自動化的能力取代了某些原本需由人類完成的工作,導致數百萬個薪資優渥的工作消失,掏空了中階勞動市場的勞力需求,進一步加劇了貧富差距。徵機器人稅的目的,就是透過稅收制度,來阻止企業用機器人(或人工智慧)取代人類勞工,減少企業採用機器人的誘因。機器人稅可以針對企業中機器人的數量來徵收,或者是與被取代的人類勞工數量連動,例如,要求企業採用機器人取代人類員工後,仍需繳納原本由雇主負擔的社會安全保險(Social Security),並且金額應與原本聘請人類員工時的款項

一致。蓋茲主張「把機器人當成人類對待」，因此機器人（或說那些擁有機器人的雇主）應該繳納所得稅等稅款，就與那些被取代的人類勞工一樣。

機器人稅能夠幫助我們擺脫平等陷阱嗎？機器人稅的好處有兩個：首先，可以為政府帶來因人類勞工失業而減少的稅收；其次，能夠讓企業在裁員時三思而後行，並提升現有員工的生產力。如果每間公司只想著要引入機器人以降低成本，那麼要求企業考量集體利益、投資在員工培訓，將變得極為困難。若開徵機器人稅，人類勞工也許就會比機器人更具優勢，長遠來看，或許還可以促使企業養成優先培訓人類員工的習慣。

然而，目前幾乎沒有國家開徵機器人稅。南韓有項政策有時被稱為「機器人稅」，但實際上並非如此，南韓政府只是提供「機器人補貼」，減免企業投資機器人的稅額，而且該補貼後來已被取消。不過各國政府之所以沒有廣泛推行機器人稅，並不是因為擔心惹怒一群機器人選民。機器人稅最大的問題，是如何定義什麼是「機器人」。例如美國人口普查局（US Census Bureau）的製造業調查中，機械手臂被納入統計範圍，但無人駕駛的起重機卻沒有。此外，一旦涉及軟體範疇，問題就變得更加複雜：應該把每個演算法都視為一個機器人，還是將一整套互聯的演算法視為一個機器人？又該如何衡量某家公司投資人工智慧所帶來的影響，到底有多少人因此失業？或者從一開始就沒打算雇用人類員工？

但機器人稅更大的問題在於，人們以為開徵這種稅，就能避開種種政治爭議。課徵機器人稅之所以受歡迎，是因為徵稅對象看似是沒有感情、無法抗議的機器人群體。但實際上，機器人稅最終仍由人類承擔，機器人的擁有者或使用者都要支付這筆稅款。因此，

是否應該藉機器人稅來降低不平等、應由哪些人來承擔稅賦，這類的政治爭論依然無法避免。如果人們在意的，是科技進步所帶來的不平等，那麼與其關注科技生產體系中的「投入」端（機器人），不如去關注它的「產出」端（科技企業的大老闆），否則我們可能會錯失問題的核心。要真正擺脫平等陷阱，就不能忽視社會中最富有的群體，我們或許應該把焦點重新轉向富人所擁有的財富⋯⋯

無論財富稅或機器人稅的利弊為何，它們終究都是在「不平等」已然成形後，用以進行調整的補救措施。稅收政策的資源再分配，是從資源較多的人民手中徵稅，再將之轉移給資源較少的人，以此處理市場中既有的不平等。然而，這種作法並未觸及問題的核心，因為這類政策預設了社會中永遠會有一群人比另一群人更加富有，甚至有錢人富裕到窮人望塵莫及的地步。當前的稅收政策對於解決不平等問題的根源，可以說幾乎幫不上忙。

有沒有可能在徵稅、轉移資源之前，就先減少不平等？這種試圖讓市場提供勞工更平等收入的概念，稱為「預分配」（predistribution），這個詞或許拗口，但概念其實很簡單：政府應該從源頭減少不平等，透過監管與投資來改變市場，而非單純依賴稅收。國家監管可以提高低薪勞工的薪資，像是直接規定最低基本工資的金額，或是間接促進勞方透過工會進行薪資談判。從美國與西歐的經驗來看，工會會員人數大幅下降，可能是導致不平等加劇的關鍵因素之一。

另一種調整收入分配、促進公平的方法，是從整個經濟體著手。例如中央銀行可以維持低利率、寬鬆的信貸條件，鼓勵企業聘用更多勞工。當就業率高時，勞工的薪資談判能力會上升，因為企

業需爭取市場中有限的人才。然而,新冠肺炎後疫情時代的經濟也告訴我們,這種政策可能會推高通膨。

最後一種方法是,政府透過教育、技能提升以及研發來提升勞動素質,藉由這些投資以提高人民的生產力。儘管這麼做確實需要一些公共支出,但若能夠將相關資源優先提供給低收入群體,那麼市場可能會給予相應的回報,回饋給這些擁有技能的人。如此一來,不僅勞工薪資可以提高、減少不平等,還能提升國家的整體生產力。

最後一個方法聽起來很有吸引力,也許是個實現平等的靈丹妙藥。這個概念經常以「社會投資」(social investment)的名義推廣,與「社會消費」(social consumption)的政策相對,後者指的是提供資源給年長者、病患、貧困者或失業者。「社會投資」似乎能夠讓人們擺脫平等陷阱,藉由提升技能和生產力,來提高較低收入勞工的薪水,同時避免了直接提供金錢補助所可能導致的「不良誘因」。此外,「社會投資」介入市場的程度較低,不會干預人們選擇工作的自由。然而,這種由技術官僚所提出的建言,真能化做簡單的解方,成功破解平等陷阱嗎?

或許可以吧。教育確實能夠促進平等。當國家走向民主化,並賦予投票權給社會中較貧困的公民時,通常會增加教育面的支出;左翼政黨也會採取類似的措施,因其立場通常偏向較貧困的公民。但教育支出的增加,不代表能夠直接讓社會變得更平等。表面上看來,「成就主義」的理念很有吸引力:擁有更多技能、才能的人應該要獲得更高的報酬,這概念聽起來合情合理,但人們獲得這些技能、才能的方式,其實往往並不平等。

檢視教育經費的來源時,這種不平等尤為明顯。教育經費的分

配幾乎無法做到平等，較富裕的學生往往獲益更多。高等教育的支出或許對國家生產力有益（身為一名學者，我當然非常支持這個觀點！），但接受高等教育的機會與收入水準密切相關。這代表較富裕的人更偏好將教育經費投入高等教育，而非基礎教育，這些人對於政府教育支出的期待也是如此。民主國家通常更願意在基礎教育上投入較多的教育支出，而威權國家則更傾向於將資源挹注在大學教育上，而非基礎教育。

富裕國家的政黨運作中，有個令人玩味的模式：大學入學率較低時，右翼政黨更有可能增加高等教育支出；一旦入學率上升，這個趨勢就會逆轉，反而是左翼政黨更支持高等教育的支出。這是因為大學入學率一旦提高，來自貧困家庭的學生比例就會變高，政治風向因而隨之改變。因此，我們無法將教育政策與政治一刀兩斷地切開來看，事情不像拔除一顆作痛的爛牙那樣簡單；不同群體對大學教育的支出各有需求，會對各個政黨的立場造成影響。

對於致力促進平等的左翼政黨而言，提高技能水準、推動大學入學普及化看起來的確很有吸引力，然而，其中仍存在不少問題。當代勞動市場需要的高技術勞工確實愈來愈多，但整體經濟能夠採用有大學文憑的人數有限。因此，受過高等教育的人，有時候只能從事與其技能無關的工作，儘管他們可能付出了高昂的花費，才取得這些技能。

擁有大學文憑卻被大材小用的人，會對民主體制、經濟發展和整體生活的滿意度較低，對政治人物的信任度更低。與那些找到符合其學經歷工作的人相比，這些「高才低就」的人更有可能投票給極右翼政黨。一個中間偏左的政黨原本也許希望透過「社會投資」政策來凝聚選民、刺激經濟並促進平等，最後卻培養出一批激進分

子，覺得自己懷才不遇，甚至很可能根本找不到工作。

想要擺脫平等陷阱，「成就主義」有其局限。高等教育無疑是推動高科技發展、形成複雜經濟體不可或缺的一部分，因為學生們不可能剛滿18歲、高中一畢業就有能力直接進入資料科學、製藥或金融等專業度極高的產業，這麼想根本不現實。然而，認為整體經濟能夠提供符合大學文憑程度的工作給社會中所的有人，這種想法也同樣不切實際。如此一來，要嘛社會得面對一大群未受高等教育的勞工，要嘛就會產生大量受過高等教育，卻被「大材小用」而心生不滿的人。

「成就主義」的立論「一個人的職業、地位會反映其技能和努力程度」，在高等教育體制中的常勝軍眼裡，很容易演變成一種自我辯護、自我吹捧，而這些人往往來自富裕階層。千禧年之際，英國首相東尼・布萊爾（Tony Blair）、美國總統比爾・柯林頓（Bill Clinton）等多位政治人物 都認為教育能夠超越政治，促進經濟成長與社會平等。然而，教育必然有贏家與輸家，過去十年間，教育已成為當代選舉中造成政治對立的關鍵。如果要將教育視為擺脫平等陷阱的方法，不能只讓社會中一半的人上大學，就宣告大功告成──那另一半沒上大學的人可是看得一清二楚。那麼，我們又能夠為這些人做些什麼呢？

大學教育並不是提升人民技能唯一的方法，許多政治人物對學徒制、在職培訓等職業教育深感興趣，因為這些方式更容易吸引到家庭收入較低的學生，並且能夠直接提高生產力。數十年來，歐洲各國的政治家們都很關注德國的「雙軌」學徒制。

德國學生從15歲開始，可以選擇參加為期三年的課程，課程

時間分別用在課堂培訓以及到職場向雇主學習技能，稱為「雙軌學徒制」。德國約有40％的學生選擇這樣的課程，每週約70％的時間花在職場，其餘時間則留在學校。雙軌制一直被認為是德國高端製造業與精湛工藝的基石，這個悠久的傳統制度同時也提升了中低收入群體的技能與薪資。在民營企業的協力之下，這是否不失為一種促進平等的方法，協助人們擺脫平等陷阱？

其實雙軌制度立基於已累積好幾個世紀的「學徒制」，最早可追溯至中世紀的德國工藝行會，因此不能輕率地將之移植到其他國家的教育體系，直接當成一種社會投資的政策。然而，政治家們並未停止嘗試仿效這種制度。

政治制度很複雜，卻也是人們向彼此承諾自己未來會如何行事的必要機制。培訓制度的性質也相當類似，學生透過學徒制所習得的技能，具有高度的特定性，專屬於某個特定的公司或工作任務；如果該公司破產，或相關機械設備過時，學徒們對於學習這些技能的投資可能變得毫無價值。此外，企業也會擔心培訓學徒的成本付諸東流，因為學徒們可能會在受訓後跳槽到競爭對手方，以獲取更高的薪資。因此，為了讓雙軌學徒制成功運作，企業與學徒之間需要信守一連串承諾。

對於勞工來說，政府和企業需要找到方法，補貼他們為了培養專屬於某企業的特定技能所進行的自我投資，並且在這些技能變得無用、過時之際，提供勞工其他協助。各個企業也必須達成共識，不得挖角剛培訓好的工人。由於培訓勞工需要很長的時間才能出師，企業可能還得說服銀行，才能夠取得長期貸款。勞工則會希望組成工會，確保不會因為工人擁有的技能只適用於某特定企業，而遭到企業剝削。此外，教育體系也需要適應這種「雙軌」模式，因

為這些學生每週僅有30%的時間會來學校接受高階技術培訓。

德國雙軌學徒制透過限制企業挖角、約束高生產力的工人競逐更高的薪水、防止金融機構撤資等方式，來促進經濟平等。換句話說，為了實現平等的結果，必須在某種程度上限制「選擇」的平等和「機會」的平等。

對企業而言，提供勞工相對較高但一致的薪資，是把雙面刃。昂貴的勞動力意味著工廠必須有極高的生產力，才能充分發揮每位員工的價值，可以說這種壓力促使德國企業在全球價值鏈中節節攀升，生產出頂級性能車款、家用電器和機械設備。然而，薪資統一也使得德國企業不必支付「與貢獻度相符」的薪資給最具生產力的工人。因此，「德國奇蹟」的成功仰賴這種平衡，即勞工和企業雙方都接受對某些行為的限制。

各國政府無法直接把德國的「雙軌學徒制」用在自己的國家，因為這種培訓模式要能夠有效運作，需要各方面的配合：有協調意願的企業、成熟的工會組織、穩健的銀行以及慷慨的失業保險。也就是說，雙軌學徒制需要一種特定的「資本主義類型」（variety of capitalism），該詞彙由彼得・霍爾（Peter Hall）和大衛・索斯基斯（David Soskice）提出。

缺乏前述各個面向支持的國家，推行學徒制恐怕不會有太好的前景，英國就是如此。二十世紀初，英國的工藝工會與雇主之間處於敵對的關係，而非抱持彼此合作的態度，導致雇主們選擇避開學徒制；此外，英國銀行不願貸款給製造業，反而更偏好海外投資；英國的失業保險也遠不如德國慷慨。

英國政府在1960年代、1990年代以及2000年代初期，都曾經嘗試藉由改善職業教育，以便縮小貧富差距，然而，每一次都遇到

類似的反應：雇主興趣缺缺、學生抱持懷疑態度，而且學校體系無法提供符合職場需求的培訓課程。這麼多年下來，職業教育在英國被視為一條「死路」，而非實現平等的方法。由此可知，英國所需要的「改革」不只是引入學徒制那麼簡單。

這類變革，若不具備劃時代的魄力，恐怕都是無法實現的。2015年英國大選期間，工黨候選人艾德・米勒班（Ed Miliband）試圖推動英國朝向德國「雙軌學徒制」轉型。當時，「資本主義類型」理論的創始人索斯基斯就指出，像這樣子的全面轉型並不可行，英國必須接受自己「更像美國」，並朝這個方向發展。

究竟要如何做，才能擺脫平等陷阱呢？首先，擺脫平等陷阱的解方不能零零散散——由於資本主義的天性就是不斷累積財富，政治體系必須持續施加壓力，才能防止貧富差距擴大，但又不能走向徵收財富、剝奪資產的極端。我們需要建立穩固的制度，無論政壇如何風水輪流轉，這種制度都不會受到影響。

「預分配」的概念要運用政府監管市場競爭的權力，以及金融保護機構的協助，來壓低企業利潤，並支持工會組織爭取更高薪資。這代表人們要放棄部分的經濟權利，例如，監管機構會限制企業為追求最大利潤而隨意定價的自由；工會則會阻止勞工私下與企業談判個人薪資。「預分配」概念的前提是，一切舉措都在自由市場的框架內運行，目的則是縮小貧富差距。鑑往知來，工會等體制可以援引歐陸國家的成功案例，協助建立職業教育體系；瑞典和丹麥等國家因為擁有強大的監管機構和工會，人民薪資不平等的程度顯著較低，上述經驗指引了一條擺脫平等陷阱的可能路徑。

與此同時，我們也見識到，各個國家不平等情況真正的差異，

主要是在稅收系統介入之後才浮現。要降低人們生活水準的差距，就需要一個強大且透明的稅收體系。我們不太可能回到1960年代，課徵90%的所得稅稅率，這麼做也非明智之舉。因此，要解決日益加劇的不平等問題，得將焦點轉向財富稅，或許才是更有效的策略，因為貧富不均的情況依然十分嚴重。我們需要設計出一種財富稅制度，既能夠有效縮小貧富差距，又不會嚇退幾乎不用繳財富稅的一般選民。此外，可能還需要各國政府跨國合作，防止億萬富翁索性變更居住地來逃避繳稅。

在資本主義民主國家中，大多數人共享的價值觀都應該被認真看待，才能真正擺脫平等陷阱。沒有人喜歡繳稅，人們尤其厭惡「雙重課稅」以及「付出努力卻沒有得到應有回報」。因此，將財富稅的重點放在「意外之財」上，可能是最有效的方式。此外，社會對性別角色的認知，將影響育嬰假等政策的成效：這些政策的立意良善，如果能夠改變雇主的期待，認為男性也應該充分休育嬰假，觀念的改變將與立法本身同樣有效。

最後，社會對「教育」的認知也相當重要。如果享有菁英教育的人，認為自己的成就完全仰賴個人能力而獲得，忽視了自己取得某些機會的先天優勢，那麼社會就會從階級分裂轉向教育分裂。如果我們希望兼顧平等與效率，就需要好好發展教育體系，目標不只是讓一半的學生得以上大學，而是關注所有學生的未來發展，確保沒有人被遺棄。

Part III
團結

我們只會在自己也需要時,才會想到團結

9
歐巴馬健保
2010年3月20日星期六，華盛頓特區

在《平價醫療法案》〔Affordable Care Act，不久後人們將稱之為歐巴馬健保（Obamacare）〕辯論會的最後幾天，國會議員暨民權英雄約翰・路易斯（John Lewis）走向美國國會大廈。此時，路易斯及其非裔美籍國會議員同僚卡森（André Carson）與克里弗（Emanuel Cleaver）都對眼前景象感到非常震驚，因為附近聚集的群眾正開始對他們狂噴種族歧視的言論。克里弗甚至被吐口水。眾議員詹姆士・克萊本（James Clyburn，民主黨在眾議院的第三號人物）表示：「自1960年3月15日，我參與示威抗議、爭取黑人在公車上的座位權之後，我就再沒聽過人們說出像今日這樣的不堪言論。」50年過去了，眼下這些抗議群眾，他們並非針對某項民權法案進行譴責，而是將矛頭指向特定政治人物，對他們進行種族歧視辱罵，只因他們投票支持溫和的醫療法案。

對大部分富裕國家的公民來說，美國醫療保健系統的政治環境，其險惡程度只能用瘋狂來形容。2010年年初，在所有的富裕國

家中,美國在醫療保健上的公共供給明顯是最少的。我之所以用「公共供給」這個詞,是因為美國在醫療保健上的「公共支出」其實並不算低。美國政府每年在醫療保健上的花費,平均每人3,857美元,略高於加拿大、法國、德國、瑞典及英國。但是這些國家的人民全都享有健保,覆蓋率為100%;相較之下,美國在2010年時,仍有超過18%的人民沒有健保:也就是說,尚有4,800萬名美國公民仍未投保。

不只如此,每人3,857美元還只是公帑資助。實際上,在這個醫療保健系統中,每個美國人每年的總花費為近8,000美元。也就是說,美國在醫療保健上的公共支出,不僅覆蓋率不足,讓五分之一的美國人都無法享有保障,而且這份公共支出也不到美國人醫療花費的一半。

在2010年年初,美國醫療保健系統存在兩個重大問題:它實在是太昂貴了,而且無法照顧到所有的人。美國的醫療保健系統相當錯綜複雜,它是由各種不同的系統拼湊而成的。與多數富裕國家不同,在戰後初期,美國並未發展出一套面向全體國民的公共醫療政策。美國既不像英國國民保健署那樣,能夠提供直接的公共醫療服務,也不像加拿大那樣,能夠為自費醫療提供公共健保。

事實上,大多數美國人的醫療費用都是私人支付,或者更確切來說,是由他們的雇主支付的。美國人對這種「雇主提供的健保」(employer-provided health insurance)異常依賴。在1930年代,大多數人看病都直接付錢給醫生。在當時,健康保險通常是「疾病保險」,這種保險用於保障人們生病時的收入損失,而非用於支付醫院及醫生的費用。不過,到了1940年代,開始有保險業者提供商業健康保險,而且這些保險業者還有權選擇誰能投保——想當然

爾，他們肯定比較願意為那些不太生病的人投保。現今美國的醫療保健系統如此不近人情，在當時已埋下種子；在現行的系統下，真正生病的人往往難以獲得治療。

美國醫療保健系統關鍵的「奠基時刻」，發生在1954年，這一年，聯邦政府決定免除「雇主提供的健保」的稅賦。這令雇主們紛紛湧入「團體健康保險」的市場，在團體健康保險中，保險業者會將一大群人的風險全都匯集在一處，團體保險便能因此擁有比個人保險更實惠的價格。比起自費投保，這種「雇主提供的健保」實在划算多了。因此，大部分美國人在醫療保健方面開始變得依賴雇主，而醫療保健也成了美國人薪酬福利的一部分。若你並非受薪雇員，或是一名自雇者，那麼你將被丟入殘酷的、昂貴的「私人保險」市場。在這種情況下，你可能會打消買保險的念頭，因為實在太燒錢了。

政府正是以如此隱晦的方式介入醫療保健領域：他們不惜放棄稅收，也要免除「雇主提供的健保」的稅賦。幾十年來，醫療保健的成本不斷上漲，無論是醫療技術的開發成本或是醫生的薪水，成本都愈來愈高，而這也為美國財政製造了黑洞。然而，醫療保健系統的使用者——也就是一般受薪雇員——並不受成本上漲影響，因為他們的健康保險都是由雇主提供的；因此，他們對醫療健保的需求幾乎未受限縮。美國逐漸成為醫療保健消費大國，在美國，不只有「特約醫療」（concierge healthcare）服務，甚至還有「凱迪拉克健保計畫」（Cadillac medical plans）這類超昂貴的保險商品。美國整體的醫療保健支出，在1960年大約還只佔國民所得的5％，如今則上漲到18％。

那麼，那些不再有雇主的人——如退休人士與失業人士——該

如何是好？1965年，林登・詹森（Lyndon Johnso）總統為這些人提供奧援，創設了「聯邦醫療保險」（Medicare，針對老年人）及「聯邦醫療補助」（Medicaid，針對窮困者）。這些醫療計畫仍是與那些私營的醫生及醫院進行合作，但提供了公共補貼。「聯邦醫療保險」在政治上很受歡迎，幾十年間，這套醫療計畫的涵蓋範圍，從原本的住院護理，逐漸擴展到門診護理以及處方藥的購買費用。另一方面，專為窮困者設立的「聯邦醫療補助」，則因其定位特殊，而在政治上飽受汙名，除此之外，這項醫療計畫是與美國各州合作實施的，然而許多州提供的醫療補助都很貧乏，尤其針對少數族裔更是如此。

美國總統巴拉克・歐巴馬與民主黨國會議員在2010年所亟欲改革的，正是這樣的醫療保健系統。他們並非嘗試改革的第一人。1970年代，參議員泰迪・甘迺迪（Teddy Kennedy）就試圖通過法案，推行全體適用的全民健保。尼克森（Nixon）總統則試圖推動一項限制更多、但內容不失慷慨的醫療保健計畫。這些嘗試皆未成功。二十年後，柯林頓政府做了新的嘗試，由第一夫人希拉蕊・柯林頓主導，但最終該計畫被人們戲稱為「希拉蕊健保」（Hillarycare）。這次失敗讓民主黨人蒙上陰影，日後再想進行類似的嘗試，只覺前景堪憂。

美國醫療保健的改革為何這麼難？歐巴馬的《平價醫療法案》明明不是什麼會造成重大變革的法案。該法案主要增添的項目如下：大規模擴張「聯邦醫療補助」的覆蓋範圍；對個人健保市場進行監管，確保那些本來就有病史的人也能獲得個人健保的保障，並同時對保費加以限制；推行「強制個人納保」（individual mandate），要求全體美國人都要購買健保，不然就得罰繳稅款。

該法案於2010年通過，但在十年後的2020年，仍有8.6%的美國人完全沒有健保。

　　與其他國家的醫療保健系統對照之下，英國有國民保健署，醫生由國家雇用，醫院也由國家營運，全體國民皆能享受其惠，看病時無需再繳共付額（co-payment），而這項醫療保健系統的總花費，只比國民所得的8%再高一點——這個佔比僅為美國的二分之一。再看看加拿大，全民皆享有公共提供的保險，而且該保險涵蓋了各類醫療機構，包括私人院所、非營利組織，以及公共機構。再看看法國，公民得向非營利保險業者支付健保費，醫生都是私營的，而政府則會核退大部分的醫療費用。要想讓全民都享有健保，方式有很多，而有些國家——例如法國——所採用的方式，與美國其實沒有太大不同。那麼，《平價醫療法案》剛開始推行時，人們反應如何呢？

　　多數民眾的反應並不正面。當時新興的茶黨運動就堅決反對該法案。不久前曾角逐副總統的阿拉斯加州長莎拉・裴林（Sarah Palin）則斷言，該法案恐會引入某種「死亡小組」（death panel）機制，來裁決公民是否有權獲得救命的醫療保健服務，這將會是某種「袋鼠法庭」（kangaroo court）。令人困惑的是，許多公民似乎認為《平價醫療法案》對「聯邦醫療保險」來說是種戕害——歐巴馬總統對此相當不解：「前幾天，我收到一位女士來信。她說：『我不要政府營運的醫療保健系統。我不要公費醫療（socialized medicine）。少來碰我的聯邦醫療保險。』」但是，聯邦醫療保險明明也是公費資助的啊。

　　歐巴馬健保已經是相當溫和的改革了，即便如此，它仍飽受爭議，原因在於它觸發了「團結陷阱」：我們只會在自己也需要時，

才會想到團結。美國的政治,未能將當前有健康需求的人以及將來可能有健康需求的人團結在一起。

歐巴馬健保藉由強制人民購買健保——也就是所謂的「強制個人納保」——試圖解決團結陷阱。然而,「強制個人納保」並不受歡迎。那些身體狀況良好的人會覺得:我很健康,我不會生病,為什麼要逼我去買一個我不需要的保險?當人們過得還不錯時,便不會想幫那些正處於水深火熱的人買單。他們也不會擔心自己哪天可能也會面臨相同處境,他們不願購買這個健保,就算因此罰繳稅款也無所謂。

「強制個人納保」之所以被納入《平價醫療法案》,其實是為了解決醫療保健議題中的一道經典難題——「逆選擇」(adverse selection)現象:最願意買保險的人,往往都是風險最高的族群。如果保險業者只把保險賣給高風險族群,那麼保險系統是無法正常運作的。你必須要有低風險族群才能抵銷風險。歐巴馬健保中有項「保證核保」(guaranteed issue)條款,要求保險公司必須接受高風險族群。而為了防止保險體系破產,就必須再引入「強制個人納保」,強制低風險族群也一起入保。你可以看到這裡存在著某種緊張關係:一邊是低風險族群的個人利益——他們覺得根本不用費心買保險——一邊則是集體利益的思考邏輯,希冀實現全民健保。

然而,美國的醫療保健系統也常把人們搞糊塗。對他們來說,醫療保健新增的這些公共支出,都花在了「那些人」身上——也就是一群懶惰、貧窮、性格軟弱的人——同時他們又深信,類似的公共支出,在「聯邦醫療保險」上則有其價值。然而,政府的許多醫療保健支出,其實都被轉嫁到了「雇主提供的健保」的稅收抵免上,就是這種作法,使得人們往往難以摸清政府在這方面的實際作為。

他們會想：我的公司都付錢了，政府沒事幹嘛進來攪和？但事實是，「雇主提供的健保」就是政府資助補貼的，只不過它是透過不透明的稅收系統來執行的。

讓我們回到故事開端，人們許多不甚光采的行動，其背後動機都與種族政治（racial politics）有關。不同族裔間要想建立團結關係，其挑戰有多大，政治學者早就了然於心：多數族裔中的成員，很多都只願意花錢在自己身上，當我們說要將公共資金花在少數族裔身上時，有人還會積極表示反對。美國的許多社會計畫——如食品券（food stamp）與福利津貼（welfare payment）——都因為與少數族裔有關而遭汙名化。

2010年「聯邦醫療補助」的擴張，也遵循著類似路線。雖然《平價醫療法案》擴大了「聯邦醫療補助」的覆蓋範圍，但美國最高法院裁定該政策並非強制性的。那些選擇拒絕聯邦補貼（federal subsidy）的美國諸州，它們所顯現的趨向，其意義可說是不言而喻。到了2021年夏天，依舊不願配合的州只剩12個，而其中有八個是美國內戰期間南方邦聯的舊成員。在美國，幾乎每個州都有大約75％的非裔美國人支持「聯邦醫療補助」的擴張，而白人對該政策的看法則存在巨大分歧，支持度特別低的還是要屬南方諸州，如阿拉巴馬州、路易斯安那州及密西西比州。美國的種族政治依舊毒害了全民健保的實現可能。在美國人身上，我們難以找到團結精神。

10
什麼是團結?

生命是不公平的。有人因生病而失去健康與生計;有人因工廠倒閉而失去工作;有人因出身貧困而只能就讀較差的學校。我們承認,是這些隨機的不可控因素——健康狀況、工作環境、家庭背景——形塑了我們的生命。我們渴望某種安全感、某種保護,以抵禦命運的無常。但是,如何才能獲得這種安全感與保護?我們又能向誰尋求?

若是在一百年前,那麼,對我們大多數人來說,這個答案會是家庭,若你沒有家庭,那你就得自食其力。今日,我們仰賴的是國家。國家為我們提供保險、保護、教育與醫療,這一切要能實現,有賴我們透過繳稅的方式來共同支撐。然而,國家應該為我們做什麼,可說是個無止境的政治論題。我們希望彼此扶持,但一有變數,我們便會跳船。我們渴望團結,但我們並未為此投入足夠的資金。當這種差距未能彌合,我們的政治便辜負了我們。我們掉入了團結陷阱——我們只會在自己也需要時,才會想到團結。

什麼是團結(solidarity)?這個術語源自於涂爾幹(Émile Durkheim),他試圖用這個詞來解釋過往歷史中不同社群間的結合

情形,他也將這個詞應用在當時正處於快速工業化的十九世紀法國。團結是一種「共有的感覺」——也就是社群成員間一種禍福與共的感覺。讓處境較好的人幫助社會中處境較差的人,讓他們去幫助貧困者、生病者與年邁者,這便是團結的體現。涂爾幹所面臨的挑戰——同時也是我們所面臨的挑戰——在於如何將幾世紀以來由小農村發展出的社會紐帶與互助系統,轉換到我們現今這座匿名化、都市化的世界中。

對同一社群的人們來說,團結就相當於某種慈善機制或保險機制。今日大部分人都同意,我們的社群應對處境較差的成員負起責任。不過,負責實踐團結精神的,究竟應該是國家還是社會全體成員呢?人們的看法並不相同。再者,如果國家真的介入了,那麼,哪種政策最能促進團結呢?

讓我們再更具體一點。我們究竟在談哪種政策或援助呢?在這之中,最基本且歷史最悠久的形式,就是對貧困者的援助。在大多數宗教裡,這是種被稱為「施捨」(almsgiving)的慈善行為。在現代國家中,它通常被稱為「福利」(welfare)。這就是「團結」最一開始的出發點,不過在今日,福利金的分配調動,大部分並未流向貧困者,而是流向那些永久(如退休)或暫時(如失業或生病)離開職場的人。這包括養老金、失業保險以及疾病／身心障礙福利(sickness/disability benefit)。最後,我們的團結,並非只會以「金錢」的形式呈現,有時它也會直接提供「實物」。最明顯的例子,就是提供醫療保健及教育,另外我們也有職業訓練與日托等現代服務。總之,這些都是團結的不同形式,而這些正構成了我們所知的「福利國家」。

在此整理團結的類型:有些會給予人們他們原本負擔不起的東

西,如長期的脫貧措施;有些是某種金流系統,這種系統理論上來說,能讓人們事先進行個人儲蓄,如退休金或失業保險;有些則提供服務,人們理論上(而且實際上人們已經常這樣做)能自行支付這些服務,如醫療、教育、兒童托育。

然而,對於這些團結形式,人們的政治觀點明顯分歧。人們可能不願資助脫貧措施,因為他們認為自己永遠都用不到;人們可能也不願為他人支付醫療保健或兒童托育費用,因為他們已付過自己那份了,或是他們目前沒有需求。人們在此所做的每個決策,都在觸發團結陷阱:我們只會在自己也需要時,才會想到團結。

團結陷阱無所不在,因為團結是要花錢的。這些金錢,可能來自完全私人的慈善機構,也可能來自完全公共的保險系統。在這兩種情況中,社群中那些處境較好的人,都被要求提供資源給那些處境較差的人;不過,在執行上的強制性以及索取的金額大小方面,私人單位與公家單位還是相當不同的。在當代關於團結的討論中,普遍認為幫助那些處境較差的人,原則上來說是好主意。但接著就會開始針對國家可以如何做以及是否該做展開激辯。

有一種極端觀點認為,國家應該「遠離團結事務」。團結是一種個人責任,它由宗教或道德原則所驅使,體現在自發性的慈善捐款與施捨行為中。團結可由教堂或慈善機構來組織發動;而當人們面臨緊要關頭時,藉由純粹個人的利他行為也能實踐團結。

另有一種極端立場認為,每個人在社經條件及健康狀況上的差異,基本上都是隨機的,因此應由國家進行補償。在此,國家成了一個巨大的保險代理機構,負責收取保費並支付理賠金。

乍看之下,我們可能會預期這種社會保險不會受富人青睞,並且還會受窮人支持,因為稅賦將落在前者身上。許多調查報告也顯

示,較貧困的公民,確實更傾向支持退休金與失業保險等社會福利措施。但事情沒那麼簡單。你愈是富有,就愈可能摔得更重,因此你可能會想買更多保險。這就是人壽保險的運作方式。如果國家提供的退休金或失業給付,是與個人所得綁在一起的,那麼愈是富有的人,當他們退休或丟掉工作時,拿回來的錢就會愈多。也就是說——與平等陷阱形成鮮明對比的是——如果富人從事的是高風險工作,那麼他們可能很樂意支持政府在社會保險上的公共支出。

除了為窮人而設計的慈善機制,以及為避險而設計的社會保險,另有一種常見的論點提出了「去商品化」(decommodification)的概念。這個詞很難嚼,但很好用。所謂「去商品化」,就是讓人們應得的福利保障與他們在勞動市場中的資歷脫鉤——在勞動市場中,人們被公司視為商品,其薪資取決於他們在公司眼中的價值。試想以下兩種極端情況:如果人們完全受市場波動支配,他們會面臨何種生活?另一方面,如果人人薪資均等,又會發生什麼情況?一個規模龐大的公共福利國家,會盡可能在兩者間取得平衡。因此,能夠促進團結的政策,其實也能促進平等。但這也意味著,當我們面臨團結陷阱時,恐怕也得將平等陷阱的問題考慮進來:高稅賦可能會讓人不願工作,甚至導致移民。

今日,大多數富裕國家透過各種類型的機構來實現團結,而這些機構反映了團結議題的兩個極端。天主教醫院、聖公會學校、伊斯蘭的瓦克夫信託(waqf),這些私人機構都是與公營機構並存的。儘管如此,當今世界的大多數富裕國家,用於團結事務的經費仍主要來自公帑。

讓我們來看看各國的社會支出情況。一般來說,貧窮國家的社會支出,在國民所得中的佔比通常較低——墨西哥政府僅將國民所

得的7.5％用於社會支出。而世上最富裕的國家中,則存在著豐富的變化——法國把將近三分之一的國民所得用於社會支出,而愛爾蘭的社會支出則不到這個比例的一半。有些國家還可以分組來看——英語系國家的政府在社會服務上的支出普遍較低(佔GDP的15％至20％),而斯堪地那維亞人則花得很凶(佔GDP的25％以上)。

該如何解釋這些差異?我們已清楚明白國民所得有多重要。但是,在那些最富裕的國家中,有些還是比較仰賴私人支出來實現團結。當然,從實際角度來看,私人慈善支出僅佔國家支出的一小部分——例如美國作為慈善支出最高的國家,其慈善支出也僅佔國民所得的1.5％不到。各福利國家之所以展現出這種差異,主要源自福利制度的設計方式。

首先,關於「誰可以獲得團結的保障」這件事,不同福利制度間便存在差異。有些福利國家計畫是遍及全民的,即所有的公民皆受該政策保障;而有些則設有「經濟狀況調查」(means test)的門檻,僅針對貧困者或急需幫助的人。後者這種針對性的慈善手段,似乎能將資源進行有效分配。但是,這種只保障貧困者的政策,通常不會是好政策——這種政策難以獲得政治上的支持,其效力也很容易遭到削弱。這是因為,大多數人都不符合「經濟狀況調查」的福利資格,這將導致人們普遍不滿:他們會覺得自己明明納稅了卻無法獲得福利。尤有甚者,那些真的獲得福利的人,常被人覺得他們根本不應得,他們要嘛是懶鬼,要嘛比懶鬼更糟。這類福利計畫可能會使受益者烙上汙名。我們必須思量這之間的權衡關係:一方面,我們希望能和最需要受幫助的人團結與共,一方面,這類福利計畫在政治現實中往往極不受歡迎。

第二,一項福利政策能有多大的慷慨度,大家的作法也不盡相同——這是一個事關多少的問題。大部分國家都有遍及全民的公共退休金計畫。但這些計畫在慷慨度上——及其所花的成本——有著巨大差異。英國國家退休金(State Pension)的退休所得替代率只略高於28%,然而,就算是加拿大和美國,其退休所得替代率也都有50%,而在奧地利,這個數字甚至接近90%。我真該搬去奧地利的……在英國,人們通常有職業退休金或私人退休金作為彌補。不過,這也只反映了英國國家退休金有多不慷慨。

至於人們可以領多久的失業給付,這方面各國的慷慨度也大有不同。在比利時,人們原則上可以一直申請失業保險,沒有限期(剛申請時,能申請到所得的65%)。在瑞典,失業給付率相當慷慨(為所得的80%),但限期300天。而在英國,失業者只能領到微薄的定額補助金,限期182天。

最後,不同的福利國家政策可能會有不同的彈性區間。在某些國家,有些福利政策能讓每個人無差別獲得相同福利。這種福利政策,我們稱之為「均一型」(uniform)福利計畫。英國國民保健署是其中一個好例子。在這種醫療系統下,每位英國公民都享有相同權利,能享有相同的公共醫療保健,而且所有的人都免錢。任你再有錢,看病時大家一律平等通通都得排隊(當然,英國人本來就很喜歡排隊)。2020年,英國前首相強生染上新冠肺炎,當時他命在旦夕,但他卻沒有請私人外科醫生來治療——照理說他應該請得起。事實上,他選擇了英國國民保健署的醫療系統,他去的聖托馬斯醫院(St Thomas' Hospital)是由國民保健署營運的,而為他治療的醫護人員也是國民保健署聘雇的。

相較之下,有些福利政策所提供的福利金,會與你提繳的金額

成正比。美國的退休金系統——社會安全福利（Social Security）——就是這樣運作的。你最終會拿到多少退休金，取決於你提繳了多少錢：所以，不僅僅是看你提繳的年數，重點是你總共提繳了多少錢。你收入愈高，拿到的退休金就愈多。歐洲大陸的退休金系統與失業保險大致上也是這樣運作的。你會拿到多少回報，取決於你投入多少金額。雖然這些歐洲國家的公共社會支出似乎很高，但這並不表示主要受益者會是窮人。中產階級由於收入較高，提繳的錢較多，當他們失業或退休時，拿到的補助金也更多，而公共社會支出有很大比例被拿來填補這塊。

　　無論是哪種福利政策——針對性的或普及性的，微薄的或慷慨的，比例型分配或均一型分配——最後我們得思考，哪些人應受團結保障？哪些人除外？直至目前，我們所談的福利政策都是國家層級的。受益人皆是公民或永久居民。外來移民有時可以享有福利（通常是教育，以及他們提繳後存下的退休金），有時則不行（如失業保險與貧困救助）。有時，移居國外的僑胞仍能享有祖國福利（如退休金），但不常見。要讓同一國家中的不同群體達成團結，光是這樣就夠難了。要想跨越國界達成團結，這個過程只會難上加難。

團結的歷史

　　在今日的世界中，我們從出生到死亡都由國家照顧，這說法毫不誇張。我們出生在公家營運（或公家補助）的醫院，由公家培訓的助產士及醫生引領進入這個世界。我們大多數人會去上公立學校，甚至會去上公立大學。生病時，我們會再次回到那些公家營運

的醫院，或是待在家中領取公家規定的病假工資。失業時，我們可以申請公家提供的失業給付或失能給付。退休時，我們可以領取公家提供的退休金。

團結並非從天而降——我們也是因做出相應的貢獻，才獲得這些服務的。在我們的一生中，我們會支付一般所得稅與銷售稅，如此國家才能有充足的現金來進行轉移支付。我們加入國家保險計畫〔帳戶與我們的社會安全號碼（Social Security number）綁定〕，將資金貯存其中，為我們自己積累一筆錢財。藉由國家這個中介，在實現「團結」的過程中我們既付出也受益。有人會希望付出更多，有人則希望付出少一點。無論如何，在這個現代社會中，無人能完全置身其外。我們每一個人都參與其中，保證了「團結」的運作。

但這種現象也是近期才有的。想像一下，你是一名十七世紀的歐洲農民。成長過程中，只要你夠大了，有能力去驅趕鳥類、餵豬或收割小麥，你就會被派去工作。你會在文盲的狀態下進入成年，然後死去。如果你生病了，你要嘛自然康復，要嘛死去。如果農作歉收，令你陷入貧困，你可能會從教會那裡獲得救濟，也許這樣就夠你活了。或者你可能會犯險，不再履行你的封建義務，你離開村莊，尋找其他機會，也或許從此過上強盜生活。如果你生活的城鎮正處發展階段，那你可能會比較好運，你可能會成為當地工匠的學徒，若你一貧如洗且無法工作，你可能會住在救濟院（almshouse）中。即使如此，你時不時還是得求助朋友、家人和教會，求取他們時有時無的救助。

我們現今所處的世界，公共團結的精神已遍地開花，不過，這樣的世界可說出奇地新，到現在也才過了幾個世代。出生、童年、生病、死亡——這些命定的人生階段，傳統上都歸家庭或教會來管。

當然，從許多方面來說，家庭與教會仍保有這些功能——不過，政府的目光始終都在，他們始終熱切盤桓、注視著我們。話說回來，國家開始將公民福利視為己任，最早也不過是十九世紀末的事。那麼，我們是如何發展出今日這種團結式國家的呢？這段發展歷程是否能告訴我們，為何維持團結總是如此困難？

團結陷阱之所以出現，是因為人們只會在自己也需要時，才會要求團結；當人們自認為是核心受益者時，才會要求團結。在前現代社會，這樣的團結是難以實現的：當一個社會被對立的族群或宗教群體分裂時，團結就很難建立；當人們過著一成不變的生活，終生待在同一個地方或從事同一份工作，便難以產生團結的需求；又或者，當人們普遍活不久，根本不會想到自己有天需要老年照護時，團結的動力也不存在；當然，如果人們沒有足夠的財力，無法撥出可用來應急的錢，團結也就免談。在十九世紀以前，對於全國性的公共團結計畫，人們不只缺乏需求，更缺乏買單的能力。

當以下條件都有所改變後，團結才得以擴展：原本互不相連的地區，逐漸聯合成為民族國家，創造出了更大的、國家性的「我們」，而這樣的「我們」亟需團結；都市化與工業化讓經濟結構變得更為複雜，伴隨而來的是各種高風險工作，而這些工作者亟需社會保險；平均壽命逐漸延長，意味著人們對養老金開始出現迫切需求；而前述種種所帶來的經濟成長，也讓國家有盈餘去為其支付福利計畫。

公共團結的發展，可說是現代國家進程的高潮。公共團結的發展有三個關鍵階段：向外征服、向內征服，以及團結式國家。

向外征服是指一個民族國家既能自衛，又能在必要時攻打他國。政治學中有句著名箴言，語出查爾斯・蒂利（Charles Tilly）：「戰

爭造就國家，國家製造戰爭。」（war made the state and the state made war）在製造戰爭的過程中，國家必須發展出一套新的吸取能力——透過徵兵來吸取人民服兵役，同時向人民吸取稅金來支付軍事開支。這樣的國家不惜以脅迫手段保護人民。從中世紀到拿破崙戰爭，每當國家開始擴大官僚機構與增加課稅時，都是為了打仗並贏得戰爭。最一開始，團結是服務於民族國家這個概念的：界定出「我們」，也界定出必須對抗的「他們」。

向內征服是指國家開始介入公民的日常生活，超越了純粹的軍事需求。自十九世紀初以來，國家從保護者角色搖身成為供養者角色。從維護秩序（監獄與警察系統）、傳播知識（學校教育與圖書館）到提供「健康」（精神病院與疫苗），國家通通包攬。

這個時代的國家之所以蓋學校、精神病院、監獄等，並非出於完全無私的理由。這不是在做慈善。這是國家在介入公民的社會生活日常——為的是創造一個有序的社會。當工業革命引來大批貧窮農民來到混亂不堪的城市時，這種需求更顯迫切。不斷冒出的新風險——犯罪、疾病、工作傷害——加速了人們對團結的需求。

這也意味著，政府將奪取教會的傳統角色，接管我們的一切人生大事——現在，無論是行為準則、兒童學習以及公民健康，全由政府制定。這麼做有助於發展出一個統一的國家——居民就算相隔遙遠、操著不同方言，但他們始終與中央政府緊密相連。十八世紀的國家將「我們」與「他們」區分開來；十九世紀的國家在都市化與工業化的挑戰之下，則需要讓公民們緊密相連——此時的國家，需要創造出一個更為一致的「我們」。

向內征服的時代，可視為國家涉足團結事務的開端。學校或許還不夠普及，但那些家境不好、父母無法負擔教育費用的孩子，有

些也開始能去上學了。監獄與警察系統或許強化了國家的強制力，但這也讓公民的日常生活更和平、更可測。但這也是一把雙面刃——國家給得愈多，公民就會期待愈多。國家權力愈來愈大，導致了問責制的產生。在現代城市生活中，公民都會面臨一些共同風險，此時，大眾愈來愈需要國家提供保護，讓他們免受不確定因素的侵擾。而十九世紀末與二十世初不斷增長的財富，意味著國家有足夠的資源去提供保護。

到了二十世紀初，團結式國家已經出現。其中一個關鍵時刻，是德國的獨裁總理奧托・馮・俾斯麥創立了公共退休金、工傷賠償與疾病保險。那時，德國公民擔憂著個人風險，德國政府則擔憂著社會混亂，亟欲讓這個成立不過幾十年的民族國家連成一氣。團結並不總意味著慈善——在這裡，團結是為了界定德意志這個民族。

類似的系統開始遍及歐洲，甚至擴展至歐洲以外的地區。在英國，自由黨政府於1906年發展出了一套公共團結計畫，從養老金到病假工資和醫療補助，再到創立了就業服務站和失業保險。在美國，要到經濟大蕭條以及羅斯福新政（New Deal）後，國家才藉由《社會安全法》（Social Security Act）開始大規模擴展團結事務，這個《社會安全法》再次創立了養老金和失業保險系統。

在目前關於團結發展歷程的討論中，有個很重要的領域幾乎很少提及。在十九世紀時，雖然國家蓋了精神病院，也培訓了助產士，但醫療專業很大程度上仍保持獨立。今天我們所熟知配有手術室的醫院（surgical hospital），直到二十世紀初才出現——這是因為新的「細菌致病學說」強調無菌的醫院環境。不過，即使醫院都蓋好了，大多數國家也要到了二戰後才發展出國有化的醫療保健服務與／或保險制度，英國在1948年才創設了國民保健署，美國則要到1965

年才創設了「聯邦醫療保險」及「聯邦醫療補助」（而美國這些措施也僅部分實現了醫療保健國有化的願景）。征服全民健康，意味著團結式國家已發展至頂峰。

團結式國家在這最後階段的擴展中有一個共同點，那就是這些擴展措施，都是在整個人口經歷重大衝擊後出現的。經濟大蕭條讓公民面臨了共同的新風險，影響廣泛——以1933年的美國為例，那時失業率高達25％，幾乎任何人都可能失去工作。兩次世界大戰既鞏固了共有的國族認同，也將不同地區、階級、族裔的公民推到了一塊。這兩次戰爭也迫使各國去發展與擴展所得稅與公司稅，以此支付戰爭開支。當和平時代來臨，這套財政機制便可以轉而用來支付團結開支。

人們通常不想為自己可能不會受惠的公共團結計畫付錢，然而，當巨大的經濟衝擊掃向了所有的人，或當戰爭造成的國族情感感召了所有的人，人們的這種心態也隨之覆沒，擺脫團結陷阱也因此成為可能。兩次世界大戰與經濟大蕭條啟動了今日的團結式國家。在二十世紀之交，政府在社會服務上的支出，通常僅佔國民所得的1％或2％。而在二戰結束時，這個佔比已接近兩位數。到了1960年代，這個佔比更是急速增長，在大多數富裕國家中，這個佔比已達國民所得的五分之一左右。

為什麼團結式國家在二十世紀擴展得這麼快？國家之所以開始幫助社會中處境較差的人，是因為社會中處境較差的人也開始能用投票左右國家。大多數西方國家直到第一次世界大戰才實現男性普選權，不過此時還沒什麼國家賦予女性投票權。十九世紀許多國家仍然禁止或限制工會，

當全體人民都獲得了投票權與組織權，握有民主權利的人們便

將目光轉向了「團結」。這意味著,現代福利國家的建構,具有深沉的政治性。最終,這也意味著國家將對較富有的公民徵稅,來讓那些較貧困的公民擺脫市場的無情支配——也就是說,為他們提供失業、疾病和老年保險。

早期在德國、英國、美國等國的福利國家制度中,會向那些暫時或永久脫離勞動市場的人進行轉移支付。這種改革獲得工會支持。工會體認到,私人組織的「互助會」是可以零星幫助社會中處境較差的人,然而,當大批勞工受景氣影響失業時,這些互助會是無法發揮作用的。只有政府具有足夠的規模,能為這種情況提供保險——也就是「社會保險」。

到了二十世紀末,所有的富裕國家都砸下大量資金在社會保險上,但在社會保險的政治實踐上,各國作法則相當不同。以英國的失業保險來說,其相關政策都是由更具慈善性質的自由主義政黨所推行的,而這些福利計畫所針對的,都是那些「值得救助的窮人」(deserving poor)。這類福利計畫範圍相當有限,而且還設下「經濟狀況調查」的門檻——這種作法只能說是一種「安全網」,而非遍及全民的社會保險。這類福利計畫或許立意良善,但在政治上卻很難站得住腳,因為較富有的公民為此付了錢,卻沒有獲得相應的福利。

相較之下,在瑞典與丹麥,社會民主主義政黨則發展出面向大眾的社會保險計畫,力求涵蓋更廣大的勞動人口,而這也仰賴更高的稅賦。這些政黨與農民政黨組成所謂的「紅綠聯盟」(red-green coalition),以讓這種具有普及性的保險系統深植社會。這種普及主義(universalism)能有效爭取到中產階級的支持,因為這些人也能從這種社會保險中受惠。

也許最令人驚訝的例子，還是要屬先前提到的、十九世紀末由俾斯麥創建的德國福利國家。許多社會科學家至今仍將許多歐陸福利國家稱為「俾斯麥模式」（Bismarckian）。為何這位鐵血宰相要攬下德國的失業保險與疾病保險？對俾斯麥來說，這些政策能讓工人遠離社會主義，也讓國家免受社會主義的威脅，並能爭取到這群工人對德意志帝國的支持。這些保險系統的設計，其本質也相當保守──人們獲得的福利是與收入成正比，因此愈富有的人，享有的社會保險也愈好，在德國現今的福利國家制度中，這樣的設計依然保留著。

在現今的工業化世界中，每個國家的團結形態都截然不同──一個世紀以來，各國的政治軌跡交織出如此光景。不過，不論對哪個國家來說，「福利國家制度如何設計」以及「誰該為其買單」依舊是高度爭議的問題，而背後的主要元凶正是「團結陷阱」。我們就來看看團結陷阱是如何運作，而我們又能如何應對呢？

11
團結陷阱

為什麼互助這麼難？當前的政治極化（political polarization），很多都圍繞在「我們應為互助付出多少」這個議題上。政黨宣稱重視團結，但對於如何實現團結，各自有著截然不同的理念。團結應由家庭、教會還是社群來實現？還是應由國家來實現？團結是最後一刻才出現的救命稻草？還是應是一種慷慨的社會權利，所有的公民都應得？

即使我們同意我們需要某種形式的團結，對於「誰能享有福利」以及「大家是否都願意為團結買單」這方面，我們可能還是存在分歧。我們的政治之所以失敗，是因為每當我們試圖互助時，很快便會奔向團結陷阱：我們只會在自己也需要時，才會想到團結。

我們最大的問題，是我們無法預知自己的人生劇本。我們不知自己何時會遇上麻煩——我們可能會失業或狀態不佳——不知自己何時會需要公共團結的支援。我們很多人都有樂觀偏誤（optimism bias）的僥倖心理，認為自己不太有需要幫助的一天。但其實大多數人都會有那麼一天。而且，縱觀我們的一生，我們很難斷定自己最終是受益大於付出，還是付出大於受益。人們總是在壞事真的發

生後，才會想到當初若有買保險就好；當天氣還很好時，人們是不會想去修理屋頂的。

團結的「界限」如何劃分，也是一個棘手問題。大家對「我們」的看法並不一致。不同的族裔、宗教、語言與國族，可能會嚴重限制人們對「團結」的理解。在極端情況下，人們對「他者」的敵意，可能會讓他們拒絕支持那些本可讓自己直接受益的政策。

最終，許多團結政策都難以制定與執行，因為我們對自己的同胞缺乏根本上的了解。我們的國家看似無所不能，卻始終無法弄清不同群體的人們會遇到何種風險——例如他們丟掉工作的可能性。此外，團結的實施對象也是變幻莫測的。人們總會以有利於己的方式響應政策。也因此，他們可能會破壞這些團結政策的設立初衷。現在，我們將試著描繪出「團結陷阱」那令人不安的輪廓。

跨越時間的團結

團結陷阱最基本的困境，源自對未來的不確定感。當日子過得還不錯，我們會忘記未來有某個面目模糊的「他者」需要從團結中受益。那個人就是你。未來的你。未來的你可能會失去一份穩定的工作。未來的你可能會生病或得癌症。未來的你無法永遠抵禦命運的無常。那麼，誰可以照看未來的你呢？現在的你？

如果我們可以透視我們的人生旅程，從呱呱墜地到踏入墳墓，如果我們知道自己的每個人生階段會賺多少、會有什麼樣的需求，那麼在這一生中，我們就能在開銷與儲蓄間達到平衡。在昇平時期，我們可以透過預先儲蓄來進行「自我保險」，如此在艱困時期便能有所依靠。讓你的好時光不那麼好，讓你的壞時光不那麼壞。

這樣或許會很無聊，卻也很明智。但是我們無法得知自己明天是否依然健壯，還是會突然變得虛弱多病。因此，我們不可能在開銷與儲蓄間達到完美平衡，讓自己隨時都處在完滿穩定的狀態。對於未來人生的走向，我們充滿了不確定，這也讓我們永遠無法完全實現「自我保險」。

首先，人生中，總會有急需用錢卻又手頭緊迫的時期（就算你未來會變有錢，你也無法提前取用這些潛在資源）。當然，你可以借錢，然後等你老了以後把錢還清。但你也得先找到人借你錢。然而未來的你到底能賺多少，無人能知，現在貧窮的你，則很難說服銀行借錢給你。

這就是所謂的信用限制（credit constraint）。如果銀行出於某種原因不願借錢給你──即便你未來有可能還清──那麼你的遠大計畫可能就此化為泡影。這是一種無效率的結果：如果人們都借不到錢進行投資──而這筆錢明明未來是能償還的──那麼大家就只會更窮。不過，你也可以從銀行的角度看這個問題。

福利國家有許多團結措施，能解決這類信用限制的問題。最明顯的例子就是高等教育。許多人無法說服銀行為自己的教育提供資金，因為對銀行來說，至少要等十年才能收到「投資回報」。銀行不能拿你的教育作為抵押──這等同是把你囚禁在銀行金庫裡。因此，即使是在最富裕的國家，政府也會提供大學貸款補助。其他形式的公共支出也遵循類似的原則：日托服務、職業訓練、育嬰假政策，乃至房屋頭期款。這類服務或投資，對許多人來說都是難以預先支付的，而政府會介入並提供資助。

第二，我們會有「巨災風險」（catastrophic risk）的問題。前面「信用限制」講的是「如何在當前的艱困時期與未來的昇平時期

之間取得調和」，而「巨災風險」講的則是完全相反的問題。現狀一切安好，未來大概也都會如此。但如果沒有呢？要是未來一切變調、糟到不行呢？糟糕到你無法僅靠儲蓄等個人預防措施來應對呢？

影響生活的重大疾病、永久性的失業，或是陷入赤貧，當面臨這些變故，人們是無法透過個人的「自我保險」來應對的。只有最富有的人才能存下好幾十萬美金或英鎊，去因應長期的癌症治療或長達數年的失業。然而，大多數人辦不到。這些人若缺乏支援，必會遭逢苦難。你可能會想，他們幹嘛不去買私人保險就好，這樣不就能抵抗這些風險了嗎？就像我們購買火災險那樣？

問題是，有些風險是私人保險市場不提供投保，原因有二：「逆選擇」（adverse selection）與「道德風險」（moral hazard）。當來買保險的人都是些高風險族群時，就會出現「逆選擇」的問題。如果保險業者不能辨識出這些人——當然，保險業者本來就會不近人情地對此積極調查——那麼他們所承保的客戶，都只會是高風險族群。如此便違背了保險作為「風險共擔」機制的初衷。「道德風險」是指人們獲得了保險後，可能會做出高風險的事。舉例來說，如果我提供你一份永久的私人失業保險，你可能會想，讚，是時候來嘗試我肖想已久的高風險職業了，我要當超模、演員、特技表演者！而明智的我，則會謝絕提供這種保險！

有些風險，當私人保險市場無法承保時，國家便會介入。就連美國那坑坑疤疤的醫療保健系統，也能在新冠疫情的高峰期為那些未投保的民眾提供治療。很少有富裕國家容許自己的子民因失業陷入赤貧——這些國家都會提供某種形式的失業保險或失能保險，儘管其慷慨度可能存在很大差異。想像一下，如果沒有國家提供支援

會怎樣？想想那些無簽證移民會經歷的事，他們無法找到工作，不具福利資格，他們將無止境地遊走在朋友家的沙發與教堂的施膳處之間。

每個人都會有過得好與過得不好的時候，你可能會想，我們會將這個教訓銘記於心，若有哪位政治人物願意追求穩健的政策、保護人民不受厄運襲擊，我們願將自己的一票投給他。不過，人們並不總是這麼思考的。因為明日不幸的我，今日並不存在，而且也許永遠都不會存在。而過去那個不幸的我反正也不會獲得拯救。

當現狀一切安好，我們就會希望繳的稅愈少愈好，此時的我們，覺得壞事永遠不會到來、或至少不會降臨在自己身上。人們可能會陷入一種「樂觀偏誤」的狀態——例如低估災難性結果發生的可能性或所需付出的代價。當你開始大量繳稅——也就是說你已取得經濟成功，無須再擔心「信用限制」的問題——此時的你會覺得自己過得很好，而忘記自己也曾過得不好，也不覺得自己未來會再度過得不好。因此，當現狀一切安好，你就會覺得，自己繳的稅，都只被拿去資助那些長期貧困、無能或不值得救助的人。

當人們經濟狀況改善時，團結陷阱就會愈發誘人，進而在眾人之間全面滲透。富有的納稅人常覺得，政府用稅收與轉移支付系統來實現公共團結時，他們老是處於不利的一方。但奇妙的是，情況通常並非如此，至少對大多數人來說是這樣。就像已故的社會科學家約翰·希爾斯（John Hills）所主張的：沒有什麼「我們」與「他們」；只有過去的「我們」與未來的「我們」。

希爾斯仔細考察了英國福利系統的運作。雖然擁有遍及全民的**醫療保健系統**，但英國的公共支出並不慷慨，所給付的公共退休金與失業保險也很少。還有呢，英國的公共支出，很多都花在設有「經

濟狀況調查」門檻的福利計畫——這類計畫專門針對較貧困的公民。在一名50多歲的英國富人眼中，英國的福利系統似乎不會幫助他們這種富人。在今天，這些人可能無法從這個系統中獲得太多福利。

有些事從今日來看或許成立，但若從人一生的尺度來看就不一定了。當我們對焦某一時刻，觀察政府稅收與支出的情況，幾乎總會發現，當前的富人在政府稅收上支付了大筆稅款，而當前的窮人則從政府支出中獲得了大量援助。不過，這是具有誤導性的。在整個經濟系統中，除了最有錢的那幾趴，其餘所有的人從國家所獲得的，都與所付出的大致相當。

這有幾個原因。首先，當前富有的人，未來退休時可能會窮一點，屆時他們將高度依賴國家，不僅需要退休金，還需要應對勢必大幅增加的醫療保健開支。第二，當前富有的人，許多人在小時候都大大受惠於免費的公共教育，如果是X世代或年紀更長者，甚至還上過免費的大學教育（在孩子面前，這段過往恐怕只能緬懷）。第三，有些福利是按比例發放的，要嘛與收入成正比〔停工津貼（furlough payment）、育嬰假津貼〕，要嘛與年資成正比（退休金）。我們大部分人都過著雙重生活——我們有時是付出者，有時是受益者。但到了投票時，我們常常忘了這件事。

政府也面臨著與你我相似的困境，這也讓團結陷阱變本加厲。要想發展出永續的退休金系統、可行的公共教育或公共建設，都得在現在與未來之間做權衡。要做的話，政治人物現在就得提高稅賦，以支應這些改革系統，而系統帶來的好處要到未來才會實現，屆時該名政治人物可能都已經卸任了。在理想世界中，政府會在國家的繁盛時期做出犧牲，當國家來到艱困時期，當初的犧牲也將開

花結果。但是,如果現任執政黨要為當前的稅賦承受抨擊,而對手政黨卻可以在未來坐享其成,你就知道為何促成長遠的公共投資會這麼難了。此時如果出現嚴重的政治極化,啟動了民主陷阱,那麼要想制定長遠的團結政策只會更加困難。

為何「成本要當下承擔,福利則延後兌現」這件事對政府來說這麼困難?最經典的例子,就是美國於新政時期所創建的公共退休金系統──社會安全福利。《社會安全法》最初於1935年通過,該法案強制規定,個人與企業自1937年起都要繳交社會安全稅,不過要到1942年政府才會兌現福利。但是,即使到了1942年,政府也只提供了最低限度的退休福利金,要到1980年代,這項福利金才攀至原本預期的最高限度。美國的社會安全福利,其概念是建造一座巨大的儲備金庫,這樣的系統能夠自給自足,即使人均壽命愈來愈長也能應對。該政策在設計時,也考慮到怎樣才不會淪為政客騙選票的工具──南北戰爭撫恤金(Civil War pension)的事不需再次重演。這些都理念都很好。那麼,他們當時到底是怎麼說服富蘭克林・羅斯福(Franklin Delano Roosevelt)總統──當時他還有選戰要打呢──去支持一項「讓選民先繳五年的稅然後才兌現福利」的政策?

羅斯福所屬的民主黨,在參議院與眾議院中擁有絕對多數優勢,當然這也有賴於他的高人氣──也因此,他在政治上備受呵護,不太會有選舉失利的風險。而且這項新政策,要到1936年美國總統大選後,才會開始要求人民繳稅。不過即使有這樣的政治緩衝,這項福利計畫也沒能一直堅守。美國在1937年歷經了經濟衰退,後來,強烈反對新政的共和黨人於1938年中期的選舉中大有斬獲。到了1939年,原本應提高的稅率被延後執行,而原本承諾的福利

則提前兩年兌現。也就是說,「成本被延後承擔,福利則加快兌現」了。在這裡我們看到,當政府想進行長遠投資時,這樣的政治承諾有多脆弱。當政治環境發生改變,這些承諾也會隨之搖擺。

不過至少第一批社會安全福利支票發放時,民主黨仍在執政,還是能獲得該政策帶來的部分政治利益。「讓社會安全福利制度妥善執行」成了民主黨相當重要的選舉承諾,而到了1950年代,共和黨總統杜懷特・艾森豪(Dwight Eisenhower)也大致接受了這項政策。這類長遠投資的政策需長期醞釀,當它開花結果時,恐怕當初引入該政策的政黨都已卸任數十年了。東尼・布萊爾所領導的英國工黨政府在2001年的大選宣言中,提出了「嬰兒債券」(baby bonds)的概念——每個新生兒在出生時及七歲時,可以獲得250英鎊的消費券,到了18歲時方可使用。若是低收入戶,消費券金額則是兩倍。嬰兒債券旨在削弱財富不均,為那些受限於「信用限制」的年輕人提供資源,也讓這些年輕人知道儲蓄與投資的好處。

這個目的很好。但這項政策直到2005年才開始實施,當工黨於2010年下台時,保守黨與自民黨組成的聯合政府立刻摒棄了這項政策。直到2020年,第一批嬰兒債券的受益人才終於滿18歲,能夠動用這筆資金。此時東尼・布萊爾早已卸任,首相也換過四任了。這項政策或許值得稱許,但它在政治上缺乏堅實基礎——當政權轉移,這項政策也難以留下,而當初引入該政策的政黨也無法居功。其實就和你我一樣,政治人物也無法在現在與未來之間取得調和。民主陷阱本來就已帶來諸多挑戰,但政治人物們同時也得面對團結陷阱。只要我們學不會調和現在與未來,我們的政治必將失敗。

跨越人群的團結

　　政府應提供多大程度的福利？每當美國討論這項議題時，「福利女王」（welfare queen）這惡名昭彰的種族歧視修辭便會反覆出現。1970年代中期，羅納德・雷根角逐共和黨總統候選人（起初失利，後來大獲成功）時，刻意提到了琳達・泰勒（Linda Taylor）的案子——此人是個詐欺犯，非法取得23張社會福利支票。雷根認為，泰勒其實彰顯了一種廣泛的「文化症狀」：那些依賴社會福利的媽媽們，她們要嘛以非法方式詐取福利，要嘛蟄伏起來，整天仰賴他人施捨而不願工作。美國大眾在福利系統上的慷慨付出，都被這群人狠削了。雖然雷根從未直接提到泰勒的名字或種族（而泰勒自我的身分認同也一直在變動，有時是黑人，有時是西班牙裔，又有時是猶太裔），但「福利女王」一詞後來大多被用在非裔美國婦女身上，而「社會福利」一詞則愈來愈有種族歧視色彩。

　　幾十年來，美國政治學者發現，美國選民在看自己國家的福利系統時，總會戴上種族歧視的有色眼鏡。「社會福利」（welfare）一詞開始變得狹義，在廣大的社會福利網中，該詞開始專指特定性質的福利——用於救助貧困、失業家庭的福利。一開始，這類貧困救助是透過「失依兒童家庭補助」（Aid to Families with Dependent Children, AFDC）這項福利系統來實施的，這是當年羅斯福新政的一部分；當年民主黨也相信新政能為美國團結許下全新願景。不過後來，比爾・柯林頓總統——同樣也是民主黨人——卻承諾要「了結我們所認知的福利制度」（ending welfare as we know it），在1997年讓現行的「貧困家庭臨時補助」（Temporary Aid to Needy Families, TANF）取而代之。「社會福利」原本是民主黨的核心議程，

為何在60多年之後反倒成了燙手山芋？

政治學者馬丁・吉倫斯（Martin Gilens）認為，「社會福利」之所以飽受汙名，是因為在1950年代與1960年代「窮人變成了黑人」。他指出了一件顯而易見的怪事——從1950年代末至1990年代初，黑人在美國貧困公民中的比例一直保持穩定，大約是三分之一。但在美國新聞媒體報導中卻有劇烈變化：在報導貧困問題的圖表中，黑人的佔比在1950年代還不到20%，但到了1970年代中期，卻衝破了70%。新聞報導中的黑人窮人佔比，比實際多出了一倍。

為何美國新聞媒體對貧困問題的報導如此帶有種族歧視？首先，在二十世紀中期發生了「非裔美國人大遷徙」，大批非裔美國人從南方農村遷徙至北方與中西部的工業城。這意味著美國白人再也無法忽視黑人的貧困問題，因為這些人已從密西西比河三角洲上遙遠的佃農田地，來到了東岸及五大湖地區的主要城市。

第二，美國社會對於種族隔離與種族壓迫的作法，長期以來都是意見分歧的，而非裔美國人民權運動（Civil Rights movement）則讓這種分歧再次浮出檯面——最終導致種族隔離主義者喬治・華萊士（George Wallace）參選總統以及馬丁・路德・金（Martin Luther King）遇刺。

第三，自1950年代以來，非裔美國人確實更常取用政府提供的福利。但這不是因為他們變得更窮或變得更依賴國家；而是因為「失依兒童家庭補助」剛開始推行時，管控權都在各州手上。支持種族隔離主義的南方諸州，便拒絕向符合資格的非裔美國人提供福利。不過到了1960年代，聯邦政府已與各州達成協議，雙方在該項目上會對等出資，於是更多州與更多非裔美國人都加入了「失依兒童家庭補助」的行列。

當代在討論政府的規模與角色時，這三股力量——鄰近性、政治與政策——常常是討論的核心。團結——從定義上來說——是指對他人提供支持。但如果人們不願公平對待他人，會發生什麼事？如果多數族裔惡意中傷少數族裔會怎樣？在這種情況下，他人便成了「他者」。

　　美國當代的族裔政治，常常沿著「白人／黑人」的族裔分界展開，同時也愈來愈重視西班牙裔與亞裔。但是群體間的差異，並不總是基於種族。有時宗教是決定性的分界，例如在北愛爾蘭，他們的政治一直都圍繞在新教多數與天主教少數之間的緊張關係上。有時語言很重要，例如在瑞士的政治中，你是說法語、德語還是義大利語，將會是分界的關鍵。有時族裔很重要，例如在土耳其，土耳其人與庫德人之間便形成分界。

　　族裔間的衝突，不僅僅關乎膚色，更多關乎人們自行賦予的差異，這些差異通常會在出生時（種族與族裔）與童年時（語言與宗教）被建構出來。政治學家在研究族裔多樣性對團結的影響時，發現無論是哪種定義下的「多樣性」，似乎都會改變人們花費資源進行互助的意願。

　　為什麼族裔多樣性會削弱團結的公共支出？原因之一是溝通效率較差——當語言不同，你就難以理解並信任你的同伴。這也會讓糾察不良行為變得更難——同一族裔的群體，比較有機會對欺騙與詐欺行為進行制裁，但如果群體多元，這件事只會更難辦。舉個例子，肯亞的小學在進行公共募款時，如果所屬社群的成員大多為同一族裔，那麼通常會募到更多錢，因為在這類社群，你若不捐款，大家會覺得你很丟臉。

　　撇開這類群體內的行為，人們對群體外的不同族裔又是什麼態

度?族裔多樣性似乎會削弱團結的力度,有個理由很單純:不同族裔的群體有時就是看彼此不順眼。他們可能認為彼此是在爭奪相同的公共支出,不然就是極度厭惡看到「對方」從團結中受益——無論自己有無受益,總之就是不想對方受益。

當不同族裔的群體在財富上存在巨大差異時,這種排外態度將會加劇。政治學家發現,決定公共團結力度的不單單是族裔多樣性,更重要的是不同族裔之間平均所得的差異。如果社會中存在著富裕的多數族裔以及貧窮的少數族裔,那麼用以救助窮人的團結系統/公共支出系統將會瓦解,因為此時,資金必須跨越階級與族裔的雙重鴻溝。這在拉丁美洲國家最為明顯,那裡的階級結構是高度種族化的。相較之下,在族裔多樣,但各族裔都同樣富裕的社會中——例如愛沙尼亞與瑞士——他們的公共支出就看不出有明顯降低。

當團結系統提供的援助是「實物」而非「金錢」時,不同族裔間的團結關係只會更加緊繃。公共住宅、學校教育、醫院預約掛號等,在供應上都是相當有限的。若再新增其他受益群體,可能會給供應系統帶來壓力。如果新的受益群體剛好是移民或其他族裔,可能就會產生政治學家所說的「福利沙文主義」(welfare chauvinism)。人們要求團結,但幫助自己就好,其他人免談。

公共住宅就是個好例子。2003年,歐盟堅決要求不應將非歐盟移民排除在公共服務之外。在奧地利,公共住宅的競爭本來就很激烈了,而歐盟的這項要求帶來了重大的政治影響。相關法律變更後,意味著來到奧地利的移民突然都有資格申請公共住宅了。在維也納,有近一半的家庭住在公共住宅,因此這其實也是一項惠及中產階級的福利。那些原本期望獲得這種補貼住宅的人,突然就得面

臨新的競爭者與更高的租金。這便產生了「政治外溢」（political spillover），在維也納那些公共住宅比例特別高的選區，極右翼政黨獲得了額外5％的支持。

族裔多樣性與公共支出所揭露的這些事實，是否意味著許多人、或甚至大多數人都有種族歧視呢？不盡然。湯瑪斯·謝林（Thomas Schelling）就有一項著名的研究，表明即使在一個幾乎沒有種族歧視的社會中，種族隔離也可能發生。他設計了一個模型：人們或許願意作為社區中的少數族裔生活著，但這是有限度的，例如，如果他們的族裔在社區中僅佔不到六分之一，他們或許就不願再居住。只要他們是有能力遷離的，那麼即使他們一開始對於屈居少數只有小小不適，這種不適後來也可能迅速擴散，令他們遷離，最終形成族裔間的高度隔離。

為何如此？如果某人——也許對自己是社區中唯一的少數族裔感到不適——因此搬走了，那麼他搬入新社區後，新社區的族裔構成也會發生改變。這可能會反過來讓新社區中另一族裔的某人成為少數族群，進而促使此人搬走。當人們根據族裔來選擇居住社區時，便會產生「連鎖反應」，最終形成族裔間的高度隔離——即使大多數人一開始都樂於生活在一個多元族裔高度融合的社區，最後仍可能演變至此。隔離終究會發生，就算這並非大多數人所樂見的。

不過，這樣的「結構性」觀點——以鳥瞰視角看待族裔多樣性，每個個體都被化約為一個個群體——是否可能遭濫用，讓那些不願公平對待他人的人找到卸責的藉口？這或許也會讓群體間的差異看似永遠無法消弭——這些差異好像永遠無法克服，永遠無法擺脫，直至宇宙盡頭。

不過，比起歸咎於「結構性」觀點，也許我們更該責問的，是那些好以種族偏見與種族對立來看待世界的人。那些喜歡以種族主義來思考一切世事的人，也傾向用這種有色眼光看待所有類型的政策。政治學家稱之為「種族中心主義」（ethnocentrism）。例如，當政府想救助窮人時，那些具有種族中心主義意識的白人公民一想到這些救助將會流向黑人，就會變得不那麼想支持。而那些或許能從政府的福利支出中受益的貧困白人，也可能會因為自身的種族中心主義意識，最終違背自己的物質利益而反對食品券等福利。這種意識也會導致完全相反的情況。例如在美國文化認知中，一說到公共退休金系統──「社會安全福利」──就會立刻想到白人老人，而那些具有強烈種族中心主義意識的白人，就會覺得這是專屬白人的政策，因此通常很樂見政府在「社會安全福利」上能有更多開支，然而以這些人的收入或年資來說，照理說不應對這項政策有這麼高的支持熱情。「社會安全福利」被認為是屬於「我們」的政策，其中不包括「他們」。

　　不過相應地，那些貧困但又具有種族中心主義意識的人，則不一定像我們預期的那樣會是團結的熱烈支持者。而且這些人愈來愈不願投給傳統的左翼政黨，並且愈來愈受右翼民粹政黨吸引，因為這些政黨的政綱承諾會將移民者與外來者排除在社會福利之外。這是否意味著我們的政治失敗了？因為人們未能投給能帶給他們實質利益的政黨。最後，你對這件事的立場，取決於你如何看待這個現象：這種基於「文化因素」的投票，究竟是反映出人們真正關心的事物，還是反映了一場搬弄錯誤資訊的文化戰爭？然而，無論是哪一種，對團結來說都不是好消息。

如果人們不僅對外來移民,就連對本國同胞都存在種族中心主義,那麼,我們還有希望實現全球性的團結嗎?在世界最富裕的國家中,對外援助變得愈來愈具有政治爭議。政治菁英幾乎一致認為應該增加對外援助——目標為國民所得的0.7%——但這與大眾輿論存在明顯分歧。1972年到2014年的社會概況調查(General Social Survey)顯示,始終有60%以上的美國人認為美國在對外援助上花費過多。事實上,在這段期間,美國初期的對外援助花費大約僅佔國民所得的0.2%,到了2000年代初,更降至0.1%以下。美國的對外援助遠未達到國際訂定的目標,也就是應佔GDP的0.7%,但考慮到美國的大眾輿論,這也沒那麼令人意外。

在歐洲,對外援助的支持度較高,這方面的支出也較高,經常能達到0.7%的目標。大約50%的歐洲人支持這樣的支出,但這種支持並非是絕對的。那些個人財務狀況惡化的歐洲人,就明顯較不支持對外援助。不過,如我們所預料的,人們對於對外援助的態度,不會只受個人經濟狀況影響。人們對「他人」的態度可能也同樣重要。那些持有種族中心主義觀點的人,他對於對外援助的支持度,可能會比一般人低20%。

有沒有辦法克服種族中心主義,促進跨種族的團結?或許可以。但這得強化另一種身分認同——國族層面的共有認同。國族認同通常也帶有族裔色彩——很大程度是因為,現今許多國家都是按族裔界線建立的,如前南斯拉夫。但也不一定非得如此。包容性民族主義(inclusive nationalism)就試圖將所有的族裔、宗教和語言群體,結合在一個強調國族內部團結的身分認同中。如果一個「民族」位處某個國家,同時又想尋求脫離,那他們通常很容易實現包容性民族主義:蘇格蘭和加泰隆尼亞就是個好例子。然而,這樣的民族

主義,可能是基於對所屬國家的怨恨:也就是對英國和西班牙的怨恨。

那些世界最大的國家,如果能將「團結」框定為國族議題,並不時強調共有的國族符號,那麼也是能夠召喚出包容性民族主義的。有個線上實驗提供了一個有趣範例,該實驗問印度的印度教徒,是否願意捐款給印度某地的火災受災戶。

一半受試者被告知一個了印度教村莊的名字,另一半則被告知了一個穆斯林村莊的名字。而這兩組人,分別又再隨機分成兩組,這次的分組,是看他們是否在同一網頁中看到一張塗有印度國旗色的印度地圖。這樣設計,是為了促發(prime)那些看到的受試者能以國家整體來進行思考。在國旗地圖沒有出現的情況下,可以想見,受試者會比較傾向將自己的收入與他們的印度教同胞分享。而那些有看到國旗地圖的受試者,他們對穆斯林或印度教徒的捐贈意願幾乎相等。這樣的差異,在那些社會地位較低的印度人之間最為明顯——國族認同的促發,有效地消除了「低種姓」受試者之間的族裔差異。

許多人會本能地迴避國族符號,認為它們具有分裂性。然而,當國家內部有族裔上的差異時,國族符號實際上可以幫助我們邁向團結。國家的政治制度和團結規範,可以克服宗教間或族裔間長期根植的不信任感,儘管代價可能是會導致更強烈的攻擊性民族主義(aggressive nationalism)。然而這樣的團結仍有局限性。我們是對自家人變得更慷慨了,但我們沒有全球性的政府,也沒有全球共通的「國旗地圖」,若想實現國際間的團結,路途恐怕還相當遙遠。

團結與資訊

　　團結是要扶助處境較差的人，團結是要確保我們的社群不會遺漏任何人。這也有賴於我們能否辨識出誰需要幫助、誰又處於最大的風險中。但國家如何確定誰是需要幫助的人呢？我們需要大量資訊，來獲知誰住哪、誰又需要什麼。我們還得防止我們的目標對象，反過來以某種形式破壞或操縱我們精心制定的援助計畫

　　先來看看獲取公民資訊這個問題。我們今日生活的世界，存在著一種令人不安的雙面性。那些科技巨頭對我們的一切瞭如指掌──我們的習慣、興趣、政治立場。每當我們接受網站的cookie（數位存根），我們也就出售了關於自身的寶貴資訊。這些數據被如此高效地匯編、合併和交叉參照，於是我們會發現自己常會被網路上跳出的廣告嚇到，這些廣告似乎會讓人詭異地想起剛才私下與朋友的聊天。

　　那麼，所謂的「大政府」（Big Government）呢？它是否具有與那些科技公司一樣的探觸力？視情況而定。政府透過我們的稅務代碼（tax code）或社會安全號碼，可以掌握我們很多情況。他們會知道我們的正式收入有多少，領取了什麼政府福利，以及繳了哪些社會保險。如果我們申請兒童稅收抵免（child tax credit）或育嬰假，他們會知道我們的家庭情況。當我們過世，他們會知道我們留給後代多少遺產。每隔十年，他們會寄一份人口普查表給我們，詢問有誰住在我們家中。

　　乍看之下，這些都是相當個人的資訊──但這樣的探觸有其局限性。政府對我們生命中的那些必然之事知之甚詳：也就是死亡與稅賦。死亡很難造假──可能只有《法網遊龍》（*Law and Order*）

才有辦法搞出這種金蟬脫殼的戲碼吧。但如果是稅賦，政府所徵收到的可能並不總能準確反映公民所應繳納的。要想讓公民申報全部收入，這件事並不簡單。在斯堪地那維亞，即使政府透過「公民登記系統」（citizen registers）而對自己的公民有著極為豐富的了解，但那些最富有的人仍有辦法避稅。巴拿馬文件洩露的資料顯示，挪威家庭中最富有的0.01%，規避了大約四分之一的應繳稅款。

當政府分發團結性質的款項給較貧困的人時，會想知道申報低收入的人是否真的低收入。當政府從較富有的人那裡徵稅時，會想知道那些高收入者是否有正確申報收入。政府所知道的和「實際情況」之間的落差，很有可能會破壞團結。如果太多人申領他們「不應得」的福利，政府的支出便會上升。如果太少人繳納他們「應該」繳納的稅款，政府的收入便會下降。很快，政府將不再能履行團結的承諾。

另外還有一個更為隱微的問題。就算我們擁有最善於刺探的稅務機構好了，但對於那些無法直接觀察到的事情，我們真的有辦法下判斷嗎？誰更需要公共服務？蓋一座新公園能讓誰受益最多？哪些學生能從針對性的教育介入措施中獲得最多好處？哪些企業可能會因政府的規制變更而破產？

政府如何準確掌握大眾的選擇傾向？我們在探討民主陷阱時，就明白要了解人們想要什麼有多困難，因為他們可能會策略性地虛報自己的觀點。政府無法看透我們的內心，這個事實會令我們忍不住虛報自己的選擇傾向或個人情況，以從特定計畫中受益。

例如，政府可能比較只想補助那種因貿易衝擊而元氣大傷的公司。但除非政府能夠深入公司內部並查閱帳簿，不然很難看出一家公司的不幸是自作自受還是真的無端受害。近期有個很普遍的現

象,就是許多公司會向政府詐取新冠疫情支持基金。英國政府就因這些不實虛報而損失了近60億英鎊(幾乎是該基金總支付額的10%)。在美國,奧克拉荷馬州一名女子,隻身一人就詐取了近4,400萬美元的新冠疫情紓困金。

當政府欲針對遭逢不幸的人制定政策時,也會出現難以辨明救助對象的情況。身心障礙計畫一直是個特別具有爭議性的領域。自二十世紀初以來,大多數工業化國家都有某種形式的疾病或傷害相關福利,一開始通常是為了賠償工作中受傷的人。幾十年來,這種福利已擴大到那些並非因工作傷害而無法工作的人。話雖如此,許多殘疾是肉眼難以觀察的,而遠在天邊的政府官僚對此就更難辨明了。

當政府為高風險族群提供保險,雖然很難搞到破產,但這類保險計畫在政治上可能仍是難以維持的,特別是如果大眾認為福利欺詐是普遍存在的現象的話。在英國,身心障礙福利的詐領案例,大約僅佔總申請量的0.3%,但在英國大眾眼中,此類申請有超過三分之一都是詐領。未免也差太多了,但是,在一個連政府都難以獲取資訊的世界中,這種結果不令人意外。而人們的這種誤解,也為團結設下了真正的挑戰。

當人們仗著自己有國家投保,因而開始去做些高風險的事——也就是出現了所謂的「道德風險」現象時——此時政府在資訊獲取上也會面臨問題,這常發生於健康保險或失業保險等領域。保守派常以此批評團結性質的政策。關於全民健保,有人認為它只會鼓勵不利健康的行為。當你有「國民保健署」這種健保系統時,人們就會開始不當飲食、飲酒過量或吸菸過量,人們不會好好照顧自己,

因為他們知道國家「會將他們保出來」。

如果這是事實，那麼在那些沒有全民健保的國家，我們應該會看到人們——尤其是未投保者——有系統地表現出有利健康的行為。來快速比較一下美國和歐洲人民的肥胖率與自我健康管理狀況，這應能讓我們好好省思。2016年，美國人口中有37.3%的人為肥胖者，肥胖相關的死亡率為13%，但美國那既昂貴且各自為政的私人醫療保健系統，按前述的理論，不是應會鼓勵有利健康的行為嗎？相較之下，在所有的公民都有投保且由政府支付大部分費用的丹麥和法國，人們的肥胖率則分別為21%和23%，而肥胖相關的死亡率僅為7%。

失業保險可能更適合用來說明「道德風險」的問題。歐洲大陸的失業保險給得很慷慨，可能會讓人們更容易處在長期失業的狀態，他們會變得不願去找新工作，除非新工作所提供的條件與上一份工作差不多。在失業保險給得很少的國家，人們就非去找工作不可了。

失業保險會導致「道德風險」的狀況發生，這也是社會普遍抱持的觀點，因為這很符合直覺：人們普遍認同努力工作的價值。但真是如此嗎？更慷慨的失業福利會降低人們重返工作的動力，這似乎很合邏輯。然而，在富裕國家中，失業福利提供的「替代率」（失業給付佔原投保薪資的比例）與整體就業率是呈正相關的。在瑞士、丹麥和荷蘭等國家，他們擁有慷慨的失業保險，但同時擁有高就業率。

國家會想提供慷慨的失業保險——即使這會產生「道德風險」的問題——可能還有另一個原因。那就是人們會因應政府政策而做調整，當然好壞看個人。像德國、奧地利和瑞典等國家就提供了慷

慨的失業保險,與此同時,他們也擁有一大票從事高端製造業的藍領工人,這些人都培養出了強大的職業技能。這類技能得花幾十年才能學成,並且極度專業化,僅適用於特定的公司與生產流程。這似乎是似乎相當有風險的投資。而人們願意投資這些非常「特定」的技能絕非巧合,因為在他們背後,有慷慨的失業保險為其撐腰。是的,這些人的確有保險可以對抗風險,但他們也沒有因此就開始做些損己的事——他們可能還是願意投資自我。

我和同事約翰‧艾奎斯特(John Ahlquist)在牛津做了一項實驗,想看看這個論點是否站得住腳。我們讓人玩一個枯燥的遊戲——滑動電腦螢幕中的滑塊,直到滑出目標數值為止。為了讓遊戲更好玩一點,人們在遊戲開始前可以投資金錢在一項「技能」上,只要有這「技能」,每搞定一個滑塊,你就能賺更多。不過在實驗室中人們可能會「失業」——也就是他們得在電腦螢幕前呆坐一段時間,什麼也不能做。所以投資「技能」是有風險的。當這些人「再就業」,他們可能會獲得原本的滑塊任務,但也有可能會被分到完全不同的任務,此時他們先前投資的技能便無用武之地。

我們試著在實驗室中模擬現實世界的工作情形與失業風險。我做過一些不太有趣的工作,這個實驗算是有捕捉到這類工作的單調性。而我們真正感興趣的問題是,當人們在遊戲中失業時,如果我們給他們更慷慨的失業給付,會發生什麼事?這會使他們更有可能投資「技能」嗎?就像「特定技能」那段所論述的那樣?實驗結果強烈表明,參與者此時會選擇投資「技能」。當人們未收到失業給付時,只有50%的人會去投資「技能」,然而,當人們收到相當於先前收入75%的失業給付時,有大約四分之三的人會去投資「技能」。當我們提供安全網,便可以鼓勵人們進行代價高昂但有益的

投資。

「道德風險」和投資自我都是動態性的問題。政府制定政策，然後人們以自己的方式因應政策，或讓政策更加完善，或讓政策不幸地遭到削弱。這也意味著，旨在促進團結的政策，最終可能會削弱團結。

有個明顯的例子，就是政府會對買房首購族進行補助，讓年輕人也能登上「房產階梯」（housing ladder）。英國的「政府幫你買」（Help to Buy）計畫，就為首購族提供了相當於房屋價格20%的政府貸款，讓他們能夠支付新成屋的頭期款。這感覺是一項旨在改善住房可及性的仁厚政策。但很快便遇到了問題，那就是房屋賣家也意識到了這項政策的存在。當他們知道能買房的人變多了，他們可能會提高房價，這將抵消掉年輕買家因政策而增加的購買力。年輕人的住房可負擔性仍舊不變，他們還是難以擁有房產，而所有的利益都會累積到現有屋主身上，他們將能收取更多錢。

所有與團結相關的議題，都存在著這種動態性。例如像教育政策，其效力就很容易被家長削弱。由於學區通常按地理位置劃分，而家長們又可以自由搬至其他學區，不會受到法律限制，因此富裕的家長通常會確保自己所住地區的學校，能擁有最充足的經費或最菁英的教育。由於家長可能會根據教育政策搬至其他學區，這也讓地方政府或國家政府難以制定出平等的教育政策。

美國的「校車政策」（busing）就是一個經典例子，這也與我們先前討論的族裔多樣性密切相關。1970年代，美國的許多學區，會用校車跨學區接送黑人學生至白人學校上學（反之亦然），藉此打破校園的種族隔離。有些中產階級白人家長會帶著孩子直接撤出

這樣的學區系統——要嘛將他們送入私立學校,要嘛搬至其他學區。最終,校園的種族隔離情形仍然嚴重,因為「種族中心主義」的家長破壞了政策,只為不讓他們的孩子與其他膚色的人混在一起。

當政府試圖讓不同收入水平的人都能受到同等的學校教育時,也可能出現類似的現象。我在分析英格蘭和威爾斯的教育時,發現高房價的地區,當地學校之間的教育表現往往差異很大。高房價是一種篩選機制,富裕家庭因為經濟條件的關係,能將自己隔離在特定社區,享有最昂貴的住宅以及「最好的」學校。當然,你可能會認為,這會促使地方教育當局盡可能減少各校的教育差距,以防止這種因個人財富而形成的教育隔離。

先別急著下定論。中產階級家長還有另一張牌可以打。過去幾十年,英格蘭和威爾斯的教育改革,讓學校可以選擇脫離地方政府的控制。選擇脫離的學校將不能再以「地理邊界」來限制招收的學生,但那些較富裕的家長還是有辦法讓學校只招收「與他們相似的人」。由於這些學校可以採用非學術的標準來遴選學生——學生宗教傾向為何、是否符合學校的教學專長等——而狡詐的家長們總有辦法對此進行操弄。換句話說,就算你無法在地理上做到教育隔離,你還是有其他招可用。

這種行為,政治經濟學家稱之為「分類」(sorting):人們會根據需求,將自己「分類」到提供特定稅制和公共財的地方。這當然是反團結的行為。人們為獲取他們要的東西,反而會導致分裂,而非團結。這讓人想起了平等陷阱——人人都可以搬入更昂貴地區的平等權利,可能會導致不平等的結果。先不要管這種「分類」行為是否符合平等精神,可以確定的是,每個自由國家中都會出現這

種情況，也因此，當我們想制定促進團結的政策時，這都是一定會碰到的基本挑戰。

　　我們來總結一下資訊問題對團結造成的挑戰。首先，我們面臨的挑戰，是讓人們正確陳述他們的收入，以決定誰該獲得更多福利，誰該支付更多稅款。再來，我們面臨的挑戰，是要搞清楚誰才真正需要團結援助，特別是當人們有動機去虛報自身情況時。最後，我們會面臨到一種動態性的挑戰，政策實施後，人們會作何反應我們無法控制，而他們最終可能會破壞政策。有沒有什麼辦法能擊倒這些挑戰、實現團結政策呢？其實有個解決方案意外簡單──那就是無差別給所有人一樣的東西。現在就來看看這個方案。

12
擺脫團結陷阱

　　過去十年中，這三個字母激發了改革者們對未來的想像——UBI（Universal Basic Income，全民基本收入）。UBI匯聚了一群過去不太可能站在同一陣線的支持者：從左派的反貧困活動家，到右派自由主義的矽谷大佬都有。UBI也已在各種南轅北轍的地理位置進行實驗：從美國奧克蘭市到芬蘭，再到西班牙與獅子山。UBI被提議作為二十一世紀各種問題的解決方案：從新冠疫情後的振興，到機器人取代工人的議題。UBI真是靈丹妙藥？它能幫我們擺脫團結陷阱嗎？

　　我們先來拆解UBI的字面意義。UBI有一個優點——這優點在其他政策可說是相當罕見——那就是我們光從名稱就能理解它的實質內涵。我們先從最後一個字開始看，這樣比較好理解。I（Income，收入）意味著UBI是一種現金轉移。這也令UBI與其他類型的團結有所區別，如醫療保健、食品券和教育等服務，就都是以「實物」形式提供的，而非以「現金」形式。現金對政府來說很容易分發。你不用去操煩服務做得夠不夠好，因為現金就是現金。

　　現金在運用上更靈活：你可以將其分割，然後花在不同的事物

上。你想怎麼花你的UBI給付都可以，沒有任何限制。就算你要把UBI給付全花在速食和酒精上，也沒人管得了你。你要拿去買非法藥物，除非刑事司法系統介入，不然沒人可以阻止你。同樣地，若你要以類似的方式揮霍你的國家退休金，除非年歲帶來的智慧讓你知所進退，不然也沒人可以阻止你。UBI對於人們如何花費，抱持的是「不可知論」態度，它不會去管人們的花費目的是好是壞。

B（Basic，基本）意味著UBI提供了基本水平的現金。對大多數人來說，這錢不足以維持生活。但大家拿到的錢都一樣。也就是說，政府不用費心去辨明誰真正有需要，以及需要什麼。無論你有何需求、有何功績或者是否努力工作，大家拿到的都一樣。但UBI也保留了現有的不平等現象。收入較高者依然有較高的收入，他們也會拿到UBI給付，當然還要再扣稅。由於UBI給的錢相當「基本」，對極為富有的人來說幾乎沒有影響。而對極為貧窮的人來說──他們依然比其他人還窮，但現在他們有了一筆現金可以依靠。

最後，也是最單純的，U（Universal，全民）意味著這是一項每個國民都能獲得的福利。獲得UBI不需任何條件。UBI對於人們的花費模式及行為模式，都是抱持「不可知論」態度。當涉及兒童議題時，UBI的提案可能會有所調整。有些提案會在人們18歲時一次性提供大筆資金，而非逐年給付。話說回來，真正純粹的UBI會以個人為單位來給付，而非以家庭為單位〔當然給兒童的錢應會由父母接收，不然《要塞英雄》（*Fortnite*）的營收恐怕就要佔經濟體系的10%了吧〕。在UBI政策中，「公民身分」確實設下了資格限制。不難想像，那些採用UBI的國家，可能不會讓新移民獲得福利，一方面是因為「福利沙文主義」，一方面是為了防止吸引大量移民

前往本國尋求UBI。

最早版本的UBI，於1974年引入加拿大緬尼托巴省，該省一座名為多芬（Dauphin）的小農鎮，允許每個家庭每年都可以選擇支領一筆固定的福利金（約相當於今日的14,000美元），沒有條件限制。與「純粹的」UBI不同，在這裡，家庭收入愈多，福利金比例也將隨之降低，這意味著，當家庭收入達到福利金的兩倍左右時，福利金就會完全歸零。這項小規模實驗只持續了幾年，它為人們的整體健康狀況帶來了一些正面影響，而且人們似乎也沒有因為有了這份福利金就減少自己的工作時數。因此，總體來說，該計畫似乎是成功的。但它在政治上依然是脆弱的；保守黨在1979年掌權後，便暫停了該計劃。

在那之後，UBI計畫通常不會這麼慷慨，其資金來源也變得更多樣化，而有些計畫僅針對貧困者實施。阿拉斯加永久基金（Alaska Permanent Fund）每年會從石油收益中，撥款給每位永久居民大約1,600美金，但這個數字會隨油價上下波動。芬蘭政府於2015年小規模引入UBI，每年撥款給2,000名失業的勞動人口大約7,500美金，他們原有的福利不受影響，這是額外提供的福利，他們找到工作後依然能繼續領取。2017年，西班牙的巴塞隆納小規模引入UBI，撥款給該城市最貧困地區的人，而在新冠疫情爆發後，政府每月無條件撥款給貧困家庭1,000美金的補助金。現行的這類UBI計畫琳琅滿目，有的面向所有的人，撥給他們金額不定的微薄款項，有的面向貧困者，撥給他們的款項則慷慨得多。

有野心的UBI計畫在各種政治團體中都很受歡迎：支持者各式各樣，有技術官僚、技術專家，也有社會主義者。知名政治家如楊安澤（Andrew Yang）與傑瑞米·柯賓等人，都主張應引入全國規模

的UBI計畫，他們也讓這項議題進入大眾視野。他們的提案，其規模之巨大，遠超我們目前看到的任何方案。楊安澤承諾提供最純粹的UBI，每月撥款1,000美金給每位美國公民〔他稱之為「自由紅利」（Freedom Dividend）〕。Open AI的創辦人暨CEO山姆・阿特曼（Sam Altman）提出「美國股票基金」（American Equity Fund，其資金來源，是對公司與土地徵收2.5％的稅），每位美國人都能從中受益，該基金每年將支付每位美國成年人13,500美金。這些UBI支持者一致認為，比起現行福利計畫所引發的政治混亂，UBI顯然更有效率，也更公平。

但UBI真能幫我們擺脫團結陷阱嗎？想想先前提過的問題：過得好的人可能不願為過得不好的人買單。而UBI實現了某種消費平滑（consumption smoothing）──無論你目前處境是好是壞，你每年都能從政府那裡獲得相同福利。至少，在你時運不濟時，UBI會在那裡守候你。

UBI是否能做到「跨越人群的團結」？UBI不容易被汙名化為「那些人」的專屬福利，因為人人皆能享有。如果種族中心主義者想削弱UBI，藉此傷害另一個族裔群體，那麼他們最終也會傷害到自己。不過，我們也看到，外來移民是被排除在UBI之外的，這可能會個是問題──他們得定居多少年才能享有UBI？如果我們向這群移民徵稅卻不讓他們享有UBI，這樣公平嗎？說UBI不會被汙名化，其實也沒那麼肯定。最明顯的批評是，既然人人都能享有UBI，那麼那些懶惰的、放蕩的、不應得的人也能享有：UBI是我應得的，但我不確定你是否應得。UBI面臨的最大風險，是它在政治上變得不受歡迎，人們最終會將其與「那些人」──懶惰者和性格軟弱者──兜在一塊，從而導致整個體系崩潰。

不過，UBI確實有效解決了政府在「獲取公民資訊」方面遇到的困難，擺脫了這方面的團結陷阱。在配給UBI時，政府對人民的實際情況不必了解太多，只需確認是否為本國公民就好。這應會大大減少官僚作業的間接成本。而且人們也無法鑽政策漏洞來獲取更多。無論你搬到哪個社區，或向政府提供什麼樣的需求證明，你所得到的都是一樣的。你無法透過人為操縱的方式來獲取更好的UBI，除非你搬到其他國家。

UBI還解決了未來可能會遇到的問題：隨著資訊科技的進步，現有的福利國家系統恐將受到威脅。大數據和AI讓保險業者得以避開「逆選擇」的問題──如果保險業者能辨識出誰是「高風險族群」，他們可能就會拒絕為其提供保險。他們反而還因此能為「低風險族群」提供更便宜的私人保險。這為福利國家系統帶來了政治問題──如果「低風險族群」可以購買私人保險就好，他們何必再為社會保險支付稅款，這樣不是「付兩次錢」嗎？保險業者掌握的資訊過於精準，這將會瓦解低風險族群和高風險族群之間的團結機制。但UBI不會有這種問題──你給大家的東西都是一樣的，你獲取再多有關人們的資訊也不會有太大意義。

或許UBI提倡者所面臨的主要挑戰，會是開銷方面的問題。美國典型的UBI提案，如楊安澤的提案，是設想每年支付12,000美金。雖然2019年美國的平均所得約為66,000美金，但這是具有誤導性的，因為美國的所得分配非常不均。美國的中位數所得只比平均所得的一半多一些，為36,000美金，也就是UBI提案金額的三倍。再看看美國現有的社會支出與社會服務，包括失業保險、政府支應的醫療保健系統等。根據經濟合作暨發展組織（OECD）的數據，美國社會支出的總支出約佔國民所得的19%（淨支出所佔比例

更高——為29％——這點我們稍後再講）。這金額正好超過每人12,000美金。所以，當我們提倡UBI，是否就是要求政府在現有的福利國家系統之上，再新增一個全面的福利系統呢？

保守派支持UBI的理由與社會主義者完全不同。在前者看來，UBI所提供的某種市場機制，可全面取代現有的福利國家系統。社會安全局、公共住宅計畫或聯邦醫療補助等被認為低效的系統將不復存在，取而代之的是UBI提供的等值現金。人們會依循市場機制，將手中的UBI福利金進行「資源重分配」：人們可能會用UBI配給的支票來購買私人醫療保險、自行承租房屋，或拿來買愛吃的食物（而不用受限於食品券的品項）。一些較貧困的人可能會因此更有餘裕，例如那些住在低消費地區、家中有很多小孩的人。但許多人的生活可能不會因此改善，尤其是那些醫療開銷很高的人。我們在現金層面實現了團結，但卻忽略了各人面臨的不同風險。

當然，UBI不必取代現有的福利國家系統。然而，它在政治上確實可能會削弱福利國家系統。我們很清楚團結陷阱造成的威脅——人們不是不願為未來的自己投保，就是不願為他們視為「他者」的人投保。此時若以現金形式的福利來替代現行的福利計畫——再也不用跟繁瑣的程序及汙名化的問題瞎攪和——那麼人們的確很可能願意支持UBI。

福利國家系統的優勢，在於它與UBI的新穎性恰恰相反。福利國家系統擁有長期以來建立的制度和規範（當然這帶有貶義成分）。現有的退休金政策、失業相關政策和轉移支付政策，都有各自的支持者，這些支持者包括政策受益者和為之建立的官僚體系。相較之下，UBI在政治上未經考驗，也因此很脆弱。誰會捍衛它？所有的人嗎？我們從最早的緬尼托巴UBI計畫就已看到，那些尚處

胚胎期的UBI計畫,在政治上很容易被扼殺。一旦出現經濟衰退或政權轉移,UBI可能會發現自己其實沒有捍衛者。

有一個解決方法,就是強調這是每個人都能獲得的全民福利,但同時又以一種不那麼團結的機制來運作——也就是讓收入較高者拿更多。沃特・柯皮(Walter Korpi)和喬金・帕梅(Joakim Palme)就提倡這種特殊模型。他們認為,在一個國家中,如果人們獲得的福利與他們的所得成正比,那麼該國的「所得重分配」成效往往會更好。用他們的話來說,這種現象就是「重分配的矛盾」(paradox of redistribution):「我們愈是針對窮人實施福利政策,愈是想用平等的轉移支付來實現平等,就愈不可能減少貧窮與不平等。」

在柯皮和帕梅看來,要想讓團結發揮作用,就得將中產階級拉進來。若能把某些福利——如退休金或失業保險——與個人所得綁在一起,那麼這樣的福利國家系統對中產階級公民來說就會更有價值,這也能防止他們轉而選擇私人的替代方案。後者尤為關鍵。若高收入者選擇退出國家提供的保險,那麼國家最終將無可避免地只能為高風險族群投保。

尤有甚者,在柯皮和帕梅的模型中,由於中產階級最終會支付高額稅款並獲得高額福利,因此福利系統在他們的日常生活中將更顯重要。確實諷刺,當我們給予中產階級特別慷慨的福利——給窮人的都還沒那麼好——最終我們會得到一個在政治上更具持續性且更具團結性的結果,比起僅針對窮人提供慈善救助,這樣做反而成效更好。

因此,如果我們想為UBI尋找替代方案,那我們可以只取UBI的普及主義原則,然後將其套用至整個福利國家系統中。這基本上

就是瑞典模式。瑞典的福利國家系統超級慷慨，這也是它能贏得中產階級支持的關鍵原因。瑞典的福利系統並非單純採用UBI式的現金轉移——它是一系列涵容廣大的社會服務，這些服務的品質極高，所有的公民都用得不亦樂乎。可以想見，這些服務含括了公家提供公家資助的醫療保健系統及退休金系統。此外，有些在美國僅能勉強提供給窮人的公共服務——如兒童托育以及某些就業援助（如職業培訓）——也含括在這套福利系統中。

以兒童托育為例，我們從中可以清楚看出瑞典家庭與美國家庭的處境差異。瑞典家長，無論其收入如何，他們在支付兒童托育服務的費用時，政府都有為這些服務設定「收費上限」（maxtaxa）——這個上限，大約落在每月175美元。孩子12個月大的時候，就能接受兒童托育。相較之下，在美國若要為12個月大的孩子支付托育費用，恐要付上十倍的費用——據經濟政策研究所（Economic Policy Institute）估計，麻薩諸塞州的嬰兒托育費用，每月大約1,743美元。即使是四歲的孩子，每月費用也達1,250美元。即使瑞典人收入很高，這種公共補貼的兒童托育服務，其重要性對他們來說仍是不言而喻的。

在瑞典人的生活中，國家顯然扮演著不可忽視的角色，人們從出生到死亡，都受到國家妥善打點。許多英語系國家的人可能會覺得這很令人反感——這簡直應驗了那句名言：「通往奴役之路」（road to serfdom）。但我們得注意，福利國家系統的可見度是一回事，它的實際規模又是一回事，兩者不應混淆。我先前提到，美國在社會支出與社會服務上的花費，其淨支出遠大於總支出。這個會計術語意味著什麼？這裡的淨支出，其實就計入了福利國家系統中肉眼不易察覺的那個部分。

每當報稅季到來，想必許多美國人都對那複雜冗長的稅收抵免及扣除項目不陌生，只要用這些稅表，就可以減少繳給美國政府的稅款。從歐洲稅收系統的角度來看，美國稅收系統似乎太複雜了，在歐洲，稅款在工資發放時就已被扣除，而且很少有稅收抵免。然而，美國的福利國家系統，有三分之一就隱身在這個由稅法創造的洞窟之中。

美國人向私人提供者購買社會服務時，很多都能扣除費用——最明顯的就是醫療保健費用〔無論是透過個人的「健康儲蓄帳戶」（HSA）直接支付，還是透過可抵稅的「雇主提供的健保」間接支付〕。美國人可以扣除教育費用與兒童托育費用。有子女的家庭可以獲得稅收抵免，如果經濟狀況不好，還能獲得「勞動所得稅收抵免」（EITC）。美國人甚至可以扣除房貸的利息費用〔而且房貸本身可能還是由政府的房貸銀行「房利美」（Fannie Mae）提供擔保的〕。

換句話說，美國政府是有提供團結措施的——美國人沒有民間傳言所說的那麼自食其力——而這些措施之所以如此隱蔽，在於它的執行方法是降低人們應繳的稅金，而非提高政府的社會支出。而且，由於富人繳的稅更多，這類扣除與抵免對他們來說也更有意義。

這種看不見的福利國家系統已超出了普通美國納稅人的理解範圍，即使他們從中受益也渾然不覺。有鑑於美國報稅系統的複雜性，人們未能深入了解也無可厚非。然而，這也導致了人們的認知落差：人們對於政府實際在進行的補助與支出，可能知之甚少。美國福利國家系統的這種隱蔽性似乎沒有任何好處——現行作法不僅沒有避免不滿，似乎還讓不滿加劇。富裕的公民在這個不透明的福

利國家系統中受惠特別多——他們的健康保險和房貸利息都可以抵稅——然而諷刺的是，他們往往是反彈最大的一群。

當福利國家系統擺盪於透明與不透明之間，就會形成這種認知落差，而這種現象並非美國獨有——例如在澳洲，他們的總支出與淨支出也存在巨大差距，而這似乎也扭曲了人民對「政治決策」與「實際政策」之間關係的理解。在福利國家系統較不透明的國家——例如美國——人們往往難以評估政黨的經濟政策是左傾還是右傾，也難以看出哪個政黨的政策更符合自己的需求。這也是為什麼，瑞典的福利國家系統從來沒有成為政治標靶，也從來沒有成為政治口水的焦點，其處境也從來與「風雨飄搖」無關，因為瑞典選民對於自己的福利國家系統了解得太透徹了。他們之中，有些人確實會比其他人更愛這個系統，通常是社會中較貧窮的成員。不過，人們對這個系統的功能與作用都有一定共識，這方面可說是幾乎沒有歧見。

也因此，高度透明且遍及全民的福利國家系統雖昂貴，卻也似乎最為穩當。當我們為弱勢群體許下政治承諾時，總會面臨被優勢群體推翻的風險。因此，這些政治承諾必須被嵌入高度透明的制度中，人們會清楚看到自己得到的東西，同時也會理解整個系統的運作邏輯。當你能清楚看到這個系統如何為每個人服務時，團結陷阱也將迎刃而解。

「普及主義」並非萬用解方。如果我們所能提供的東西，本身就有先天上的限制呢？有些公共服務就是無法提供給所有的人，除非從本質層面對其徹底改造，不然這類服務天生不具普及性。最明顯的例子是公立的菁英高等教育，它難以普及，原因有二。首先是

實際操作的問題——單單一間聲譽卓著的實體大學,顯然不可能把一整個州或一整個國家的高中畢業生都招收進來。

第二個原因更諷刺——菁英機構之所以為菁英機構,就在於它無法普及所有的人。當然,這也讓我們重新思考當初設立菁英機構的原因。國家有義務將某些學生分配到更有聲望的教育機構中嗎?話說回來,當今世上沒有一個國家擁有真正平等的高等教育系統,系統下各教育機構都有聲望上的差異。儘管有些國家(如瑞典和芬蘭)宣稱他們的大學能夠提供平等的教育,然而,各大學間仍存在某種隱性排名,這點應屆畢業生與他們的父母都很清楚。

你能對有限的資源進行公平分配嗎?是否也能兼顧團結理念呢?過去,能否就讀菁英大學與家庭收入高度相關,這是因為當時上大學的人很少,而且大學數量也相對較少。這意味著,右翼政黨傳統上是倡導在大學挹注大量國家經費的一方。然而在富裕國家中,隨著大學入學人數愈來愈多,左翼政黨逐漸成了增加高等教育經費的倡導者,而右翼政黨則開始持懷疑態度——這與1960年代形成鮮明對比。然而,高等教育大眾化,也為兩方政黨創造了新挑戰,因為在這個大眾化的教育系統中,仍然有「菁英大學」存在。這些菁英大學已不再只是專門培養現有菁英階層的「精修學校」(finishing school),因此,我們可以如何分配這些學校的入學機會呢?

各派政治家所提供的答案往往是「根據個人績優表現」(by merit)。但「個人績優表現」的判斷基準,一直以來備受爭議。是否應該純粹根據考試分數錄取學生?如果是這樣,這是否嘉惠了富家子弟,因為他們的父母比較請得起家教?而標準考試的設計,對某些少數族裔來說可能並不公平,這個問題又該如何看待?此外,

大學若都只看學生的學術表現,這樣真的好嗎?這可能會打造出單一的學術文化,而大學或許應要更加全面化與整體化——讓那些不同能力背景的人都能進來。

「平權法案」(affirmative action,嘉惠少數族裔的入學優惠政策)在美國許多州停止實施後,使得上述爭議甚囂塵上。在加州,由於大學不再能將學生的族裔構成納入招生考量,加州大學系統的人口結構也因此出現顯著變化,黑人和西班牙裔學生的數量皆大幅減少。就像其他許多涉及團結的政策辯論一樣,族裔多樣性再次成為保守派和自由派間的爭論焦點。

加州大學系統被迫接受這項變革,而校方為避免大學文化從此流於單一,也制定了因應的政策:在全加州的高中生中,成績前9%的學生,都能獲得加州大學其中一間分校的錄取資格(但不保證是學生的第一志願分校)。這似乎是一項純看個人績優表現的政策。不過加州大學還制定了另一項政策:在個別高中裡,只要學生的在校成績達到前9%(也就是只需看他們在該校的成績表現),那麼也能獲得錄取資格,該政策就是「ELC」(Eligibility in the Local Context,本地學生錄取資格)。該政策的設計,與德州早先已實施的政策「TTP」(Texas Top Ten Percent,德州前10%)類似,TTP正是以學生的在校成績作為錄取標準(通過後即能就讀德州頂尖學府——德州大學奧斯汀分校)。

ELC和TTP是否能公平分配珍貴的教育資源,解決這方面的團結陷阱?有好消息也有壞消息。有些學生必須要靠ELC才能獲得錄取資格,而他們就讀加州大學系統(而非其他聲望較低的學校)的可能性也因此高出約10%。這些學生中有一半來自代表性不足群體(underrepresented group),而他們的SAT分數也比那些透過標準途

徑入學的學生低得多。因此，ELC確實為那些長期以來難以進入菁英大學的學生創造了更多機會。

TTP對這類學生也有類似的有益影響。那些被TTP「拉進」德州大學奧斯汀分校的學生，畢業率都有顯著提升，畢業後幾年內，他們的收入也比一般情況略高，而那些被TTP「推走」的學生（如果沒有實施TTP，這些學生本來有機會就讀該校）在這方面則未受影響。這個計畫原本旨在改善教育機會的公平性，卻也意外提高了整體的教育效率。

儘管這些計畫取得了成功，但團結陷阱仍可能會反咬。首先，理論上來說，這些新規則，是可以被那些擅於謀劃的家長操弄的。想讓你的孩子進入加州大學或德州大學奧斯汀分校嗎？那你何不搬到某個學力較弱的學區，在那裡孩子可能會成為班上的佼佼者？這種策略的缺點顯而易見：舉家搬遷可不是什麼小事，而且也不保證一定有回報。話雖如此，經濟學家還是發現，在德州約有5%的家庭會透過搬家來獲得教育優勢，而這也反過來吃掉了少數族裔學生透過TTP入學的佔比。因此，就像大多數的團結計畫一樣，這個計畫也可能會受人操弄。

這類計畫其實還有一個先天上的缺陷。許多資源匱乏的高中都受益於這類計畫，這些學校的少數族裔學生數量往往居高不下，而這類計畫正好能利用這點來實現大學的族裔多樣性。然而，若想永久維持這種族裔多樣性，那麼特定高中少數族裔學生居高不下的情形，勢必就得維持不變。也就是說，這類計畫反而會把學校間的種族隔離情形狠狠「鎖死」。以種族隔離取代團結，這也太悲慘太諷刺了吧。也因此，這類計畫得不斷改革和重塑，才能對付不斷演變的問題──這對政府來說可不是什麼小事。

若想擺脫團結陷阱，我們就得擴大「我們」的定義。我們在實現團結時所遇到的諸多問題，來自我們對共同利益（包括跨越時間以及跨越人群的共同利益）的狹隘理解。我們的解決方案，可能需要我們改變人們的集體認知──重新定義誰應該被視為社區的一分子。這意味著必須克服國家內部在種族、宗教和語言上的分歧──而這並非易事。不過，公民民族主義（civic nationalism）的例子提供了一條出路。當我們強調團結的國族性質時，就能將不同群體結合在一起。在英國，國民保健署被視為「國教」，這不難看出，即使這個國家在其他方面的社會福利並不優厚，但這個醫療系統依然受人民愛戴。要改變人們的集體認知，提供公共醫療服務是特別有用的方法，因為這些醫療人員通常來自不同種族與地區，當醫療人員竭力治療患者時，患者也將接觸到醫療人員多元的國家背景。

　　我們也可以重整我們的制度，讓更多人認同團結的理念。以瑞典的普及式福利國家制度為例，它之所以成功，就在於它覆蓋範圍廣並且公開透明，它不會將自己隱藏起來。如果我們讓大家都能清楚了解自己的稅金去向，而不是把公共資金都埋藏在各種扣除項目之中，這樣的透明度不只不會削弱大眾支持，反而會讓人們更加死心塌地。那些呼籲加強公共團結力度的人，必須對大眾的稅金去向保持誠實和公開，而不是將其埋藏在稅法之中。

　　這對UBI的倡導者來說也同樣適用。UBI擁有許多能夠擺脫團結陷阱的特點。不過，UBI如何與現有的福利國家制度相結合，仍是首當其衝必須解決的問題；UBI確實簡單直接，但我們不能僅憑這點就讓它無條件通過。我們無法一夜之間就置換掉整個團結系統。我們的基本共識，我們的互助機制，都必須清楚、可靠，而且能委以信任。

Part IV
安全

要避免無政府狀態，就得甘冒陷入暴政的風險

13
封城
2020年3月8日星期六,羅馬

「別再散播新冠病毒的恐慌了。你嚇到我母親了!」

當時大衛・阿德勒（David Adler）正在他位於聖洛倫佐區的公寓裡。這個曾經的工人階級社區,如今已成了羅馬當地嬉皮最愛的波西米亞風社區。外頭一片歡騰。雖然大家都聽說新冠病毒已在北義大利快速擴散,但羅馬還未受到疫情衝擊。此時的羅馬仍舊春光明媚、乾爽宜人。

大衛將在羅馬展開新的一年,他會從羅馬通勤到佛羅倫斯的歐洲大學學院（European University Institute）,在那擔任研究員。這個學術機構座落在山丘上,像間豪華飯店般傲視佛羅倫斯,當然這裡沒有旅客,只有滿滿的研究生。住在羅馬,在佛羅倫斯工作——大衛覺得2020年會是美好的一年。

然而在網路上,情況看起來就沒那麼樂觀了。身為一名現居義大利的美國人,大衛試著向自己在美國的家人表明羅馬目前一切如常。而在本節開頭,他寫的那條有關他母親的推文,則顯示出網路

世界的騷亂狀態,這也與他在羅馬街頭的愜意體驗形成落差。

他走在聖洛倫佐區的小巷中,用FaceTime與他在舊金山的兄弟進行視訊通話,直播醉醺醺的羅馬人在街上狂歡的場景。人們不是不知道北方的貝爾加莫、米蘭和維羅納正在發生的災難。每個人都看到危機的陰影正在逼近。但政府還沒鳴哨。目前為止,一切如常。

第二天,3月9日星期日,義大利總理朱塞佩・孔德(Giuseppe Conte)身著整齊西裝和藍色領帶,向義大利全體人民頒布「居家令」。「居家令」是一條簡明的指示,由義大利警察單位嚴格執行,不容任何特例或轉圜餘地。突然之間,義大利人被要求隔離,他們只有在購買食物、運動、上班或有醫療需求時才能夠離開家門。

對大衛來說,這意味著他得在羅馬的一間小公寓裡關上兩個月。透過窗戶,他可以瞥見空蕩蕩的街道。他看到身著藍色制服的卡賓槍騎兵(carabinieri)攔下稀稀落落的路人,盤查他們外出的理由,如果這些人的解釋差強人意,就會被規勸回家。隨著限制加強,警察也變得更大膽,必要時會強制執行封城令。有時候,警察的強硬姿態還滿搞笑的:在一些網路流傳的影片中,我們會看到警察大張旗鼓地開著無人機和四輪摩托車,只為追捕海灘上的一名日光浴遊客。但也有很慘的情況:當政府取消探監權後,就有監獄發生暴動,這也導致了12名囚犯喪生。

大體上來說,義大利人都會遵守封城規定,也不會隨意鑽漏洞——當然警方也展現出相當強硬的執法態度。大衛和同棟公寓的住戶可以出門運動,但只能在住處200公尺的範圍內。不過,即使義大利是歐洲警民比例最高的國家之一(每十萬人就有450名警察)——比英格蘭或瑞典高出兩倍有餘——但要把每個超出200公尺範圍的任性跑者一一糾出,仍是不可能的任務。政府只能指望人

民自我約束——人們就算不會出於良心自覺守規,也知道要對好事的鄰居有所警惕。在義大利,人們還真的常被自己的鄰居舉報。

　　春意漸濃,外頭一片地中海式的絢爛,羅馬人卻待在室內,壓抑住外出的渴望,他們不再能於傍晚時分悠閒漫步(passeggiata),而這項活動曾是聖洛倫佐區春季傍晚最具特色的景象。封城措施大致奏效——春季期間病例數急劇下降,但代價是摧毀了羅馬日常生活中那種無政府般的歡樂狀態。

　　幾個月前在中國武漢——也就是病毒最初現跡的城市——維持社會秩序的力量開始失衡,警方明顯握有更多主導權。此時的西方人尚未意識到封城令也即將侵犯他們的自由,只是不可置信地瞪著電視中武漢反烏托邦般的強制隔離措施。

　　最令人震驚的畫面,莫過於政府人員把武漢一處公寓大樓內的住戶家門通通焊死,迫使住戶只能待在自己家中。和義大利城市一樣,大多數武漢人都住在大型公寓大樓,這讓當局更容易監控住戶的出入情形。但和義大利不同的是,武漢的規定毫不寬鬆。自一月起,武漢市民被規定每三天才能外出一次,一次僅限一人。即使生病了也不能離開大樓。如果你要住院,就得獲得居委會批准。城市裡滿是大型黃色路障,將大樓與社區層層分隔。

　　當1,100萬名武漢市民最終在四月獲准離開公寓時,這些黃色路障也被「黃碼」所取代。市民若想通過檢查點,就必須出示手機裡的QR code給警察掃。系統會配給每個人不同顏色的健康碼——綠碼表示可以自由活動,黃碼表示需要隔離一週,紅碼則要隔離兩週。這個國家要嘛派員至人們的公寓大樓門口進行強制管控,要嘛用QR code對人們進行無形的控制。

封城

這些中國公民，無論是被金屬欄杆擋在自家公寓，還是被手機APP脅迫，不論他們喜歡與否，都必須服從規定。人們對2003年SARS（嚴重急性呼吸道症候群）奪走上千中國公民性命的慘況記憶猶新，這也助長了國家的這次管控，而在中國農村地區，國家的管控更是順水推舟，因為那裡的人們本來就對外來者充滿戒心。春節期間，為防病毒入侵，農民在村莊周圍挖溝，切斷道路，杜絕所有的不速之客。即使在幾乎未受病毒侵襲的北京和上海，人員流動也受到了限制。《金融時報》（*Financial Times*）駐北京的編輯楊緣（Yuan Yang）回憶道：「武漢封城後，北京的人們甚至還沒等國家發號施令就開始自主隔離了。」她還記得，當時公寓大樓的居委會已開始自發性地謝絕訪客。

這個國家與它的公民，寧願犧牲自由也要獲得安全。這種作法奏效了。到了年底，武漢的生活已回歸正常——限制被解除，商店重新開啟，人們又能自由外出了。到2022年年中，中國官方公布的累計死亡病例數僅略低於2.5萬人，相較之下，義大利為17.5萬人，美國則超過100萬人。中國壓下了疫情，卻也鎮壓了自己的公民。

讓我們從武漢繞地球四分之一圈，來看看美國南達科塔州的斯特吉斯市。這裡每年八月都會舉辦斯特吉斯摩托車集會（Sturgis Motorcycle Rally），50萬名摩托車愛好者都將相聚此地。要知道，南達科塔州的人口平時連90萬都不到。在病毒肆虐的情況下，這個集會真能如期舉行嗎？

在新冠疫情期間，美國始終沒有制定出一套聯邦級的社交距離規定。每個州會根據自身的衛生需求和當地的政治狀況制定規則。

這意味著這座「民主實驗室」（laboratory of democracy）——美國那放任式的聯邦制常被如此稱呼——很可能將會面臨「實驗室意外」。

南達科塔州是那種對「自由」認真以待的州。它視自己為一座自食其力之地，凡事不假手他人。州民對口罩、「居家令」和其他公共衛生規定都持懷疑態度。南達科塔州也是一個以農業為主的州，以這裡的生活形態來說，人們之間保持社交距離再平常不過。南達科塔州州長克莉斯蒂・諾姆（Kristi Noem）認為，南達科塔州的州民可以做好自我風險管理：「如果有人想戴口罩，他絕對有這個自由。同樣，若有人不想戴口罩，人們也不能用同儕壓力逼他戴。當然，政府在這件事上也不應強制要求。」

斯特吉斯摩托車集會如期舉行，參與人數僅略低於往年。到了九月，這場集會被指控為「超級傳播事件」（superspreading event），對此諾姆只能開始見招拆招。《紐約時報》刊登了參與者在幾週後因病毒喪生的報導。到了11月初，該州每週新增病例數超過該州人口的1.5％。死亡人數也在攀升，到了12月，該州的死亡人數比例已是全國之最。只憑遼闊的大草原與個人責任心，顯然無法提供保護。把人們當作「成年人」對待，並沒有讓他們免於染疫。不同於武漢與羅馬，在美國，公民們成功保衛了自己的個人自由。到了2022年，自由保衛住了，代價卻是100萬條性命。

為了自由，卻得面臨這樣的安全風險，這樣真的值得嗎？在每個國家，所有的公民都會面臨「安全陷阱」：要避免無政府狀態，就得甘冒陷入暴政的風險。不過大家的選擇大相逕庭。

世界各地，民眾通常都不想乖乖遵守政府的社交距離規定。將

人們關在公寓大樓裡，是可以延緩人們的違規行為，然而一旦規定鬆綁，混亂也將隨之而來。大衛・阿德勒回憶道，義大利解封後的第一週，人們行為小心謹慎，對於這新獲得的自由似乎還不太適應，就好比剛看完下午場電影，人們需要一段時間適應外頭陽光那樣。他注意到封城期間「政府以安全之名，大幅加強了管制力道，你總能感受到那看不見的界限。但解封後，那些界限就消失了，人們就像沒有大人管的大學生一樣肆意破壞規則。」

所以不到一週，義大利人就又開始泡酒吧、辦家庭聚會了，無拘無束，也不戴口罩。正確來說，他們還是有把口罩帶在身上。但正如大衛所說，當他重返聖洛倫佐區的街頭時，他的義大利鄰居們又開始趴趴走了，只不過這次「他們把口罩捲起來戴在手臂上」。

封城對人們來說很難熬。我們是社會性動物。而且我們還要工作。不是所有的人都能遊刃有餘地遵守規則同時兼顧生活。一名與父母、配偶和孩子同住於高層公寓的計程車司機，無論是工作還是回到家裡，都很難做到社交隔離。像我這樣的大學教授，可以在家工作——也就是說我得把時間都耗在Zoom上——家中也有花園，雖然社交隔離不太有趣，但至少是可行且可以忍受的。但並非所有的人都是如此。

有時候，人們是否願意遵守封城規定，並非取決於上班地或居住地等地理條件，而是取決於他們的政治意識形態。具體來說，人們對於近乎暴政的封城措施能有多大的容忍度，取決於他們對政府的信任度。2020年10月，我對1,600多名英國人進行調查，想了解是什麼因素影響了他們對社交距離的態度。要判斷一名英國人是否願意乖乖保持社交距離，最準的方法之一，就是看他們在2016年所謂的「英國脫歐」（Brexit）公投中是否投票支持脫離歐盟。我們

發現，支持脫歐的人想與歐盟保持距離，卻不想與身邊的人保持距離。這群人不太信任政府的科學顧問，也不太願意接種疫苗。看來，那些平時就不太信任政府的人，在疫情期間也不太會買政府的帳。

人們的實際行為也符合這種規律。我們分析了由Google收集的人們的位置資訊，然後發現，英國那些投票支持脫離歐盟的地區，人們遵守居家令的比例明顯較低，即使算進了當地財富水平與人口特徵等因素，結果依然不變。同樣地，在美國，那些在2016年總統大選中投給川普的郡，遵守居家令的人也偏少。就算是丹麥和瑞典這種人民普遍信任政府的斯堪地那維亞國家，也會有那種不太信任政府且民粹主義高昂的地區，而這些地區的人也較少遵守社交距離規定。

那些平時不信任政府的人，他們在非常時期也不會信任政府。人們絕對有理由對國家權力持懷疑態度，想想中國的例子吧。另一方面，如果就這樣放任人們隨心所欲、為所欲為，那人們最終可能會傷害到身邊的人，南達科塔州已為我們做出示範。

在2019年當時，沒有一個民主國家會想到，一年後他們將對自己的公民提出前所未有的要求。他們也不會想到，屆時必須調動警察──甚至是軍隊──來執行這些規定。然而，病毒讓政府進入戰時狀態。病毒迫使國家重新審視自己的根本職責──確保公民的安全，尤其當公民不願遵守規定時，國家更會履行到底。然而，維繫國家安全猶如行走於刀鋒，稍有不慎就會失足。國家在提供安全的同時，權力的巨大誘惑也會開始向掌權者招手，我們要如何避免這方面的危害？我們是否能夠擺脫安全陷阱，是否能夠在避免無政府狀態的同時避免暴政？

14
什麼是安全？

每天我從自己床上醒來，睡得酣暢——好吧，有時沒那麼酣暢，但絕對不會睡得提心吊膽。我伸手拿起手機——它還在老地方——查看新聞和電子郵件。我翻找當天要穿的衣服，走下樓，煮開水，烤貝果。我跳進停在車道上的車。送完孩子上學，我驅車前往牛津市中心，抵達工作地點。路上車多，行駛緩慢，但一切平安無事。幾乎每天都是如此。

這一切看似平凡、乏味、日復一日。真這麼理所當然？為什麼我能整夜安睡，不會被沙沙聲、梟鳴聲或狼嚎聲驚醒？我的衣服、手機、網路連線：它們都和昨天一樣完好無損。我的車也還好好的，謝天謝地。儘管我把它停在屋外。也許我還沒鎖車門。我每天的上班路線大致相同。當我塞在車陣中，我不必擔心會有人走過來向我推銷東西，或是搶劫我，或用槍指著我。我的生活聽起來或許有點無聊，但絕對是安全的。

我很幸運。如果你正在讀這本書，你很可能也一樣幸運。我們生活在某種安全泡泡中。它看不見也摸不著，但我們確實被某種保護力場包繞著。這個力場甚至擴及我們的財產。也許我回到家時，

會發現家裡已被洗劫一空,這不是不可能。如果真的發生了,我會感到震驚、害怕,可能還會有點自憐。但奇怪的是,儘管我們身周有這些危險存在,但總地來說,我們的身體與財產一直都還好好的,一直處於安全狀態。

真正令人震驚的是,這種狀況竟已成了常態。數十億人都生活在這個安全泡泡中——在富裕國家,絕大多數人都能獲得這種安全,而開發中國家也逐漸跟上腳步。從人類歷史大多數時期的標準來看,這是一種非凡的、完全獨特的生活體驗。但悲哀的是,對很多人來說,這並非他們的生活現實——對於較貧困的社群、以及政府較不穩定的國家來說,這種日常安全是稍縱即逝的。一千年前,這種日常安全是人們希冀但難以指望的東西。然而,在過去幾個世紀裡,至少在富裕國家中,這件事愈來愈被視為理所當然。它在我們的社會中已像呼吸一樣自然。

我們的世界如果缺少這個保護力場會是什麼樣子?少了這種安全,我們就會陷入無政府狀態:一個缺乏威權的社會。

一個沒有威權的世界,也就意味著沒有「第三方」可以為我們執行規則、履行協議、保障權利或維護和平。我們每個人都只能靠自己。無政府狀態的社會,就是一個人人自助的社會。當然不是那種溫馨友好、穿著毛衣在社區中心做瑜伽的那種「自助」。在無政府狀態下,我們無法依靠任何人,也無法仰仗白紙黑字的協議。

在沒有威權的世界裡,唯一的生存之道就是做最壞的打算。也許有人會在半夜襲擊我,所以我不能睡太熟。我的財物可能還在原處,但也可能被偷走或毀壞了。我或許可以平安抵達某地——但也有可能我從家裡前往大學的路上會遭遇不測。即使我成功抵達牛津大學,也無法保證學校不會失火。

什麼是安全?

對湯馬斯・霍布斯（Thomas Hobbes）來說，社會正搖搖欲墜，隨時可能回到無政府的「自然狀態」（state of nature）。很遺憾，「自然狀態」並沒有聽起來的那麼吸引人。自然狀態缺乏第三方執行者。用「叢林法則」形容這個情況並不恰當——因為根本沒有法則／法律可言，這個世界規則闕如，連能執行規則的法官都不存在。任何人的承諾都不可信。我們唯一能做的只有自保。

如果你聽過湯馬斯・霍布斯，可能會記得他這句話——當我們脫離社會，處於自然狀態，「人類的生活是孤獨、貧困、汙穢、野蠻又短暫的」。（the life of man [is] solitary, poor, nasty, brutish and short）這對「自然狀態」來說可不是什麼好宣傳。

霍布斯是什麼意思？霍布斯從零開始，逐步建構出他的社會理論——閱讀他最著名的作品《利維坦》（Leviathan）時，你不由得會對他的野心印象深刻。霍布斯理論的起點，關乎人類生存的核心困境——也就是我們對「暴力死亡」的恐懼。在霍布斯的描述中，在沒有社會的情況下，我們都是孤獨的，受衝動、欲望和恐懼所驅使，只想竭力攫取一切；我們必須不斷戰鬥，只為讓自己免於一死。來自外部的威脅一直都在，我們注定要在變幻莫測的生活中載浮載沉。我們時時提防背刺，永遠無法向前看。我們無法制定計畫，無法為未來投資，我們只能勉強苟活。

但有一種方法可以擺脫這種人與人之間無休止的戰爭。如果我們能創造一個監管者，讓他保障我們的安全並維護我們的協議，那麼我們就能夠看向未來。為此，我們需要創造一個「社會契約」（social contract），約束我們所有的人遵從單一主權者的威權。對霍布斯來說，這個主權者既能代理我們行事，又能強制我們絕對服

從。從霍布斯《利維坦》的扉頁插圖可以看到，這個主權者是個王者般的巨人，其身體由無數個公民身體所組成——就像巴拉克·歐巴馬那些由無數張小照片拼成的馬賽克海報一樣。

但霍布斯的解決方案蘊含著一種緊張關係。「主權者」之所以能保護我們所有的人，是因為它對我們握有絕對的權力。這應該要讓我們感到不安。我們確實不用再對同胞們提心吊膽了——因為有第三方可以懲罰他們的違法行為（當然我們違法也會受到懲罰）。但我們要怎麼信任主權者？誰能規範主權者？又有誰可以辦到？

霍布斯為一種新型態的絕對主義國家（absolutist state）提供了藍圖，在這樣的國家中，主權者的威權不容質疑且必須服從。我們讀霍布斯時所感受到的那種緊張關係，就是「安全陷阱」的困境：要避免無政府狀態，就得甘冒陷入暴政的風險。

即使會有暴政的風險，為什麼安全仍然值得追求？獲得安全，並不保證我們能夠獲得與「自然狀態」截然相反的結果，生活從此變得「合群、富裕、友善、文明又長久」。但也許，安全能引領我們朝這些目標前進。

安全的第一個好處是立即見效的——我們可以專注於生存以外的事。如果我們不能確定自己會不會突然遇襲，那我們就得隨時做好保護自己的準備，有時甚至還得先發制人。針對內戰期間的平民以及高犯罪率地區的居民，有人進行了心理健康調查，結果表明，一直處於警戒狀態，會對身心造成極大消耗。

外部失序將會導致內部失序——混亂的環境將會導致混亂的心智。長期以來，社會學家一直在研究「高犯罪率」和「主觀感知到的失序」如何影響人們的心理健康。「失序」可能是有形的，如塗鴉和破壞行為，也可能是無形的，如人們互不關心的感覺。感知到

高度失序的人,更容易披露出以下心理困擾——恐懼、焦慮和憂鬱。這甚至可能會影響到未出世的孩子。流行病學家在北卡羅萊納州羅利市(Raleigh)研究孕婦時發現,生活在高犯罪率社區的婦女,早產的可能性比一般高出50%。

有句名言說:「自由的代價,就是得時時保持警戒。」〔the price of liberty is eternal vigilance,這句話常被誤以為出自湯馬斯・傑佛遜(Thomas Jefferson)〕問題是,若要人們「時時保持警戒」,人們必定會消耗殆盡。反過來說,如果我們知道自己會受到保護,那我們就能稍作喘息。長期下來,我們將有餘裕為自己制定計畫。

安全的第二個好處,就是允許我們進行長期投資。安全使一切變得可控。如果我今天不用擔心被攻擊、搶劫或謀殺,那麼明天大概也不用擔心。身旁的人可能也都這樣覺得。我可以把精力花在「今日付出,明日收穫」之事——也就是「投資」,例如耕田種地、修建道路、受教育等。自人類開始耕作以來,文明便逐步推進,技術也逐步演化,這都得益於我們開始能夠制定長遠計畫。而這背後,需要主權者(酋長、君主,發展到最後就是議會)提供安全保障。

曼瑟爾・奧爾森(Mancur Olson)認為,當那位能夠提供穩定性的主權者出現時,也就標誌了「坐匪」(stationary bandit)的誕生。這聽起來好像不太妙,不過,奧爾森把這種情況與「流寇」(roving bandit)橫行的世界進行對比。在缺乏穩定統治的環境中,人們很容易會被路上的惡徒盯上,輕則被搶、被壓榨,重則被殺。這些流寇在掠奪後會繼續前進,尋找下一個倒楣鬼,所經之處盡成焦土。

那如果出現一個專橫但穩定的統治者呢?國王或酋長都可以。這些統治者或許貪腐、殘暴、橫征暴斂,不過他們若想獲取最大利

益，就得鼓勵當地農民和鎮民制定長遠計畫並進行投資。當這些投資開花結果，統治者就會用武力分一杯羹。「坐匪」可能就和「流寇」一樣惡劣，但「坐匪」有保護自己臣民的動機，即使最終目的是要從臣民的勞動中獲取利益。這種安全也許具有剝削性，但確實也讓投資成為可能。在當今西方，我們不再由酋長或君主統治，但我們仍通過法律、法院和警察保留了主權國家的強制力。必要時我們還有軍隊。

第三，也是最後一點，安全能夠建立信任。我們對彼此做的承諾並不具任何分量。契約本身也不具強制執行力。我們只能指望對方能信守承諾。如果對方食言——無論是因為他們辦不到，還是因為他們從一開始就耍詐，不打算履約——那我們可能就要倒大霉了。如果我們老是得擔心對方是否值得信任，那我們可能從一開始就不會與人達成協議。我們最終將變得更為貧困、更為孤立。

我們需要的是第三方執行者。我們需要某人或某種機制，來確保我們的契約和協議能被遵守。這樣我們就可以放心與人做交易了，就算是素未謀面、日後難再相會的人也沒有問題。來看看eBay的例子。早期的網路環境缺乏中心化管理，用戶都是匿名的。這並不是一個高信任度的環境。eBay的革新，在於它扮演了第三方的角色，為1990年代網路上出現的二手交易市場提供保障。藉由踢掉不良賣家以及提供安全的支付機制，它成功攻克了早期網路的無政府狀態。不只如此，eBay背後其實有美國法律體系撐腰，而支撐這個法律體系的，正是美國政府這個超級靠山。我們要有安全保障，才能在網路上建立信任。

如今，我們大多數人生活在一個安全的世界：在家中享有「個人安全」，在國內享有「國家安全」。來為安全喝彩兩聲吧。不喊

第三聲嗎?很遺憾,實在喊不出來。有國家作為保證人,我們是能與國內其他公民互許承諾——但這個邏輯也就到此為止。我們並無法強制主權者履行承諾。畢竟他們才是主權者。更糟糕的是,國家之間並沒有安全保證人——也就是說,國際安全並不存在。民族國家之間仍處於無政府狀態,近日的烏克蘭戰爭就清楚說明了這點。沒有任何外部力量可以強制這些國家遵守協議、履行承諾或停止相互攻擊。我們可以簽訂像北約組織那樣的條約,但我們無法保證它們會在緊要關頭起作用。

我們所生活的世界,只保障了國家內部安全,卻沒有保障全球安全。各國可能不用每晚都得提防彼此,但仍需時時保持警戒,而警戒的代價是高昂的——軍隊和軍事技術都很昂貴。當我們無法確定結盟關係是否會變卦,無法確定自己是否一夜之間就會曝於險境,那我們就很難對未來進行規畫。我們是能與其他國家簽訂協議,但不保證長長久久——例如,美國就根據國內不斷變動的政治氛圍,反覆退出和加入《巴黎協定》。同樣地,我們簽訂的條約如果沒有獲得全球支持,可能就會是無效的。違反條約或許會受譴責,但我們沒有一座共同法庭可以強制一個國家去遵守它不願遵守的規則。我們有的,只有來自各國的武力威脅或制裁。

我們是否願意犧牲國家主權來換取全球安全?近期在義大利、英國與印度等國家,我們看到某些政治人物以及民族主義運動取得了政治勝利,這似乎表明了人們並不願放棄國家主權。目前還是沒有能夠治理全球的主權者,儘管如此,我們現今所處的國際環境,確實已比我們祖先的時代安全多了。我們是如何做到的?

打造利維坦

　　司法不是什麼新概念：只是在以前，我們必須親自動手執行。在現代警察制度出現之前，維護社會安全的任務落在大眾身上。事實上，這是一種義務。可以想像，這通常無法帶給我們太多安全。幾個世紀以來，我們發展出各種制度，並把安全的承諾根植其中。現代的刑事司法系統履行著大量職能：維持公共秩序、調查犯罪，以及逮捕、起訴和關押罪犯。誠然，現代的警察、司法和監獄系統在公平性和效力方面的表現並不穩定。但與十九世紀以前的世界相較，這種發展已是重大突破了。

　　我們經常將古希臘和古羅馬視為現代國家的前身，他們擁有議會、法律、規則和條例。然而它們在實際執法上就不那麼有組織了，至少一開始是如此。在古雅典——在立法者梭倫（Solon）出現之前——及羅馬共和國，調查犯罪和逮捕罪犯的責任都落在一般公民身上。一千多年後的中世紀英格蘭，在這方面也幾乎沒有什麼變化。

　　想像你是十五世紀中葉英格蘭鄉村的一名窮苦村民，正在一名貴族的莊園裡耕地。突然有人大喊「豬被偷了」。接下來會發生什麼事？沒有當地警察可以求助，也沒有專門的偵探隊可以幫忙追查失竊的豬。你可能想不到自己作為一介村民，居然也要攬下捕捉偷豬賊的責任。在發現豬不見後，全村人都有義務大聲呼叫眾人捉拿罪犯（這種警報機制當時在英格蘭叫 hue and cry）。這意味著村民們必須停下手邊工作、全心追捕罪犯，捉到後還要將罪犯押送至當地的治安法官——也就是那名貴族那裡。

　　那時候的司法都帶有社群自發的性質。它是可以帶來某種程度

的安全——任何作惡者都可能會被自己的同村人抓住,然後由當地菁英階層進行審判與懲罰——但這種作法其實相當業餘且雜亂無章。而且,由於村民並不會因為維持治安而獲得報酬,他們也就不會有想把事情做好的強烈動機——換言之,要想預防犯罪或起訴犯罪,僅靠當地習俗與傳統是遠遠不夠的。

到了十九世紀初,最早的警察系統出現了,但業餘感仍然很重。在這個系統下,所謂「警員」(constable)是由受到委派的地方幹事擔任的,他們負責城鎮的夜間巡邏。這個職位通常無薪,並且沒人想幹。作家丹尼爾·笛福(Daniel Defoe)將擔任警員這件事形容為「難以忍受的苦差事」,它「佔用一個人太多時間,讓人無暇顧好自己的事,最後把自己搞到破產」。這種社群式的自我監管系統相當不堪一擊。這樣的系統,無法在即將到來的工業城市浪潮中存續。

如果你覺得那個年代的警務已經很業餘、很隨便了,那麼當你聽到他們的懲罰制度後,一定會更吃驚。今日,罪犯被逮捕並審判後,通常會被判處監禁,刑期大致固定。儘管我們有諸多理由質疑當今監獄系統的功能,但現代監獄至少提供了一種相對統一的懲罰形式。我的辦公室有一本關於監獄建築的精彩書籍——這種書我喜歡擺在顯眼處,學生看到就知道皮要繃緊了——書中收錄了許多藍圖和照片,從倫敦到莫斯科,從哈瓦那到湖北,世界各地的監獄都按照非常標準化的設計來建造,發揮的功能也都很類似,儘管各監獄的貪腐程度、衛生條件和安全情況各不相同。

在早期的監獄裡,囚犯不會被關太久,不會在那度過多年刑期。它們更像我們所說的「看守所」:暫時關押在此處的人,之後會面臨比這更不人道的懲罰。那麼那時候的「罪犯」(我故意加上

引號）會受到什麼懲罰？要嘛會受肉體上的懲罰，包括鞭刑、酷刑以及處決；要嘛被示眾羞辱或流放（流放依程度不同還可分為banishment、exile、transportation這三種）。監獄本身並不是懲罰；它只是一個讓你等待更糟糕懲罰的地方。

來看看長期監禁在當時有多罕見，英格蘭在1826年至1833年間，在近十萬次的判決中，大約五萬次是六個月以下的刑期。在英格蘭，只有46人被判處三年以上監禁！其他判決是什麼？近一萬人被處決，兩千人被處以鞭刑或罰款，約2.5萬人被「流放」，他們大多被送往澳洲的流放地。歐洲大陸的情況沒有比較好——法國和西班牙的囚犯會被送往地中海的槳帆船（galley）上服刑，他們將在那裡永無止境地划船。

如今，我們期望監獄能發揮更多功能，以確保我們的安全。是的，人們仍然認同懲罰本身的必要性——無論是為了嚇阻犯罪、伸張正義，還是單純為了滿足自己的嗜血欲。但我們同時也把監獄視為圍欄——將那些恐會危害我們安全的人隔離開來。最後，我們或許會有一些更崇高的願望。監獄可以用來改造罪犯，讓他們徹底改過自新，讓他們在獲釋後不再威脅集體安全。監獄的這項理念基本上是相當新穎的。

現代監獄的概念，源自一群宗教理想家的願望：我們的懲罰形式不應再那麼嗜血，我們應用懺悔的力量來改造囚犯。考慮到歷史上其他懲罰形式的殘暴性，也難怪會出現這樣的演進。現代監獄的先驅，源自十九世紀初美國進行的兩項實驗：費城的東州教養所（Eastern State Penitentiary）和紐約州的奧本懲教所（Auburn Correctional Facility）。

東州教養所由當地的貴格會教徒創立，目的是要提供一個完美

的懺悔機構。他們認為,要讓囚犯好好懺悔,最好的方法就是將他們當作修道士對待。囚犯住在單人牢房裡,完全獨處。囚犯不允許以任何方式交流。獄警會在鞋子外再套上襪子以降低噪聲,這樣如果有囚犯試圖交談,馬上就能清楚聽到。囚犯沒有名字,而是以號碼相稱,當他們被放出牢房時,必須戴上全罩式面具。監獄採「輻軸式」布局——這種布局在傑瑞米・邊沁(Jeremy Bentham)的「全景敞視監獄」(panopticon)中被發揚光大——這是一種能夠實現全面監視、全面規訓的監獄。監獄裡所有的囚犯都會被坐在監獄中心的獄警監看。邊沁稱他的設計為「一座嵌了玻璃的鐵籠」,擁有「一種看不見的全知力」。

這標誌了國家安全系統的重大轉折。囚犯們開始被一個不容挑戰的、全知的威權所保護與「重塑」。對米歇爾・傅柯(Michel Foucault)來說,這意味著我們的懲罰形式從公開處決和示眾羞辱的「奇觀」,轉向了一種規訓系統,在這系統下,國家強加於囚犯的規訓,會被囚犯自我內化。監獄成了安全的典範,這倒是挺諷刺的,要知道在此之前,監獄、濟貧院和精神病院一直都是混亂的代名詞。一個世紀前,獄警可以向囚犯兜售啤酒來賺取收入。精神病院會收取入場費,讓人參觀裡頭的混亂情況。現代英語中「bedlam」(混亂嘈雜的狀態)一詞,即源自皇家伯利恆醫院(Royal Bethlehem Hospital)收治精神病患時的混亂情況。對當時一些好奇心旺盛的倫敦市民來說,這家醫院就是一處令人發毛的觀光景點。

這樣的混亂,最後催生了嚴格有序的制度,這種轉變同時發生在監獄與警察系統中。實施單獨監禁、禁止囚犯交談的賓州制(Pennsylvania system)監獄制度,最終因成本過高而無法維持。而奧本制(Auburn system)監獄制度則成了常態,囚犯仍然禁止交談,

但能夠共同生活、共同勞動。最終，囚犯甚至被允許交談。大規模的監禁系統，取代了肉體懲罰和流放。宏偉的石造監獄，在蓬勃發展的工業城市中一座座矗立，容納著成千上萬乃至上百萬的長刑期受刑人。

隨著懲罰形式的改變，我們將人關進監獄的執法力量也發生變化。自十九世紀初以來，各國逐漸發展出具有識別度的現代警力。大家不必再輪值夜巡，也不必去追捕偷豬賊了，一群身穿制服、受過訓練的專業警察開始接管這些事。英格蘭和美國的現代警察制度有個關鍵創新，就是那些負責保護國家的警察，恰恰是由這個國家的普通公民組成的。他們不僅是軍隊的延伸，更是一種自治的嘗試。

對十九世紀初的美國人或英格蘭人來說，一支常設警力，就像是一次危險的倒退——退回到了霍布斯式的絕對主義——同時也背離了人們所珍視的自由。「警察」一詞令人聯想到歐洲大陸的衛兵，這些人會在首都巡邏，逮捕那些會對君主政體造成威脅的人。或是，以法國、比利時和義大利的憲兵隊〔gendarmerie，現今義大利有名的卡賓槍騎兵即源於此〕來說，他們仍屬軍事單位，負責在鄉間巡邏搜捕強盜。當時歐洲大陸各國的警力，實際上就是一支專司國內事務的軍隊——他們對內維護國家秩序，就像他們的步兵團同袍對外維護國家安全一樣。

就連「警察」一詞在歐洲大陸也有不同的含義。雖然在英語中，我們明確區分了「政治」（politics）、「政策」（policy）和「警察」（police）這三個概念，然而在法語和德語中，這三個詞的界限就模糊得多。對十八世紀的德國人來說，「police」一詞意味著對公共事務的全面管理——包括公共秩序、犯罪防治、檢查度量衡，乃

至規定人們在節日期間的穿著。要想打造「井井有條的警察國家」（如今這個概念應會讓許多人感到不安），這些措施都是不可或缺的。

如今來看，這樣的「警察」概念似乎超出了保障安全的範疇。而我們英語系國家的祖先認為，這會威脅到我們長期以來享有的自由。《每日環球紀錄報》（*Daily Universal Register*）曾在1785年嗤之以鼻地宣稱：「我們的憲法不會接受類似法國警察那樣的制度；許多外國人曾表示，他們寧願被英格蘭小偷偷錢，也不願被警察總監（Lieutenant de Police）剝奪自由。」然而，隨著工業革命到來與現代城市興起，社會失序的情形也日益嚴重。那麼該怎麼辦呢？

1800年的紐約、倫敦、波士頓和曼徹斯特被認為是犯罪猖獗的無政府之地。人們對絕對主義的恐懼，似乎再也擋不住警察制度的發展。解決方案是發展「民事警察」（civilian police）制度，建立一支具有識別度的警力，配以統一制服，必須遵守嚴格的守則，並有明確的執法原則。到頭來，其實就是在講自治這件事——能治理紐約人的，就只有紐約人自己。自1829年倫敦出現了被民眾暱稱為「bobbies」的警察〔該暱稱源自倫敦警察的創始人羅伯特・皮爾（Robert Peel）的名字〕後，全世界的城市掀起了創立民事警察的熱潮——1834年在多倫多，1844年在紐約，1851年在阿姆斯特丹。

民事警察制度不僅能填補安全的空缺，也能避掉那種暴政式的安全制度。這能幫我們擺脫安全陷阱。為了遏制無政府狀態，我們需讓警務工作規範化，一切公事公辦——民事警察都應秉公執法，不搞例外，不徇私情：所有的人民一視同仁。但是，一支殘酷無情的軍隊也能做到一視同仁——他們可以透過戒嚴令，讓所有的人民

遭受同樣糟糕的對待。所以光是這樣還不夠。我們還得去想，如何約束警察本身？他們必須是他們所管理的社會的一分子，而最終這個社會也必須要能約束他們。如果警察的力量變得太過強大，政府必須要能削減他們的經費，以便限制他們的力量。換句話說，為了讓安全的承諾能夠自行運作，人們必須監管這群監管者。

我所講述的這個關於秩序興起的故事，似乎美好得令人難以置信，對吧？這個嘛，確實是太理想化了。雖然現代監獄和警察制度確實取代了兩百年前的混亂，但並非總是能夠（事實上可以說很少）實現最初的承諾：創造安全而不滋生暴政。許多警局和監獄單位都有貪腐問題。少數族裔、城市居民、貧困的公民並非總是能夠受到公平公正的對待。就安全的前兩個層面而言——也就是在個人安全與國家安全方面——我們尚未解決所有的問題。然而警察制度的發明，很大程度上實現了湯瑪斯・霍布斯所認為的必要安全，讓人們的生活不至於是「汙穢、野蠻又短暫的」。

個人安全和國家安全談得夠多了。來談談安全的第三個層面：國際安全。你讀完前面幾段可能會覺得，怎麼漏講了這點呢？確實，如今在白教堂區或地獄廚房區過馬路，是比一百年前安全多了，至少不用擔心被扒。但是，過去一百年還發生了什麼事？

二十世紀上半葉的兩次世界大戰，其流血程度和地理範圍都遠超人類之前的任何衝突。我們並沒有「制服警察」可以出面調停國家間的矛盾：無論是德意志帝國和愛德華時代英國之間的矛盾、納粹德國和法蘭西第三共和國之間的矛盾，還是大日本帝國和新政時期美國之間的矛盾。此等調停角色，光用想的就覺得不切實際。那群在二十世紀犯下諸多惡行的人，很難這麼簡單就被拘捕、審判和

監禁。究竟誰能阻止那些軍隊，誰能拘捕那些領導人？各國之間處於霍布斯所說的無政府狀態中。各國之間沒有能夠仰賴的第三方，全都處於「自助」狀態。結盟或許能讓各國免於單打獨鬥，但敵國卻不必受這種結盟關係牽制。

距離二戰結束已過了75年。是否真的有什麼改變？我們現在是否變得更安全了？如果是的話，是否是因為我們透過外交、協議和制定互動規範，而在國際間創造了某種程度的安全？

我們會獲得一個典型的學術式回答：「看情況」。幾年前，史蒂芬·平克（Steven Pinker，此人嗅覺敏銳，總是知道該挑起哪些學術爭論）出版了《人性中善良的天使》（*The Better Angels of Our Nature*），他在書中聲稱，今日我們確實生活在一個更安全、更和平的世界，這在幾十年前還是難以想像的。平克認為，事實上幾個世紀以來戰爭已逐漸減少，而且戰爭就像一台已經出了五年的iPhone一樣，正逐漸被歷史淘汰。平克聲稱，過去幾百年來的科學啟蒙與智力啟蒙，將我們從戰爭的深淵中拉了出來。

可惜的是，儘管這個論點很有吸引力，但我們很難說戰爭是否真的有所減少。布勞默勒（Bear Braumoeller）認為我們有理由質疑平克的理論和數據。平克認為，啟蒙運動孕育了理性與平等這些新信念，並且讓人們開始相信「永久和平」——這個詞你會在康德（Immanuel Kant）的書中讀到——是有可能實現的。這個論點的問題在於，啟蒙運動帶給我們的不只是康德——它也帶給了我們霍布斯與黑格爾（Hegel），他們闡述了強大國家的概念；它也帶給了我們盧梭和赫德（Herder），他們深化了文化凝聚力和民族主義等概念；它也帶給了我們卡爾·馬克思，他相信階級之間的衝突。啟蒙運動是一個時期，而不是一套人人認同、界定清楚的思想體系。

啟蒙運動中那些相互競爭的思想，有的主張建立強大的國家官僚機構，有的追求種族與民族的「純粹性」，有的強調階級之間永不止息的衝突——這些思想，沒有一個像平克所暗示的那樣呼喊著和平主義。

除了檢視這種對啟蒙運動的片面看法，還有別的論據讓我們有理由對「戰爭逐漸減少」這件事持謹慎態度。把時間拉長來看，1900年至冷戰結束這段期間發生的衝突，從各種標準來看都比整個十九世紀更為嚴重。確實，自1990年以來，國家間的戰爭是有所減少。但那是因為槍口轉向了內部。自1990年以來，內戰變得更加普遍，更糟糕的是，這些內戰往往比國家間的衝突更持久。結果，富裕的民主國家與非國家行為者——蓋達組織、塔利班，還有最近的伊斯蘭國（ISIS）——的衝突長達20年之久。因此，即使我們不再像以前那樣擔心大國間的戰爭，但美國、法國、英國或中國的軍隊肯定沒有閒置不用。事實上——如同布勞默勒指出的——如果算進這些「國際化的內戰」，2016年是1945年以來衝突最多的一年。

我們可以說，直到最近，各國——尤其是大國——互相開戰的可能性比50年前低得多。我們是否成功創造了安全？如果是，我們是否是用類似國際警察的方式達成的？答案都是否定的。我們的聯合國——其本身已具備「世界政府」的雛形——已動員了維和部隊。對於小國間的衝突來說，聯合國確實可能具有可信的威懾力，而在一些內戰中，維和人員的藍色頭盔可能會取代警察的藍色制服。但即使如此，聯合國的維和人員仍未能阻止波士尼亞、盧安達和緬甸的種族滅絕，而這三例僅是冰山一角。至於大國，它們基本上可以忽視聯合國的警告——就像美國入侵伊拉克那樣。

當然，2022年俄羅斯入侵烏克蘭的事件，已改變了人們認為

國家間的大戰不太可能發生的普遍看法。事實上,跨境衝突和併吞領土這類事件的罕見性,確實也讓軍事分析家變得掉以輕心。俄羅斯士兵在布查市與馬里烏波爾市犯下了難以計數的慘烈罪行,在在提醒了我們,就算是平民,也無法避免反覆發生在他們身上的暴力和惡意。這也告訴我們,「國際安全」依舊是個相當矛盾的詞。

15
安全陷阱

　　我們的生活看似一成不變、和平安穩,其實猶如行走於刀鋒。若想維持秩序,就得冒著被我們的監管者奪走控制權的風險;但若撤掉這群監管者,那我們可能一下就會跌回失序狀態。這正是所謂的安全陷阱:要避免無政府狀態,就得甘冒陷入暴政的風險。

　　避免暴政的難點在於:當我們賦予某些人安全職責時,如何防止他們越界?這是個關乎他們的問題。我們必須設法控制住這個特定群體,就算他們壟斷了武力使用權也一樣。如果我們這些平民無法約束警察或軍隊,又怎麼能期待他們不會越權呢?如果我們能訴諸更高的力量,那麼,當我們的保護者越界時,或許就能發揮威懾效果。但這樣一來,誰又能阻止這個更高的力量濫用自身的優越地位呢?就像是無限嵌套的俄羅斯娃娃一樣,每當我們找到一個更高的力量,就得再問:誰能控制住他們?這正是羅馬詩人尤維納利斯(Juvenal)的永恆提問:監管之人,誰人監管?(who will guard the guardians?)

　　現在來看看安全陷阱的第二個面向——無政府狀態。這個問題關乎的不是他們,而是我們。如果沒有人監視我們,或是沒有人能

懲罰我們,那我們幹嘛要遵守規則?如果沒有老大哥,我們會乖乖聽話,還是會放飛自我?幾乎沒有安全系統能夠時時監控我們的所作所為,尤其是當我們有意規避時。在現實世界中,某種程度的無政府狀態總會悄然而至。

要擺脫安全陷阱,就像是在山脊上行走——一邊是暴政的陡峭斷崖,一邊是無政府狀態的險峻深淵。我們必須調整我們的制度——從警察制度、監獄制度到軍隊制度——讓它們強大到足以保護我們,但又不至於強大到反過來剝削我們。為了防止我們的政治失敗,我們必須找出保持平衡的辦法。

暴政

尤維納利斯的提問——「監管之人,誰人監管?」——直指安全陷阱的核心。這個提問本身,已暗示了這可能會是個無限循環。

避免暴政之所以難,源自這樣一個事實:我們每新增一層監管者,這群監管者就必須要有夠大的力量,以便控制下面所有的監管者。因此,每當我們以為獲得了安全,實際上卻引入了更強大(可能也更難控制)的力量。而在這樣做的過程中,我們可能就造成了比原來更嚴重的問題。

賽局理論學者一直以來都對尤維納利斯的提問很感興趣,並試著解決這個無止境的「監管者螺旋」。方法之一,是將這個螺旋強制接成一個封閉的圓。如果我們每個人都願意懲罰違法者,而其他人也願意懲罰我們,那麼我們就既是懲罰的施予者,也是懲罰的接受者。我們可以讓監管者互相監管,來避免無限倒退的問題。

這是對付安全陷阱的妙計,但並不完全令人滿意。這將會面臨

「O型環」（O-Ring）問題：當年遭逢厄運的「挑戰者號」太空梭，其火箭推進器的接頭，用的正是這種名為「O型環」的橡膠圈。這些O型環因佛羅里達州的罕見低溫而變得脆弱。在太空梭發射當天，這些O型環沒能發揮應有的密封作用。結果，美國的整個太空計畫，因為一個小小的橡膠零件而徹底傾覆。許多經濟問題與政治問題，都面臨這種「最弱的一環」（weakest link）困境：只要一名成員未能履行職責，整個局面就會崩潰。

安全陷阱的圓形解決方案也同樣脆弱——如果我沒有懲罰該懲罰的人，那麼我就打破了這完美的圓，整個系統將因此分崩離析。民主選舉可以強化這個圓，從而減輕我們對「每個人都得履行職責」這件事的依賴。選舉可以作為最後的「干預者」（intervenor）。如果我們的法院太過腐敗而無法懲處那些貪腐警察，那麼一位新當選、誓言「大刀闊斧整頓」的市長便能為我們挺身而出。這個想法很好。然而，從美國這些年來用民主政治約束警察的經驗來看，這種方式絕非完美解方。

「黑人的命也是命」（The Black Lives Matter）運動在喬治‧佛洛伊德（George Floyd）遇害後再度興起，而這個運動最初之所以引起大眾關注，源自2014年密蘇里州佛格森市的一起槍擊事件——一名白人警察達倫‧威爾遜（Darren Wilson）射殺了非裔美籍少年麥可‧布朗（Michael Brown）。當律師、記者、抗議者與政治人物湧入了佛格森市時，當地警局的一舉一動也瞬間受到嚴格檢視。在媒體聚光燈的強烈照射下，他們的形象並不太好。

對佛格森警局最嚴厲的指控來自美國司法部。司法部在長達百餘頁的報告中，鉅細靡遺地羅列出一連串指控。根據指控，佛格森警局常與市政府和地方法院勾結，在當地編織出了一張勒索保護

網。由於市政府仰賴法院罰款作為市政收入,因此鼓勵警局對即使最輕微的違規行為也要開罰單,而後法院會再對未能及時繳納罰款的人開出更多罰單和傳票。這種作法將佛格森市民推入了債務深淵。

司法部的調查中引用了一個例子:一名非裔美籍男子在打完籃球後,坐在自己停在運動場旁的車內乘涼,卻因此被逮捕。當時一名警察走向他,指控他是戀童癖,並要求搜查他的車。當這名男子引用憲法權利,表示若無正當理由不能搜查他時,他卻被用槍指著遭到逮捕,並被指控八項輕罪,包括提供假名(他給了小名Mike而不是完整名字Michael)以及沒繫安全帶(儘管車子是停著的)。他被罰款、帶上法庭,最終失去工作。

這種動輒開罰的執法方式,即使是最輕微的莫須有違規,也會導致罰款、收到法院傳票和丟掉工作,這正是佛格森警局的基本「作案手法」。警局似乎只對從市民身上榨取錢財感興趣,他們汲汲於恐嚇市民,而非保護市民。引用司法部報告的原話:「許多警察似乎把一些居民——尤其是佛格森市非裔美國人社區的居民——視為潛在違法者和收入來源,而不是需要保護的市民。」一個本應保護市民的警察單位,卻似乎是用「我們對抗他們」的有色眼光來看待市民——而這種對立主要出於種族因素。佛格森警局90%以上是白人,而他們所「保護」的社區三分之二是黑人。警察對非裔美籍公民不僅有差別待遇,還將他們視為「潛在違法者」——因此,本應受到警察保護的人,反而被視為需要防範的對象,甚至是可以勒索的對象。

佛格森市的安全系統,是如何落入這種可怕的本末倒置狀態的——監管者反而掠奪他們應該守護的人?密蘇里州的種族政治顯

然在這個故事中扮演關鍵角色：30 年前，佛格森市的人口有四分之三是白人，而佛格森市警察似乎將當地人口結構的變化既視為犯罪威脅，又當成創造收入的機會。警察的行為不僅受到明顯的種族偏見驅使，背後更有牟利的動機。而這種情況，正是由美國高度分權的刑事司法系統造成的，在這個系統下，市政府和警局都必須自籌資金，為此他們得積極開闢新的收入來源。在佛格森市登上世界頭條新聞之前，州政府和聯邦政府從未介入監督過這裡的事。

市政府和警局這種「創造收入」的壓力，恰逢美國國防部開始出售軍用級武器裝備——隨著伊拉克戰爭和阿富汗戰爭逐漸收尾，國防部開始出售車輛、槍支，甚至飛機。在佛格森市，這導致了令人震驚的畫面：全副武裝的警察駕駛著裝甲悍馬車（Humvee）向抗議者投擲震撼彈。在這裡，我們看到安全陷阱正在層層疊加，原本用來保護美國公民免受外敵威脅的工具，現在卻被用來對付美國自家公民。

無政府狀態

我們都希望避免像佛格森市那樣，任由身穿制服的國家執法人員強硬執法。問題在於，當執法稍微放寬，我們很容易就得寸進尺。我們都能因他人遵守規則而受益，然而當我們覺得沒人在監看時，似乎就不會約束自己遵守規則。無政府狀態是一種誘惑，而且代價高昂——如果我們無法信任他人，我們就會將寶貴的資源用於保護自己的安全：我們將無法達成任何協議，也無法邁向繁榮。

我們選擇遵守規則，而不是任由無政府狀態肆虐，其背後動機，可以從三個層面來思考：首先，我們有法律規則和規範，這些

皆由國家執行。如果我們明白違反法律規則是會被發現的，那麼我們也就明白自己很有可能會為此受罰（霍布斯的利維坦正俯下身來，帶著警告意味地拍拍我們的肩）。不過很多時候人們違反法律規則，就是覺得自己不會被發現。

在這種情況下，政府可以嘗試「隨機式」的執法。每當你走海關的「免申報」通道時，你就會經歷這種考驗。海關人員會憑直覺攔查某些旅客──可能是因為他們的行李、出發地點或外表（這點存在很大的濫權空間）有可疑之處──除此之外，海關人員也會以完全隨機的方式攔查一般旅客的行李。這樣的法律規則帶有機率性──你可能會被執法人員抓到，也可能不會，基本上取決於你是否走運。如果你在公路上超速、虛報稅款或帶毒品進夜店，那你就是在碰運氣。我們可以容許這諸多無政府般的行為，前提是我們得讓大家知道違規真的有可能會被抓，以及相應的懲罰有多重。只要懲罰夠重，就算被抓到的風險不高，也足以讓很多人不敢亂來。

第二，即使不會受到法律制裁，但如果我們覺得違反規則會受到朋友和家人譴責，我們還是可能會遵守規則。這是社會規範的範疇。有時，當我們違反法律規則而警察並未當場目擊時，我們仍可能會面臨社會規範的壓力：例如當我們與家人在一起，被他們看到我們偷了一條巧克力時。其他時候，即使沒有法律明文規定，我們也會因社會規範而約束自己的行為──某種程度上，這也防止了人們隨意辱罵路人、在大眾運輸工具上推擠他人、隨意挑起爭端等行為。

社會規範的運作仰賴「資訊」──我們需要知道誰遵守規範，誰沒有遵守──以及某種形式的「群體認同」──或許我難以對整個社會的不當行為進行約束，但我可以對自己所屬群體內的成員進

行獎懲。這反過來又仰賴群體內部需對那些不懲罰違規者的成員進行懲罰。

不難看出，這樣的系統既可以維繫群體內的規範，卻也可能導致復仇循環、排擠行為甚至榮譽殺人。在阿爾巴尼亞北部，《卡努法典》（Kanun）會迫使村民進行暴力報復，直到復仇執行完成、大家覺得村莊得到「淨化」為止。若你無法履行《卡努法典》，那你將會被村裡其他人排擠和羞辱。社會規範確實可以在無政府狀態下創造秩序，但透過復仇循環維持的安全，真的算得上安全嗎？

第三，我們有道德規範：這類規則與原則，即使是在無人監看的情況下，我們也會遵循。例如，在杳無人煙的鄉間小路上，我們或許會在遇到紅燈時停下，即使在這裡闖紅燈不太可能會被抓。又例如，我們會在路邊的無人蔬果攤付錢買雞蛋。在一個完美世界中，我們可以在無政府狀態下仰賴道德規範來約束自己的行為。我們都會遵循康德的「定言令式」（categorical imperative）——我們的行事方式，應要能被表述為某種普遍法則：由此，我們的道德行為本身就會具有法律般的特性。但仰賴個人道德是有風險的。若你最後被道德水準較低的同胞利用，那麼該怎麼辦？

另一種能夠讓我們約束自身行為，並防止無政府狀態的途徑是「準道德規範」：當他人無法目睹我們的行為、而我們能夠目睹他人的行為時（至少可以從整體趨勢觀察到），此時「準道德規範」就會發揮作用。安塔納斯・莫庫斯（Antanas Mockus）——數學家暨哲學家，曾任哥倫比亞波哥大市長——為我們做了一個有趣示範。就和許多內陸城市一樣，波哥大也面臨著用水問題。為處理水資源短缺問題，莫庫斯要求電視聯播網每晚播報該市的總用水量。政府無法監測個別市民的用水情況，但總用水量卻是公開可見的，

每個人都能看到總用水量正在下降。你可能會想，當人們知道其他人有在努力節水時，可能就會覺得不差我一個，只想搭順風車。然而恰恰相反，當人們看到其他人沒有選擇搭順風車時，便也決定以後洗澡不要洗那麼久。莫庫斯本人還在電視上洗澡，並在抹肥皂時把水關掉，這無疑起到了良好的示範作用。也許我們並不希望看到每個領導人都這樣做，但這確實有效。

莫庫斯還利用社會規範，試圖重塑波哥大行車駕駛人無政府般的失序行徑。伊萊奧諾拉・帕索蒂（Eleonora Pasotti）曾採訪莫庫斯，談論他那不尋常的應對策略。交通上的無政府狀態，分為兩種類型：一種是汽車對汽車，一種是汽車對行人。為了處理前者，莫庫斯做了35萬張卡片，上頭印有「讚」或「倒讚」的手勢，讓駕駛人可以在開心時或──更為常見的──生氣時向對方揮舞。其理念是藉由讓公民對彼此施加社會規範──同時運用「表達敬重」和「表達不齒」兩種方式──來抑制駕駛人的「路怒」行為，雖然不難看出這種方式很可能會適得其反。

「汽車對行人」則是一場更不對等的戰鬥。在波哥大，當交通警察試圖防止駕駛人堵住路口時，駕駛人通常會無視他們。莫庫斯的想法是──信不信由你──用默劇演員取代警察。馬歇・馬叟（Marcel Marceau）式的默劇演員。默劇演員能夠以警察無法做到的方式加強規範。根據莫庫斯一位助手的說法：「默劇演員先比出斑馬線，然後讓駕駛人意會到自己正輾過市民。這是一場遊戲，一種典型而好玩的藝術活動，它強化了公民意識。」有時執行規範就在於引起驚詫。

無政府般的交通狀態是一回事；但如果我們的國家完全沒有政府，又會發生什麼事？幾個世紀以來，富裕國家的公民都不必考慮

這個問題，因為在歐洲、北美和日本，每寸土地都在民族國家的控制之下。然而在這世界上，政府垮台的情況仍然會發生，而且有時無法迅速得到補救。索馬利亞自1991年以來，就一直缺乏一個能夠正常運作的政府。那一年，標誌著穆罕默德‧西亞德‧巴雷（Mohamed Siad Barre）少將二十年來獨裁統治的垮台。經過一場內戰之後，巴雷在一場政變中被推翻。然而隨後並沒有出現新的政權。該國立即面臨西北省分的脫離，後來東部省分也宣告脫離。剩下的地區完全缺乏任何形式的中央政府，最後被不同勢力的軍閥瓜分。

　　當國家完全失能，安全系統會發生什麼變化？基本上，安全系統將會變得私有化。索馬利亞的首都摩加迪休就受到私人保全公司「保護」。有時這些公司確實成功維持了和平，但卻沒有正常運作的法院來執行相關協議。因此，經常會有覬覦利益與權力的新勢力上前挑戰。不同勢力的軍閥會雇傭私人軍隊，其成員皆由貧困的青少年組成。他們的行徑如同奧爾森所說的「流寇」──奪取港口、機場等先前隸屬政府的機構，並向平民徵稅。那些厭倦支付保護費的商業領袖，則試圖藉由支持伊斯蘭運動來終結這種混亂局面。然而不久，伊斯蘭運動內部卻被激進派挾持，並隨即對衣索比亞宣戰。這些人後來也被趕下台，而索馬利亞依然分裂為三個區塊：名義上由中央政府（2012年成立）控制的地區、伊斯蘭民兵佔領的地區，以及脫離中央控制的分離地區。

　　誠然，索馬利亞稱不上是無政府狀態的成功範例。然而當中還是存在討論空間。這取決於我們拿什麼與當代的索馬利亞相比。與更穩定的東非國家相比──例如衣索比亞和肯亞──索馬利亞是不安全和貧困的。但與西亞德‧巴雷的獨裁統治時期相比，一般索馬

利人的生活可能已有所改善。彼得・利森（Peter Leeson）認為，索馬利亞現今的無政府狀態是優於先前的暴政狀態的。索馬利亞的人民平均餘命、嬰兒死亡率、公共設施和電話普及率在1990年至2005年間皆有所改善，即使與鄰國相比也毫不遜色。其主要的出口貿易品——牲畜——在1990年代的貿易量也大幅增長。儘管索馬利亞仍面臨諸多問題，但利森認為，索馬利亞從暴政狀態轉換成無政府狀態，這樣的改變依舊相當值得。有時候，國家威權過小可能比威權過大更好。但對大多數索馬利人來說，這樣的無政府狀態他們一直以來都想逃離——聯合國估計，直至2015年，已有200萬索馬利人移居國外，而他們往往只能住進邊境的難民營。

秩序帶來的問題

斯堪地那維亞人生活在世界上最富裕、最安全的國家。他們不須像索馬利人那樣，必須在暴政狀態與無政府狀態之間做權衡。但是，這樣的安全真的如人們所說的那麼好嗎？

「洋特法則」（Law of Jante）是一套用來諷刺丹麥生活的法則，由小說家阿克塞爾・桑德摩斯（Aksel Sandemose）於1930年代提出。「法則」共計十條，包括「不要以為你很特別」以及「不要以為你能教我們什麼」。桑德摩斯是在嘲弄丹麥小鎮日常生活中的從眾行為——融入環境至關重要，鶴立雞群則令人生疑。他們以既禮貌又無情的方式施行社會規範，以確保眾人順從。不從眾者、反叛者，或任何自視甚高者，都會遭到排擠或羞辱。洋特法則式的生活可說是與「無政府狀態」或「暴政狀態」毫不相干。這種生活完全安全有序。但對我們許多人來說，這樣的秩序似乎抑制了活力。

洋特法則既不鼓勵人們追求個人卓越，也不鼓勵人們承認自身取得的成功。瑞典著名演員亞歷山大・史柯斯嘉（Alexander Skarsgård）曾在《史蒂芬・荷伯晚間秀》（*The Late Show with Stephen Colbert*）上開玩笑說，洋特法則禁止他公開承認自己贏得了金球獎。然而在其他時候，這種從眾主義甚至不讓人們承認日常生活中的小小成就——例如探訪父母或閱讀一本高深的小說。

然而，洋特法則可能有助於創造社會凝聚力：正是這樣的社會凝聚力，撐起了斯堪地那維亞的社會信任，也正是這樣的社會信任，撐起了該地區高覆蓋率的福利國家制度以及低犯罪率的治安環境。不過，當兩位挪威社會學家研究洋特法則是否真能增進公民的「一般信任」時，他們發現，在個人層面上，愈有洋特情結的人，反而愈不信任他人。因此，從眾主義是可以建立一個看似人人互信的有序社會，但這樣的有序，實際上是建立在個人對「潛在違規者」的焦慮之上。

普特南（Robert Putnam）在他的著名論著《獨自打保齡球》（*Bowling Alone*）中稱此為「社會資本的陰暗面」。「社會資本」是那種樂善好施的跨國公司喜歡在年度報告中談論的東西。它指的是社會中所累積的互信：在社會層面上，它像膠水般把每個人黏合在一起；在經濟層面上，它像溶劑般溶解了交易中的不信任。普特南認為，南義大利社會資本的缺乏，正好解釋了他們的政經困境，也解釋了他們對「非關道德的家族主義」的依賴——這種道德守則認為，只有自己的家人才是重要的，而家人以外的人都是潛在的威脅或替死鬼。這種社會資本缺乏的狀態，看起來就很像我們先前討論過的無政府狀態。

然而，社會資本並非完全沒有壞處。正如普特南所指出的，那

種高度信任的社群——例如斯堪地那維亞國家，或是其在美國的延伸，也就是我的老家明尼蘇達州——可能會展現出過度從眾與不友善的一面。如果人們擁有高度的社會資本，卻對外來群體無法包容，最終我們可能會陷入思想封閉與宗派主義的泥沼中。

過度的秩序不僅會造成從眾現象，還可能會導致社會停滯不前。經濟能夠快速成長，常是因為遵循這句格言：「要煎好歐姆蛋，得先打破幾顆蛋。」（you can't make an omelette without breaking eggs）這裡的「蛋」指的就是現有企業。約瑟夫・熊彼特曾經提出著名論點，認為成長來自「創造性破壞」（creative destruction）。技術進步會削弱現有公司的競爭力，最終迫使這些公司停止營運。

從經濟角度來看，這個論點有其優點，但有一個政治問題。現今那些擁有公司的有力人士，怎麼會允許這種顛覆性的變革發生？他們怎麼會願意被「創造性破壞」？政治菁英——尤其是受到有錢實業家操控的那些人——往往試圖阻擋這類新技術。從眾型社會可能也特別不願接受新技術，而他們的產業可能也會因此變得僵化。所以，在一個新思想容易遭到阻擋的社會中——無論是遭獨裁者阻擋，還是遭從眾的社會氛圍阻擋——發展也將陷入停滯。

既然秩序可能會抑制活力，那麼歷史上有這麼多人試圖逃離它、寧願生活在體制之外的邊疆地帶，或許也就不足為奇了。詹姆斯・斯科特（James C. Scott）稱之為「不受統治的藝術」（the art of not being governed）。被統治可能意味著遭受暴力壓迫，但也可能意味著被監看和被理性化管理。斯科特認為，國家在設法控制和規範它的公民時，其表現不僅不是那種揚言施行暴政的霍布斯式君主，反而像個著魔的收藏家，埋頭將每一個人、每一寸土地都分門別類。

國家最一開始為了了解每個人的情況，於是做了全國人口普查，而我們的「姓氏」也是從那時才開始有的。在小村莊裡，由於大家都互相認識，所以只用「名字」就足夠了。如果需要區分兩個叫「約翰」（John）的人，只要叫其中一名為「屠夫之子約翰」（John, the butcher's son）即可。但這對人口普查員來說並不理想，他們可不能在表格上註記說「屠夫之子」。因此，他們可能會給每個約翰指定姓氏。這個約翰是彼得的兒子（son of Peter），所以他叫約翰・彼得森（John Peterson）。那個約翰是名屠夫（butcher），所以他叫約翰・巴奇（John Butcher）。一旦能夠區分不同的約翰，這些人就能被國家記錄下來，如此一來，國家便能對其徵稅、徵兵，也能透過法院懲罰他們。秩序是建立好了，但完全是照著國家的規矩走。

　　這種強加於人的秩序，對有些人來說並不那麼具有吸引力。直到二十世紀末，人們一直都有個簡單對策可以採取：逃跑。對大多數政府來說，除了寬廣、人口稠密的平原和谷地，其他地區其實難以真正行使主權。邊緣地帶──如山脈、沼澤、島嶼、沙漠和三角洲──國家是難以監控或巡邏的。有些公民如果不想再忍受國家對自己的金錢或生命予取予求，便會悄悄消失在這些邊緣地帶。

　　斯科特提出了一個想像的地帶贊米亞（Zomia）──它具有實際的地理位置，但沒有實際的政治邊界：它是東南亞的丘陵地帶，跨越緬甸、泰國、柬埔寨、寮國、越南、中國和印度。這個地帶直到近年仍然難以統治。即使是國家武裝人員，僅僅十幾英里的距離可能也要數天才能穿越。因此，根據斯科特的說法：「避開國家統治，直到最近幾個世紀，仍是切實可行的選擇」。人們若拒絕接受秩序的感召，可逕自前往丘陵地帶。他們仍會與城市做買賣，但會

安全陷阱

按照自己的規矩來——他們是「自願為之的野蠻人」（barbarians by design），避開了低地地區嚴明的社會階級制度。這個丘陵地帶並非無政府狀態。它產生了多種政治形式——有些是平等主義式的，有些是不平等的酋邦制——不過，無論是哪種形式，它們都缺乏形成暴政的工具：常備軍或稅務官員。

斯科特筆下的贊米亞地帶正日漸消逝，當中的自由，今日的我們是否還有可能重現？這是否意味著我們必須犧牲秩序來換取無政府狀態？我們在保有安全的同時，是否仍能激發出「創造性破壞」的創新能量？過去十年間，為了擺脫由主權國家所建立的國際秩序，一場運動開始興起。「特許城市」（charter cities）的概念是要為「創造性破壞」提供一個理想場所，讓「創造性破壞」能夠兌現願景，免受國家過度干預。

我們所制定的行為管理規則，可以在特許城市中恣意實驗。當政治人物改變了規則，也就改變了我們的行為——例如倫敦和斯德哥爾摩的交通壅塞費政策（congestion charging）。如果這些小型社會實驗的結果是好的——比方內城區（inner city）不再街道壅塞、不再充斥著咒罵的司機，而是開始有了清新空氣——那麼，由於理念是能免費傳遞的，成功的規則也就能被其他地方採用。然而，要讓這種模式奏效，就得進行大量實驗。而你知道誰最不擅長做實驗嗎？那就是龐大、從眾、秩序井然的民族國家。相形之下，城市則靈活得多。

香港以及國土邊界彼端的深圳，這組城市就是相當鮮明的案例。當中國共產黨於1980年在深圳發展經濟特區時，該區只有三萬名居民——只有幾個小漁村和農村。到了2015年，深圳已經成長為中國第五大城市，擁有超過1,100萬名居民。我本人於2005年訪

問了深圳——當時英國針對教育政策展開考察，參訪深圳即為其中一環——那裡看起來就像是一座由摩天樓築成的閃亮堡壘，相當不可思議。而深圳的模式就是學習香港的成功規則，並在一個不受國家政策限制的「特區」內實施這些規則。可以說，這是一個有意為之的無秩序之地。

特許城市的概念遵循了這個模式。特許城市的倡導者建議，開發中國家應在無人居住的沿海地區設立行政豁免區，以類似的模式建立城市。在這些城市中，可以對規則甚至政府體系進行實驗，然後再根據實際效果，來決定哪些作法該採用、放棄或保留。

這作法能成功嗎？儘管特許城市的理念剛開始倡議時獲得了大量關注，但在說服開發中國家從「無秩序的能量」中獲得好處這方面，至今尚未取得重大進展。部分原因是政治因素——特許城市意味著政府必須放棄特定區域的主權，很少有民族國家願意接受這種作法，特別是如果這座城市發展迅速、遠超該國其他城市時，可能會讓政府感到難堪。另一方面，如果設立特許城市的是一個獨裁國家，那麼這些城市被授予的自由，可能很容易就會被收回。與其說深圳變得更像香港，不如說中國共產黨對兩座城市言論自由的鎮壓，使香港變得更像深圳。獨裁者通常更喜歡暴政狀態，而非無政府狀態。

另一個問題，則是實際操作層面上的——要在沿海地區為數百萬名新市民找到合適空間就夠難了，更遑論還得為此挹注資金，除非你是超級樂天派，不然這樣的計畫幾乎等同天方夜譚。近年來，西方經濟學家在馬達加斯加、宏都拉斯和薩爾瓦多等國家研擬的特許城市計畫，很多也都無疾而終。最後，這個計畫本身也面臨批評。這是否又是另一個在開發中國家進行的新殖民主義冒險？所謂的

「元規則」（metarule），是否只是某種形式的自由主義式技術官僚制度（libertarian technocracy），一切唯科技菁英是從？這些問題或許能被克服，但需要為新市民制定大量的保障措施，然而對特許城市的倡導者來說，這可能會稀釋掉整個計畫的力度，無法在城市中好好實驗各種規則。最終我們可能只會獲得一個骯髒、擁擠、混亂，除此之外別無長處的普通城市。

16
擺脫安全陷阱

對我們大多數人來說,搬到特許城市似乎不是對付安全陷阱的可行方案。我們在意的是如何防止我們的警察越權。我們希望我們的街道井然有序,也希望我們的同胞遵守規範。那麼,如果我們想擺脫安全陷阱,可以怎麼做呢?

安全陷阱會帶給我們兩個問題——暴政的威脅以及無政府狀態的混亂。我們總會去想,就算不去蹚政治的渾水,也能解決這兩個問題。然而,替代方案也沒那麼好。當社會似乎陷入無政府狀態時,就會有人開始呼籲需要一位能夠無視政治、做事雷厲風行的「強人領袖」。然而,當這些人上台時,無論是俄羅斯的普丁還是土耳其的艾爾段(Recep Tayyip Erdoğan),這類領導人往往會鎮壓和平抗議,杜絕一切反對勢力。於是,無政府狀態消失,但暴政來了。

採用「市場模式」(market model)也無法幫我們擺脫安全陷阱。當人們能夠自由且自願地交易商品和服務,並有能力拒絕任何他們不喜歡的交易時,市場才能做最有效的運作。然而,無政府狀態並不會尊重既有的財產權。而且提供安全這件事,也不太是以市場邏輯來運作的。武力威脅可以迫使人們接受他們不想要的交易。

安全是一種基本需求——如果暴力威脅危及生存，人們會不惜一切代價來確保安全。最後，沒有任何措施能阻止私人安全機構向他們的客戶進一步勒索金錢，尤其當這些安全機構還是唯一的「本地供應商」時。市場模式在無政府狀態下無法正常運作，反而可能帶來暴政。

那麼，我們能仰賴「科技」嗎？新興的資訊科技讓我們能夠自我監控（防止無政府狀態），也能監控我們的監管者（抑制暴政）。但我們必須謹慎。如果不夠謹慎，那麼我們所取得的科技進步，或許當下解決了問題，卻可能為另一問題埋下隱憂。科技無法洞悉事物全貌：機器學習、AI和遙感探測都只是演算法——它們是中立且不具道德性的——若這些科技被設計來平定無政府狀態，最後可能只會帶來暴政。科技與政治是無法分開來談的。

先來談談如何擺脫無政府狀態。無政府狀態就像液體一樣，會從安全體系最微小的裂縫中滲入我們的生活。在那些無法監視不當行為的地方，無政府狀態就很有可能現形。關於這方面，顯然我們必須先從增強監視力度做起。在幾十年前，這基本上意味著必須增加監視者的數量，也就是說，必須雇用更多警察。或者，在共產世界中，這意味著必須增加線民的數量。

閉路電視系統的出現，以及能夠透過人臉辨識系統來解讀這龐大影像資料的電腦演算法，根本上改變了監視的成本和可行性。來看一個你我都不陌生的例子：測速照相機。30年前，想抓超速者，那麼追捕他們的警車也得超速。雷達測速槍最早須由一名受過訓練的警察操作，並搭配一輛警車來追捕違規者。

測速照相機結合自動車牌辨識系統，使得警察在交通執法上變得多餘。現在一台照相機就能測速、拍下違規車輛並解讀車牌號

碼，這意味著警察的角色被限縮到僅能寄發罰單。我們也許厭惡這些設備，但測速照相機確實有效：在英國，這些照相機的存在使得車禍和傷亡事故減少了40%。在西雅圖，學區的交管路段所設置的照相機，讓超速情況減少了一半。當人們覺得自己正在被監視時，開車就會變得更小心，就算不爽也一樣。

測速照相機的執法邏輯能否延伸到其他地方，比如在那些人們以為無人看管就能胡作非為的場所？這個嘛，如果你住在倫敦，這已經成真了！英國人早已習慣被無數的閉路電視攝影機注視著，這些攝影機就像一群擁有全知之眼的鴿子，棲息在每根路燈與每座公車候車亭上。不過目前為止，這些攝影機大都還是扮演嚇阻角色——架設在超市外面嚇跑小偷。

如今，倫敦警方搭配了人臉辨識技術，更積極地運用這些攝影機。這種技術最一開始是拍攝靜態影像，然後與資料庫進行比對。這對調查人員來說很有用，但都得等「事發後」才能派上用場。倫敦警方的創新之處，在於他們將這個過程變成即時的——當人們走過攝影機，攝影機可以立即辨識出警方監視名單上的人。監視過程是即時進行的，就好像每個街角都駐有一名目光銳利、特別善於記憶臉孔的警察一樣。

然而，從過往紀錄來看，這種系統並不總是準確無誤。有項獨立審查針對倫敦警方的人臉辨識技術進行評估，發現了一系列令人擔憂的問題。首先，這項技術的法律地位過於曖昧，特別是考慮到近期有關人權和資料保護的立法。其次，這項技術是否真的有用也不清楚。在大型購物中心西田史特拉福城（Westfield Stratford City）所進行的前導研究中，有42人被AI系統辨識為警方監視名單上的人，然而這42人中，只有八人在名單上，其餘皆為誤判。

還有一個更根本的問題,那就是人臉辨識技術是否能在民主社會中運作。AI監控技術的新進使用者,絕大多數和倫敦警方一樣,都是來自富裕的民主國家。然而,與此同時,這種技術的最大生產者卻是一個日益富裕的獨裁國家——中國。華為目前向50多個國家提供這些技術。華為聲稱不會與中國政府分享資料,但這與中國要求獲取此類資料存取權的法律相矛盾。

最廣為人知的公民監控系統,是中國正在發展的「社會信用體系」,它結合了公民紀錄資料庫和人臉辨識技術。「社會信用體系」是一套極為龐雜的系統,涵蓋了中國的私營社群媒體公司、小型城市以及中央資料庫等多個層面,中國政府可藉此收集公民的資訊,並根據這些資訊獎懲公民。「社會信用」的概念是,不良行為如未繳罰款、公共場所製造混亂或交通違規等,會被計入公民的社會信用扣分項目,而「理想行為」如從事志工活動或捐血等,則會增加他們的信用分數。

額外的信用分數能帶來什麼好處?這就沒那麼明確了。但似乎可以獲得旅遊折扣、借閱更多圖書,或是獲得當地媒體的報導。正如《金融時報》的楊緣告訴我的,「社會信用體系」其實沒有大家以為的那麼全面化與中央集權化。這個系統是由地方政府實施的,而且大多數城市根本沒有「社會信用體系」。然後,至少以累積「信用」會獲得好處這點來看,它其實更像是商店的顧客忠誠計畫;國家傳遞的訊息,對楊緣來說就像是「乖,給你貼紙」。地方政府與機構組成了某種鬆散網絡,維持了該體系的運作,這依靠的是數百名基層官員的勞動力,而不是什麼高科技魔法。

在這之中,真正發揮實質作用的是所謂的「黑名單」。這是一份全國統一管理的名單,由中國監管機構彙編,上面列出了違反法

律或監管規定的人。被列入黑名單會為你帶來實際的後果——例如不准搭乘飛機，或者子女禁止進入名校。而在這裡，二十世紀的黑名單制度與二十一世紀的AI技術結合在一起——黑名單上的人會被攝影機捕捉並監控，他們的詳細資訊會被私人企業分享給政府。這些人想逃也逃不掉。

不難看出「社會信用體系」很可能演變為暴政——一個濫權的政府隨便就能將異議分子列入黑名單，就像對待蔑視法律的人那樣。但對許多中國人來說，「社會信用體系」被認為是對付無政府狀態的必要手段。有時候確實很難理解中國工業化的速度怎麼會這麼快。1980年，中國只有20%的人口住在城市區域——也就是不到兩億人。如今60%的中國人住在城市，人數已超過八億。美國、英國、法國，這些國家的現代安全制度都始於工業化時代，當時的新興城市擠滿了無數身分不明、來自農村的移居者，舊有的秩序體系於焉崩潰。倫敦大學學院的人類學家王心遠（Xin Yuan Wang）與中國公民進行訪談，想知道他們對「社會信用體系」的看法。她認為，對許多人來說，在快速城市化的時代，政府試著從無到有創造信任，而「社會信用體系」正是一種必要且理想的方式。

根據王心遠的研究，當農村人士遷移到城市，他們長久以來對個人信用及社會關係的認知，雙雙受到了衝擊。城市居民不知該信任誰，他們失去了傳統紐帶和社會規範，而這些原本能將人們凝聚成社群。王心遠引述一位受訪者的話：「在中國生活很累……你必須保持警戒，時時提防他人。」「社會信用體系」被視為是解決這個問題的方法。最耐人尋味的是，王心遠發現許多中國人相信西方已經有了「社會信用體系」。有個流傳甚廣的謠言說，在歐洲，人們可能會因為很久以前的逃票事件而遭雇主拒聘；除此之外，他們

還把自家政府的「社會信用」計分系統與美國那廣為人知的「信用分數」（credit scores，用於抵押貸款）概念混為一談。

隨著拓荒時代結束，美國人與歐洲人愈來愈難在破產或犯罪後，還能輕鬆遁入迷霧之中。在現今社會，人們的信用評等、犯罪紀錄和繳稅紀錄，電腦都能輕易收集與整合。警方還能將這些資訊與最新的地理犯罪預測技術（geographic crime prediction）結合，徹底撚熄無政府狀態的餘火。

資料科學已成為預防犯罪的新利器。科技公司現在正使用日益複雜且運算能力更強的演算法，來預測面積小至500平方公尺的區域（基本上就是一個街區大小）內的可能犯罪率。這些公司結合過往犯罪地點的資料，並運用地理犯罪預測技術，為警方提供他們認為可能發生犯罪的地點資訊。

這些演算法的準確度仍有待商榷——在某些情況下，這些數據基本上只是過往犯罪數據的「移動平均值」（moving average）。這種作法有個明顯問題，那就是這會造成「正回饋」（positive feedback）——曾發生犯罪的地區會被預期出現更多犯罪——這就產生了「狀態依賴」（state dependence）——你最初在哪裡逮捕人，決定了你未來在哪裡逮捕人。如果警方曾在較貧困的社區或少數族裔聚集的社區行動特別活躍，那麼演算法可能會不斷將他們派回這些地方。反過來說，這意味著警務工作變得不那麼中立、不那麼均衡分配，反而更容易強化自身的偏見。鑒於現今某些警局的情況，這確實是個問題。昔日處於無政府狀態的地方，今日卻可能滋生暴政。

現在，我們來探討那個問題——那些應該保護我們的人如果行為不當怎麼辦。我們已經看到，AI技術在平定無政府狀態方面可能

非常有效,但很明顯它們也很可能遭濫用以增強國家的權力。如我先前所提及,科技本身是中立的;如果我們想管好那隻守護我們的手,我們就必須駕馭這項科技。

是否約束警察權力,以及如何約束?美國毫不意外地成了這個問題的激辯中心。2020年,佛洛伊德和布倫娜・泰勒(Breonna Taylor)遭警察槍殺,然而這類不幸事件並非近年才有。早在1990年代初,羅德尼・金(Rodney King)遭毆打事件已讓全國開始正視警察暴力問題。警察改革運動已持續了數十年。但警察暴力同樣也持續了數十年。我們還能做些什麼?

我們在思考如何改革警察制度時,可以把各種改革方案視為一道光譜:光譜一端是改變警察的執法科技,另一端則是針對「如何維持公共秩序」這件事進行全面重構(而這可能不再需要警察)。無論是哪種方案,我們都必須謹記安全陷阱——我們的解決方案,最終可能會讓無政府狀態取代暴政。也或者,這些解決方案可能會在無意中強化暴政。

就像人臉辨識技術約束了一般民眾那樣,我們也來看看有哪些創新科技可以用來約束警察。最近被警方廣泛採用的科技——儘管有時他們用得很不情願——就是穿戴式攝影機。這些設備通常裝在警察的胸前或頭上,無論是交通攔檢、還是必須動用槍械的情況,警察在與民眾接觸之前都得先開啟攝影機。值得注意的是,這些設備採「全程待命」(always on)模式——它們會儲存警察開啟攝影機前30秒的影像,這樣一來警察就比較不會動歪腦筋,在開槍後才急忙開啟攝影機。這些資料會上傳到警局的加密資料庫中,並保存數個月。

穿戴式攝影機應該要有哪些好處呢?最明顯的好處是,它們可

以提供紀實的影像證據,把警察執勤時的當下行為都記錄下來,這包括攔檢汽車、掏出槍械、盤問可疑分子等情況。當警察在執法過程中與民眾發生爭議時,這些攝影機就能在釐清對錯上提供直接有效的協助。

不過,穿戴式攝影機帶來的間接效果,才是它最有趣、最大有可為的地方。當警察知道他們與民眾的接觸全都會被錄下時,那麼也許他們會改變自己的行為。未來會成為證據的影像,可以讓警察的當下行為有所克制。反過來說,當民眾知道警察配戴攝影機時,他們也會更有自信,知道警察會以更尊重人、或至少更合法的方式對待他們。當攝影機開啟時,我們對彼此就不會那麼猜疑不定,但願這也能進一步增進信任並改善雙方行為。

理論上是這樣。實際上如何呢?穿戴式攝影機很適合用於社會科學分析,因為這些設備可以在警局內隨機分配使用。有些警察在執勤時會被隨機分配到攝影機,有些不會。然後我們來看看那些配有攝影機的警察,他們使用武力的可能性是否比較低? 2012年,加州里亞托市(Rialto)進行了一項為期一年的實驗,全市警局都參與其中,在這項實驗中,所有的執勤班次都會隨機配發攝影機。在那些配有攝影機的班次中,使用武力的事件也減少了一半。不過,由於攝影機是針對班次隨機配發,而非針對個別警察,這就表示所有的警察都配戴過攝影機。結果這產生了一種外溢效應(spillover effect)——在沒有配戴攝影機的班次中,警察使用武力的可能性也比往年低。某種文化轉變似乎正在發生:即使是在未配戴攝影機的情況下,警察也都謹慎行事,好像他們正配戴攝影機一樣。

有強烈的證據顯示,穿戴式攝影機確實似乎能夠約束警界,就

算不是每位員警都有配戴也無妨。警界自2014年開始分階段推行穿戴式攝影機，我們看到，這些攝影機似乎讓警察使用武力——尤其致命武力——的情況減少了一半。此外，在警局引入穿戴式攝影機後，推特上對當地警局的負面言論，以及關鍵字「黑人的命也是命」在 Google 上的搜尋次數，也都有所減少。

那麼，這些攝影機是否有缺點呢？雖然攝影機可能可以揪出或約束住那些「爛蘋果」，但是否也會讓那些「好蘋果」更難執法呢？以此方法來監控警察，可能會讓他們執法時更加謹慎，但同時也可能讓罪犯更有恃無恐，最終導致更高的犯罪率。2015年，時任聯邦調查局（FBI）局長的詹姆斯‧柯米（James Comey）就曾質疑道：「在這個人人都能上傳影片的 YouTube 時代，警察會不會也開始變得更不願下車去遏制眼前的暴力犯罪？」如果會變這樣，那確實很糟，不過，華盛頓州斯波坎市曾對警察進行了一項隨機研究，在該研究中，沒有任何證據顯示警察會在配戴攝影機時變得消極怠工。

但也或許，我們的這群監管者並不在意自己是否被拍。我們之所以能夠清楚掌握警察德雷克‧蕭文（Derek Chauvin）謀殺喬治‧佛洛伊德的駭人細節，是因為蕭文的一名同事陶杜（Tou Thao）的穿戴式攝影機畫面被公諸於世。佛洛伊德的死亡影像，赤裸地揭示了警察可以有多殘暴。當警察的行為被拍下，他們就無法再含糊其辭地否認，然後希望問題就此消失。但問題是，即使蕭文知道自己正在被拍，他仍然沒有收斂自己的行為。還有呢，當初引起國際譁然的那些影像，是源自當時路人用智慧型手機拍下的畫面，而非源自蕭文同事的穿戴式攝影機。若沒有這些民眾所提供的影像證據，那麼警方是否還會公開穿戴式攝影機畫面就很難說了。

我們可能也會認為，警察的問題不只在於武力的使用，更在於

他們對待當地社群的整體方式。回想一下密蘇里州佛格森市的情況，除了警察暴力，當地警察文化的問題更大：警察竟將他們宣誓要服務和保護的市民，視為持續不斷的犯罪威脅及收入來源。

最全面的警察制度改革，許諾的是激烈的革命，而非緩慢的推進。2020年，「削減警察經費」（Defund the Police）的口號開始興起。這個口號的真正含義一直是個熱門話題。有人認為，這個口號意味著一系列的警察改革措施，包括配戴攝影機、取消豁免權，以及部門重組。也有人認為，這個口號就是字面上的意思：也就是削減、甚或完全切斷警察的經費。這樣做可能會帶來什麼影響？

最徹底的「削減警察經費」方案，就是讓其他社會服務人員取代警察的職能，如社工、精神科醫師和戒毒康復專家等。這種方案要求一定程度的社群自我管理。這種論點的倡導者認為，警察的存在，實際上只會激化犯罪：警察會將貧困地區的某些行為定為犯罪，而同樣的行為在富裕地區他們卻視而不見；警察會對抗議活動採取暴力回應；警察會對公民處以高額罰款，令他們陷入貧困……凡此種種，都造成犯罪的激化。倡導者們還舉了西歐的例子，那裡的警務支出遠低於美國，而犯罪率也遠低於美國。倡導者們不禁要問，增加警務支出是否只會讓問題惡化，而無法解決問題？

削減警務支出是否能減少美國的犯罪問題和警察暴力？抑或會導致無政府狀態？若只是削減警務支出，而不去處理美國更廣泛的社會問題，是不太可能減少犯罪問題的。然而，若想效仿歐洲的社會福利系統，就需要大幅增加整體的公共支出，其調幅之大，對美國來說絕對是空前絕後的，而單從刑事司法系統那裡節省下來的開支，也遠遠無法填補這個資金缺口。換句話說，要想實現「安全」，我們可能需要「團結」。但美國，你知道的，並非總是那麼團結。

到目前為止,我們所討論的擺脫安全陷阱的方法,主要聚焦在個人安全或國家安全。我們把最大的挑戰留到最後——國際安全。「世界和平」這個願望,現在只會讓人聯想到選美比賽中的陳腔濫調——這似乎是個明顯值得追求,卻又遙不可及的目標。儘管像史蒂芬・平克這樣的思想家認為,相較於我們的祖先,我們已生活在一個更為和平的世界;但正如我們先前所見,這種說法引發了激辯,因為現今仍有許多內戰、恐怖攻擊和邊境衝突——而這些紛爭在冷戰結束後更是有增無減。那麼,我們能做些什麼來減少戰爭和國際衝突呢?

我們可以藉由簡單的合作,來抗衡國際間的無政府狀態,這種合作可以是非正式的,也可以是正式的。有時候,非正式合作就足以幫助我們維持和平關係;有時候,我們可能希望「戴上定情戒」,也就是簽署條約或制定聯盟協議。非正式合作可以很簡單,如貿易往來,也可以很複雜,如擁有相似的政治制度。「民主國家之間不會發動戰爭」可說是政治學中為數不多的定律之一。這也就是「民主和平論」(democratic peace)的概念——這個術語確立已久,柯林頓、小布希和歐巴馬總統都曾引用過。

民主國家之間不太可能爆發戰爭,我們有很多理由可以這麼想。在民主國家中,那些可能被派去上戰場的人,他們的真實意願也比較容易被反映;民主國家之間更善於談判,因為它們的政治制度原本就講究辯論與互相妥協;而且民主國家領導人也擔心發動代價高昂的戰爭所必須面對的社會輿論。

民主國家通常也擁有自由市場,並且彼此之間有貿易往來,這也使得戰爭的代價更加高昂——有時這被稱為「資本主義和平論」(capitalist peace)。這個理論也讓《紐約時報》專欄作家湯馬斯・

佛里曼（Thomas Friedman）滋養出他著名的「金拱門理論」（golden arches theory）[1]——那些有麥當勞的國家，彼此之間從未爆發過戰爭。可惜的是，我們看到了北約組織轟炸塞爾維亞，也看到了俄羅斯與喬治亞、烏克蘭之間爆發了各種衝突，這些事實都親手埋葬了這個理論。真令人震驚，原來速食餐廳的「安撫力量」並無法和平解決這些衝突。

關於經濟互賴能夠防止戰爭的論點，在歷史上一再遭遇悲慘的打擊。諾曼・安吉爾（Norman Angell）1909年的著作《大幻覺》(*The Great Illusion*)是國際關係領域中最著名的書籍之一，該書認為，國際貿易和國際投資使得戰爭和掠奪變得毫無意義。這本書的出版時機並不理想。儘管如此，我們的確可以合理相信，更緊密的經濟關係對於和平確實是有好處的——戰爭通常對商業活動不利，尤其戰爭不僅需要額外徵稅來支付軍費，還會帶來通膨壓力。

那麼，我們該怎麼思考解決方案呢？顯然地，解決方案必須搞得很大才行——例如，在海外推廣民主，其部分目的即在促進和平。這並非不可能：自1990年代以來，這已成為美國外交政策的一部分。譬如美國的國家民主基金會（National Endowment for Democracy）、德國的康拉德・艾德諾基金會（Konrad Adenauer Foundation）等組織，以及歐盟、世界銀行（World Bank）等國際組織，都將「在海外推廣民主」列為重要目標。但可以想像，富裕國家這種咄咄逼人的說教態度，並不總會受到理睬。而伊拉克戰爭和阿富汗戰爭的慘痛經驗，再加上俄羅斯和中國的激烈反彈，都讓民主的推廣蒙上了陰影。儘管如此，拉丁美洲的民主國家之間沒有戰爭，非洲的新興民主國家之間也沒有戰爭，都表明了「民主和平論」仍然有其生命力。

要確保國家間的和平，還有一個更直接的方法，那就是簽訂集體安全（collective security）協定。基本上北約組織就是這樣運作的——成員國不僅同意不與其他成員國發生衝突，還承諾共同協防任何受到外部攻擊的成員國。這就是為什麼北約組織會在九一一事件後介入阿富汗戰爭，也是希臘和土耳其自第二次世界大戰以來一直維持和平（儘管關係緊張）的原因。

北約組織的這種結構，也解釋了為什麼烏克蘭（非北約成員國）和波羅的海諸國（自2004年起成為成員國）在面對弗拉迪米爾‧普丁領導下的俄羅斯軍事侵略時，境遇會如此不同。北約作為一種集體安全協定，要求美國、法國、英國和其他成員國在愛沙尼亞、拉脫維亞或立陶宛遭受攻擊時必須進行協防。儘管川普總統曾大聲表達他對北約的不滿，並說北約已經「過時」，但即便在他執政期間，俄羅斯入侵波羅的海諸國的行動仍被有效遏制了。

相形之下，烏克蘭與西方軍事強國之間，一直都是一種較為鬆散的軍事聯盟關係。自2008年以來，北約承諾烏克蘭將成為成員國，但從未提供「成員國行動計畫」（Membership Action Plan），而這是北約的標準「入會」程序。提姆‧弗萊（Tim Frye）稱這是「最糟糕的局面」，因為這辜負了烏克蘭的期待，突顯了北約內部的分歧，並加深了俄羅斯的偏執。最關鍵的是，這意味著西方盟國並未對烏克蘭做出任何具有約束力的承諾。烏克蘭單方面做什麼都無法改變現狀——2019年，烏克蘭議會通過修憲，望能加入北約；2020年，烏克蘭成為北約的「機會增強夥伴國」（enhanced opportunity partner）。

但這並不是正式的成員身分。在無政府般的國際體系中，那些與北約成員國達成的其他協定都是無法兌現的支票。俄羅斯之所以

入侵烏克蘭，並不是因為擔心北約擴張（儘管俄羅斯曾以此為由，替自己辯護）。巴拉克・歐巴馬時期的美國駐俄羅斯大使麥可・麥克福爾（Michael McFaul）聲稱：「歐巴馬與俄羅斯官員之間，從未有過關於北約擴張的嚴肅對話」。普丁宣稱烏克蘭不是一個真正的國家，但一般俄羅斯人並不認同這種說法——在2020年1月，超過80％的俄羅斯人認為烏克蘭應該是獨立的。俄羅斯發動入侵，是因為弗拉迪米爾・普丁個人想要除掉鄰國不友善的領導層，奪取該國的俄語地區，並以暴力的方式宣告俄羅斯仍是世界強國。他之所以能這麼做，是因為烏克蘭不是北約成員國，不會觸發北約盟國的協防機制。

從俄羅斯入侵烏克蘭的事件中，我們可以看出正式條約的重要性，至少在盟國之間是如此。在無政府般的國際體系中，正式條約是唯一可信的承諾。而所謂「正在加入成員國的路上」、受到如盟國般的對待，甚或受到武器援助，都無法與正式的成員身分相提並論。北約成員的身分保障了波羅的海諸國的自主權；而烏克蘭、喬治亞和摩爾多瓦等國由於不具北約成員的身分，他們常常只能得到空頭支票，國際間的無政府本質也隨時威脅著他們。

盟國之間簽訂條約或許很容易。但敵對國家之間呢？我們始終缺乏一個全球共同認可的法官、陪審團和執法者來調停各國衝突，在這樣的情況下，僅僅簽署一紙文件，真的能夠阻止敵國為所欲為嗎？

從簽訂核武器條約和化學武器條約的經驗來看，這或許是可能的。我們這個時代最成功的軍備控制條約就是核武器條約。從1960年代末開始，國際關係領域開始出現了一堆英文縮寫——如《不擴散核武器條約》（NPT）、「戰略武器限制談判」（SALT）系列

條約、《削減戰略武器條約》（START）。儘管這些條約並未直接終結冷戰，但在防止核武器擴散和削減軍備方面確實成效斐然。

二十世紀另一種最致命的武器，就是化學武器——這些武器在第一次世界大戰期間被用於戰鬥，造成了超過100萬人傷亡的可怕後果。然而自那之後，除了像海珊和阿薩德（Bashar al-Assad）這樣的獨裁者會對自己的人民使用毒氣外，化學武器基本上很少被使用。

為何會這樣？之所以會有這樣的和平局面，或說之所以我們的戰爭不必打得那麼卑劣，似乎源自我們自己的規範，以及體現這些規範的條約。《日內瓦議定書》（Geneva Protocol）雖未禁止持有化學武器，但有明令禁止使用化學武器。1993年的《化學武器公約》（Chemical Weapons Convention）則禁止研發化學武器。使用化學武器這件事儼然成了「禁忌」，這個觀念基本上已根深柢固。今日，我們甚至會討論各國在戰爭時是否應對公民負有法律上的「謹慎責任」（duty of care），這點可在國際法庭上進行裁決，就像南斯拉夫內戰後設立的法庭那樣。因此，雖然我們無法透過立法來消除戰爭，但國際間的合作確實給了我們希望，我們仍有機會抑制最糟糕的衝動決策。

核武器和化學武器當然都是新型軍事科技的實例。由此，我們不禁自問：究竟是國際合作防止了這些武器的使用？還是這種軍事科技本身有什麼蹊蹺？還是說我們的軍事科技愈先進、愈致命，戰爭就愈不可能發生？如果真是這樣，那還滿幸運的，儘管並不那麼令人安心。

核武器是人類迄今為止研發出的最具毀滅性的力量。然而，許多國際關係學者卻認為，正是核武器阻止了第三次世界大戰的爆

發。原因在於核武器導致了「相互保證毀滅」（Mutually Assured Destruction）的局面（其縮寫「MAD」也體現了該局面的「瘋狂」）。如果你擁有所謂的「第二擊能力」（second-strike capability）——也就是在被敵人的導彈完全殲滅前發射自己的導彈——那麼你就能嚇阻敵人發動第一擊。換句話說，如果你的敵人知道一旦他們發射核武器將會導致雙方「相互毀滅」，那麼他們就不會率先發動攻擊。

因此，我們面臨到這樣的諷刺局面：最致命的武器，反而維持了現有的和平——只要大家都不要出差錯的話。我們這個時代最著名的「虛驚事件」，就是1983年蘇聯核警報誤報事件。當時，俄羅斯中校斯坦尼斯拉夫·彼得羅夫（Stanislav Petrov）的預警系統顯示美國的核導彈正在逼近，但他決定不要對美國發動第二擊，而他賭對了——那些「導彈」實際上只是陽光在高空雲層上的反光。就是這樣，我們今天才得以存活，您也才得以閱讀這本書。這正是「相互保證毀滅」的危險所在——它只有在一切不出差錯的情況下才能確保和平。

哪些軍事科技將形塑未來50年的發展，它們會鞏固還是會破壞國家間的和平？就像穿戴式攝影機和中國的「社會信用體系」一樣，新型武器系統也利用了我們在影像捕捉和數據處理方面取得的技術進步。無人機成了軍隊的新眼睛。它們既能進行大規模監視，又能精確鎖定目標；AI則讓軍隊能夠處理這些巨量資訊，以找出目標然後——我們就不拐彎抹角了——消滅目標。

當今最有意思的技術發展，是無人機與AI的結合——也就是所謂的「致命自主武器系統」（Lethal Autonomous Weapons Systems，其縮寫「LAWS」即「法律」之意，可說相當諷刺）。你可能會聯想到《魔鬼終結者》（*The Terminator*）或《機器戰警》（*Robocop*）——

雖然尺寸差很多，但概念很接近了。致命自主武器系統——武器通常都很「致命」，這點並不新鮮；新鮮的是「自主」的部分。這意味著武器本身被賦予了能夠選擇目標、移動至目標位置並將其消滅的能力，過程中無需人類直接干預。這聽起來像是科幻小說情節，但它已逐漸成為現實。美國的MQ-9死神無人機（MQ-9 Reaper）在2007年投入使用，最初能自主飛行至指定目標並投放彈藥，如今，它已配備了AI功能，能夠自行選擇目標，只需等待人類下達許可。人類保留這個許可權作為最後防線，以確保這些特殊的「監管者」不會反過來成為無法制衡的威脅。

致命自主武器系統的嚇阻效果如何，是否能以此提高和平的可能性？我們能否防止我們的這些機器人朋友互相攻擊，進而毀滅我們？一方面，我們保留了最終決定是否攻擊的控制權，另一方面，我們對該系統精準度的疑慮，可能也可以抑制戰鬥的發生——2003年，美國愛國者飛彈（Patriot）的自動化系統就因資訊錯誤而誤殺了美軍部隊。當我們變得害怕出錯，那麼就有可能防止衝突發生。不過，就算致命自主武器系統變得完美無缺、不會有精準度的疑慮，這個系統依然具備嚇阻衝突的效果。這個系統本來具有難以被偵測的特質——無人機體積小，除此之外，我們也不知道這些無人機是由什麼樣的AI系統來操控。這意味著，這些無人機在嚇阻方面將非常有用。如果你告訴敵人，你擁有致命自主武器系統，並且會在受到攻擊時使用它們，那麼對方將很難判斷你是否在虛張聲勢，只知道後果可能相當嚴重。就像核武器一樣，致命自主武器系統的絕對致命性，可能反而有助於確保和平。當然，前提是這些機器人不會脫離我們的控制。

從街頭的安全問題——對抗犯罪分子，有時還得對抗警察——到攸關全球興亡的安全問題，要擺脫安全陷阱，我們就必須持續與無政府狀態和暴政這兩大禍患戰鬥。

有些問題我們能自己解決。我們日常的安全建立在對他人的信任上。如果我們願意彼此相讓，我們的街道就不必陷入無政府狀態。我們甚至也不再需要默劇演員來指揮交通。在我們自然而然形成的社會規範中，違規者將遭到排擠或羞辱，這可能令人感到壓抑，但確實為我們的日常生活帶來了安定。然而，後來出現了匿名化的網路世界，則威脅到我們執行這些規範的能力，經常使用推特的人對此應深有體會。我們可能需要某種形式的中央威權，來謹慎調節我們彼此的互動。我們的去中心化線上金融交易——除了尚處拓荒時代的加密貨幣外——通常由類似eBay這樣的中心化擔保者來管理。至於我們是否願意接受自己的言論也被這樣管理，那就是另一回事了。

由於影像技術和AI技術的發展，我們如今生活的世界，已籠罩在滴水不漏的大規模監控之中。這「全景敞視監獄」般的監控系統，觀看著我們在現實中的一舉一動，也觀看著我們在網路上的每則貼文，我們的生活中，所謂的「無政府狀態」正一點一滴被擠乾。如果罪犯能被閉路電視拍攝到，或恐怖分子能在網路聊天群組中被揪出來，這或許確實能提高我們的安全。但我們也不難看出，這樣的監控有多麼容易變成暴政，就像中國的「社會信用體系」那樣。如果現在已來不及扭轉局面，那我們就必須設計出新的機構，以制衡那些監視我們的人。如果我們為了終結無政府狀態而創造出某個機構來監視我們，那我們也必須同時創造出另一個機構來監視這群監管者。

穿戴式攝影機的出現，或許能防止警察對公民恣意妄為，然而這未能阻止喬治・佛洛伊德謀殺事件的發生。我們或許還要更進一步。國家採用的新監控工具必須是透明的：預測犯罪的演算法應向大眾公開，即時人臉辨識技術與軍事行動衛星影像的運用也都應受到監督。

如果我們想要維持民意為本的警察制度，想要維持文官領導的軍隊，那麼我們就得要有明確的問責制與政治干預機制，如此才能在警察或安全部門試圖掩蓋真相時採取行動。這意味著我們必須授權給政治人物，委以信任，讓他們執行監督工作。在國際層面上，這意味著我們用以懲治戰爭罪行的法律框架必須不斷完善，尤其當強國試圖抵制時，更應堅守姿態。但這將是一項永無止境的挑戰——那些我們寄望能夠執行這些規則的人，恰恰是我們需要防範的對象。安全陷阱無所不在。

譯註
1. 金拱門是指麥當勞金色拱門狀的商標。

Part V
繁榮

短期致富將導致長期貧窮

17
巴黎
2015年12月12日星期六

洛朗・法畢斯（Laurent Fabius）遲到了。這是《巴黎氣候協定》（Paris Agreement on Climate Change）簽署的最後關頭，全球能否共同合作、減少溫室氣體排放，就看這關鍵的最後一搏。在為期兩週的激烈談判中，這名法國總理一直位居核心，而談判地點非比尋常，選在一座舊軍用機場，與會國家超過190個，其規模之大，現場還搭建了臨時帳篷。

先前2009年的哥本哈根會議可說是慘敗收場──沒有達成任何具約束力的承諾，而各國針對氣候變遷的合作，也都偏離了原訂方向。但這次的巴黎會議好太多了。重要與會國家──也就是那些碳排放大國──一直都有持續參與。這次，美國、中國、印度和俄羅斯總算都願照著原訂方向走。但是，洛朗・法畢斯人上哪去了？現在都晚上七點多了──會議原本預計在90分鐘前就該結束了。

法畢斯於晚間7點13分匆匆登場。他已成功讓各國齊聚於巴黎會議，為共同目標努力：承諾減少碳排放，並抑制全球溫度。現在

正是採取行動的時刻。但是,要想改善氣候變遷問題,這背後的政治運作可不簡單。法畢斯努力討好這些與會國家——為了拉攏印度,他致贈印度代表每人一本書,該書收錄了法國與印度的哲學名言。外交手腕在這樣艱難的談判中至關重要——正如法畢斯所說:「國家並非冷酷的怪物」。但歧見仍在所多有。例如南非談判代表——他代表了包括中國在內的100多個開發中國家——就表示該草案「很像南非種族隔離政策」,那些較貧窮的國家「都被剝奪了應有的權利」。

這項外交工程相當有挑戰性,因為必須要讓所有的人都意見一致。也就是說,《聯合國氣候變化綱要公約》(United Nations Framework Convention on Climate Change)的197個締約國全部都得達成共識才行。只要有國家提出異議,就足以令整個進程停擺。就在會議進行到最高潮時,尼加拉瓜代表站了起來,準備提出異議。

法畢斯走向講台,倉促對著麥克風說話。在場人士都看得出他很慌亂,而尼加拉瓜代表團則很納悶,他們的異議竟被無視了?法畢斯迅速宣布:「我環顧會場,看到大家反應正面,《巴黎氣候協定》通過。」說完,他敲下手中木槌,《巴黎氣候協定》正式生效。整個過程完全無視了尼加拉瓜的異議。

不過,最後還有個小插曲。美國代表團注意到文件中混入了「shall」這個字眼,其所暗示的法律承諾,可能會導致整個協議破局,因為這代表美國國會勢必會參與其中,而當時把持美國國會的,正是反對《巴黎氣候協定》的共和黨。法國代表趕緊向各國代表保證,說這只是「技術性錯誤」,「shall」會改成「should」,這樣一切就沒問題了。[1]與哥本哈根會議不同,巴黎會議取得了巨大成功。它讓我們相信,各國必能找出共同的解決方案,實現全球

永續繁榮將不再是夢。但是，這份協定有多少實質意義呢？

氣候變遷是人類最棘手的政治難題。如果我們能在氣候變遷問題上有所突破，那麼其他挑戰或許也能迎刃而解。氣候變遷是真正的全球性問題——它影響著我們所有的人，我們所有的人必須同心協力，才有可能減緩氣候變遷。我們並沒有一個全球性的政府能夠主理這個問題，民族國家各自為政，每個國家都有自己的能源供需問題，其中許多國家甚至對氣候變遷議題懷有宿怨。然而，《巴黎氣候協定》仍成功讓各大國家齊聚一堂，讓大家在同一頂「帳篷」下，共議未來方向。不過，為了走到這步，《巴黎氣候協定》其實放棄了一般國際協議賴以運作的諸多機制：具約束力的承諾、制裁措施及強制執行機制。

《巴黎氣候協定》的設計，既是為了回應其前身《京都議定書》的缺失，也是為了回應哥本哈根會議的破局。1997年通過的《京都議定書》，是全球針對減排問題所訂定的第一份具法律約束力的協議。該議定書要求已開發國家必須承諾達成指定的溫室氣體減量目標。未達標的國家將會受到正式制裁，必須繳納罰金。這是一項具有法律約束力的協議，並有強制執行的機制。聽起來似乎很有力、很有效？事實並非如此。

《京都議定書》在通過後立即面臨一個問題。儘管美國有簽署這份協議，但不代表這份協議對美國具有法律約束力。首先，這份協議必須經由美國參議院批准才行。問題就出在這裡。在《京都議定書》的談判過程中，美國參議院立法規定，如果一份協議要求美國減少碳排放，卻不對開發中國家提出同樣要求，那麼美國不會簽署這樣的協議。而《京都議定書》正是這樣的協議。因此，《京都議定書》甚至連送交美國參議院都無法，更別說獲得批准了。

為何美國政治人物如此反對《京都議定書》?或許是因為能源公司的遊說,也或許是因為對氣候變遷科學的不信任。但真正的爭議點在於:美國必須為抑制氣候變遷做出犧牲,其他國家卻不用。這點可說是直指核心,也是氣候變遷在政治上如此棘手的原因。要解決氣候變遷問題,人們必須在今日做出個人犧牲,才能在未來共享果實。然而,這並不符合人們當前的利益。這就引發了「繁榮陷阱」:短期致富將導致長期貧窮。

　　在本書的〈導論〉中,我用鱈魚捕撈的例子介紹了「公地悲劇」。如果漁民無法達成共識、限制捕撈,恐將徹底耗盡魚類資源。碳排放問題也很類似,而它的「公地」可要大得多——也就是地球大氣層,我們所擁有的最大公地。當一個國家產生碳排放時,這些排放物不會只局限在國界之內。這些排放物是天生的浪人,就是喜歡趴趴走。當它們瀰漫在大氣層中時,就會增加全球溫室氣體的總量,造成全球暖化,無論你的國家碳排放量是高是低,受到的衝擊都是相同的。

　　若要減少全球的碳排放量,所有的國家都得上車。然而,減緩碳排放是要付出高昂代價的。我們現在談的,不只是太陽能板或風力發電機的生產成本而已;相關產業——尤其是化石燃料產業——都必須徹底轉型才行,不過更有可能的情況,或許是這些產業終將面臨關廠命運。這意味著我們必須做出犧牲,也就是讓煤礦工人失業或是關掉工廠。

　　然而,除非所有的國家都願意配合,不然這些都只是白做工。如果只有部分國家為淨零排放政策付出,其他國家則毫無作為,那麼地球仍會持續暖化。更糟的是,碳排放量較少的國家——如孟加拉、汶萊、英國——很可能什麼都不做,只想搭其他國家的順風車。

畢竟，如果我知道其他國家都有在做淨零排放，那我可能就會肆無忌憚狂用汽油，反正我的行為對全球氣候來說是微不足道的。但如果每個人都這樣想，碳排放就會失控飆升。我們所面臨的「集體行動問題」（collective action problem）中，氣候變遷議題可說是最為棘手的。

美國在這個議題上舉足輕重。1990年，美國的碳排放佔全球排放量的22%，若美國能夠減少碳排放，全球暖化的情況必會有所不同。到了2017年，美國的碳排放量比20年前略高，不過如今僅佔全球排放量的12.6%。那些不受《京都議定書》約束、不必減少碳排放的開發中國家，正是新一批的污染者——中國（1990年僅佔全球排放量的11%，到了2017年則上升至25.9%）和逐步趕上的印度（從2%上升至7.3%）。但從中國和印度的角度來看，這不是很公平嗎？美國——以及那些歐洲國家——排放污染都好幾十年了。這些國家都「爽過了」，如今該換開發中國家了。這樣做算是「搭順風車」嗎？還是說，這樣做剛好而已？

美國未能批准《京都議定書》確實嚴重削弱了該協議的效力，然而美國並非唯一的破壞者。加拿大在2011年退出《京都議定書》，因為他們已很清楚自己無法達成協議規定的減排目標，此外，他們當時已開始從亞伯達省的油砂中提煉石油，那利潤是很可觀的。遵守承諾的主要是東歐國家，然而這些國家本來就打算關閉他們在共產時期的工廠和發電廠，達成減排目標只是剛好。各國對《京都議定書》的態度就是這樣：如果不會太難，那就遵守，如果太難，那就退出。

反觀《巴黎氣候協定》則採取不同路線，它賦予各國自行裁量權，協議內容也刻意曖昧。各國可以自行決定減碳目標，當然訂下

的目標最好要有點企圖心。《巴黎氣候協定》不再是從全球層面為各國設定目標——這次的作法,是由下而上,而非由上而下。大家的共同目標只有一個——全球溫度上升不得超過攝氏1.5度。維護全球未來的溫度變化,是大家的共同願景,而非某種具法律約束力的承諾。減少碳排放這件事,如今由各國自行裁量。

協議的減排目標也不具法律約束力,這就讓協議保有曖昧空間。各國是否願意努力達標,都是未知數。所有的國家確實都承諾要降低全球溫度,不過開發中國家不必訂下與已開發國家相同的減排目標。這樣的設計,成功爭取到南非、中國等新興工業化國家的支持。各國只須每五年報告一次他們的達標情況,然後再制定出新的、最好是更有企圖心的目標。協議的設計理念,就是希望能產生棘輪效應(ratchet effect),推動各國逐步邁向淨零排放。在這之中,完全沒有設立碳排放警察,也完全沒有設立碳排放仲裁法庭;那些碳排放大國——美國、中國、印度——是不會允許這種機制存在的。

《巴黎氣候協定》標誌著國際社會在氣候變遷議題上的策略轉變。那種具法律約束力的國際合作,已被證實是不可能的。各國都不願為了減排而承擔巨大的短期成本,也不願接受國際法的絕對威權。然而,這份協議卻為長期的發展指出了共同的方向,儘管這個共識非常脆弱。在某種程度上,它讓我們擺脫了繁榮陷阱。比起先前的失敗嘗試,或許這次的作法更為實際,而且至少能讓美國持續參與了吧。

2016年11月8日,就連這份願望似乎也要破滅了。唐納‧川普當選了總統。隔年6月1日,川普宣布將啟動退出《巴黎氣候協定》的程序,如他在競選期間所承諾的那樣。全球的環保人士心都碎了。彷彿一切又回到了原點。但……或許情況並非如此。

《巴黎氣候協定》中有個鮮為人知的條款：簽約國必須在簽約後三年才能啟動退出協定的程序。這樣的設計，可以讓協定免受短期政治動盪影響。而退出程序本身，也要花一年才能走完。總共要四年。剛好到川普第一任期結束。這也太巧了吧……或許永續繁榮還是有希望的。

譯註
1. shall在法律文件中具有強制約束力，should則比較是建議性質。

18
什麼是繁榮?

　　什麼是繁榮?繁榮從何而來?簡單來說,繁榮就是關於「美好的生活」。擁有令人滿足的生活條件,同時也為子孫創造更好的生活。那些住在富裕國家的人,已習慣了高水準的物質生活,也習慣了持續成長的經濟。然而,世上並非所有的人都享有同等的物質生活,而對他們來說,經濟成長也非必然之事。當然,「擁有更多物質」並非人類幸福的唯一來源。不過,相較於我們一個世紀前的祖先——也就是我們的曾祖父母——我們現今生活的世界,可說是富裕到超乎想像。

　　歷史經驗告訴我們,這樣的繁榮不保證永久長存。世上許多地方都遭遇過命運的反撲,曾經富裕的文明和國家,最終也可能衰落。今日的世界無疑比1500年時富裕得多。不過,昔日最大、最富裕的城市是特諾奇提特蘭(Tenochtitlán)、開羅和北京,如今則換成了紐約、東京……及北京。

　　一個地方總有興衰起落,而衰落往往是因為他們採取了短期看來似乎誘人的經濟政策,而這樣的政策,卻為永續成長埋下隱憂。所有的國家、所有的城市,都面臨著掉進「繁榮陷阱」的風險——

短期致富將導致長期貧窮。

　　在我們探討人們為何會掉進「繁榮陷阱」之前，我們需先定義何謂「繁榮」。GDP是我們最常用的衡量指標，這是個不錯的起點，雖然稍後我們就會看到它的限制。GDP可以從三個面向來理解，而這三個面向的GDP值應都是相等的。這三個面向的GDP值包括：一個經濟體系所產出的商品與服務的總值；勞工和企業主的收入總和；消費、投資和政府的支出總額，外加出口的總值（並減去進口的總值）。換句話說，國內產出的商品與服務的總值，應要等於國民賺取的收入，而國民賺取的收入，又應要等於國民在國內商品與服務上的支出。

　　當我們在比較富裕國家與貧窮國家時，通常是以人均GDP作為指標。也就是說，我們是比較的是人民的平均所得。然而，如果單純只用匯率折算的方式來比較國家的富裕程度，容易產生誤導。如果所有的商品與服務都可以在國際間交易，這種比較方式或許還說得通，然而許多商品與服務並非如此，而且這種商品與服務在較貧窮的國家中往往便宜得多。《經濟學人》（*The Economist*）雜誌的「大麥克指數」（Big Mac Index）就是相當著名的例證。大麥克漢堡的成本，主要源自當地店家的營運成本。你該感到開心，因為大麥克不是那種搭著船在世界各地運來運去的那種商品，這些漢堡全是現場製作的。2022年1月，一顆大麥克在美國要價5.81美元。但在工資和各項成本都更為低廉的印度和南非，一顆大麥克的價格則相當於2.5美元。而在什麼都很貴的瑞士，一顆大麥克則要花上7美元。

　　統計學家會用「購買力平價」（Purchasing Power Parity）進行

調整，該方法會將貧窮國家的低物價也納入考量，遠比大麥克指數全面得多。根據國際貨幣基金組織（IMF）2020年的估算，如果按當時的匯率將印度盧比換算成美元，那麼印度的人均所得略低於兩千美元；然而，若將印度整體的生活成本納入考量進行調整，這個數字會是原本的三倍多，達到約6,500美元。瑞士則情況相反，若瑞士也將購買力平價納入考量，那麼他們的人均所得就會從原本的86,489美元下降至72,874美元。

要比較不同國家間的繁榮程度是一件很有挑戰性的事。而若要進行跨時代的比較，那就更加困難了，尤其當時間跨度很大的時候。我們現代使用的GDP概念甚至還不到一百年的歷史——它最初是在大蕭條時期發展出來的，當時的政治家和經濟學家正努力想搞懂他們的國家究竟變得有多窮。也就是說，若要推算一個現代國家幾世紀前的富裕程度，是很困難的，有時甚至就連幾十年前的情況也很難推算。我們根本沒有原始數據。所幸，我們的經濟史學家——例如已故的安格斯・麥迪森（Angus Maddison）——為此付出了驚人努力，他們苦心孤詣，從零碎的史料中提取數據，試圖估算出2,000年前的人均GDP。

儘管GDP已被廣泛使用，但近年來卻成為眾矢之的。為什麼？首先，GDP並未將某些項目納入計算。那些不在政府正式管轄範圍內的市場——從灰色市場（例如非正式的保母服務）到完全非法的市場（例如毒品）——都不會計入GDP的數字中。當義大利統計部門在1987年決定將這些「非正式」的生產活動也納入估算時，該國的國民所得一夜之間飆升了20％，義大利的GDP瞬間超越了英國。

GDP也未將家庭內部的生產活動納入計算。數十億小時的家

務勞動、照顧小孩、照護病老，從GDP的角度來看，這些勞動通通不存在，尤有甚者，這些勞動還可能被視為是「閒暇活動」。因此，當我們將原本由家庭承擔的工作（如煮飯、打掃、養育子女）轉由市場來提供服務時，我們的GDP就會增加——即使社會整體的勞動量並未增加。不難理解為何女性主義者會對GDP的計算方式提出質疑，因為傳統上由女性承擔的工作，數世紀以來都遭到系統性的低估。

用GDP來衡量人類的幸福與生活福祉，是有局限性的。在阿馬蒂亞·沈恩看來，人們的繁榮不在於收入多寡，而在於收入能為他們創造多少追求理想生活的可能。收入確實能滿足人們的基本生活需求，也讓拓寬了人們的發展機會。但其實還有其他方式能夠做到這些。

人們要想讀懂機會、進而把握機會，那麼「教育」與「健康」都是不可或缺的條件。HDI（人類發展指數）不只將GDP納入計算，平均餘命和教育程度也被納入了評量標準。這讓各國的排名重新洗牌——卡達從第6名掉到第45名，瑞典則從第27名上升至第7名。一個國家能否長久繁榮，最終取決於人民長期以來的健康和教育水準，而不是短期的國民所得。因此，當我們開始重視HDI時，或許就能免於落入「繁榮陷阱」，因為我們將開始關注那些真正影響長期發展的事物。

GDP所納入計算的項目中，有些也頗為人詬病。許多市場活動都是具有危害性的。例如化石燃料的開採就被GDP列為正數，但它所造成的汙染——像是對附近溪流造成的汙染，或是對大氣中碳存量的影響——卻沒有被列為負數。1940年代，西蒙·顧志耐就主張應建立一個衡量人類福祉而非衡量生產活動的繁榮指數。也就

是說,那些會對社會整體造成危害的活動都不應被納入計算,包括軍事生產。問題在於,士兵和煤礦工人也是消費者啊——若不將他們的生產活動納入計算,那麼國家整體的產出、收入和支出就對不上了。

我們可以看出,GDP本身就醞釀著繁榮陷阱。歷代政治學家發現,大選前的經濟成長,有助於提高現任政治人物的連任機會。然而,這也誘使政府在選前去補貼能源生產活動或擴充軍備,即使這些政策從長遠來看明顯有害,但對他們來說,「長遠」大概已是選舉以後的事了。

為了解決短期效益和長期效益間的衝突問題,馬丁·韋茲曼(Martin Weitzman)發展出了NNP(國民生產淨額)的概念。NNP可以想作是一個國家目前擁有的資本存量(包含自然資源)所可能帶來的年度報酬。如果我們過度揮霍,超出了NNP的限度,那就等於是在向未來預支。當我們支用化石燃料和其他有限資源時,也就是在折損我們的自然財富,因此當我們計算國民所得時,其實應要再扣掉這方面的損耗。NNP可視為是衡量永續成長的指標。

環境政治經濟學家在思考繁榮時,其核心思想就是永續成長。1987年,聯合國布倫特蘭委員會將永續性定義為「某種理想的發展方式,既能滿足當代需求,同時又不損及未來世代滿足自身需求的能力」。這個定義還不賴,它點出了繁榮陷阱的風險所在。不過,要達到永續性可說是出奇地難,對那些仰賴自然資源的國家來說更是如此。

2004年,肯尼斯·阿羅(阿羅定理的提出者)所領導的一群經濟學家發現,在撒哈拉沙漠以南的非洲以及中東——果然還是少

不了中東——許多國家都未能達到永續性的標準，他們的自然資源都消耗得太兇了。世界銀行發現，如果把自然資源耗損納入計算，那麼奈及利亞、亞塞拜然、蒲隆地等國在2000年的「真實儲蓄」（genuine savings）都會是負的。世界銀行指出，如果奈及利亞能更加謹慎地運用這些資源帶來的收益，並且好好儲存，其資本存量可能會是現在的五倍。

我們在定義和衡量繁榮時，也可能會面臨繁榮陷阱——如果我們總會受到短期利益驅使、不惜埋下禍根，那我們怎麼有辦法談未來發展呢？如何在短期利益與長期永續性之間取得平衡，這道難題我們早就不是第一次面對；經濟發展的歷史，就是我們的祖先與繁榮陷阱搏鬥的歷史。

繁榮的歷史

我們是如何變得像現在這樣富裕的？正在閱讀這本書的人，有些可能並不覺得自己有多富裕；當然，也有可能你現在正坐在商務艙讀這本書也說不定。無論如何，我們如今生活的世界，對幾個世紀以前的人——甚至對幾十年前的人來說——恐怕都是難以想像的富饒。內森‧德‧羅斯柴爾德（Nathan de Rothschild），這位十九世紀初最富有的人，最終死於膿瘡感染，而如今這種疾患只需幾塊錢的抗生素就能治癒。羅斯柴爾德的厄運——以及我們今日的好運——取決於科技與科學的進步，除此之外，人們也是直到那個時代，才開始在生產和物流方面投入大量資源。

與歷史上的富豪相較，如今的平民百姓擁有更為繁榮的生活體驗，而這不只是表現在醫療方面。如今只要手握一台電子裝置，就

能存取幾乎所有人類的知識。我可以一邊和人在聖地牙哥的朋友即時通話，一邊用導航搜尋如何前往剛預訂的餐廳。當我發出一則過於輕率的推文時，我可以看到世界各地網友的不滿回應。放眼不久前的過去，我們現在可說是生活在一個充滿奇蹟的時代。

在過去，每一天都大同小異。人們的財富水準相較於他們遙遠的先祖或未來的子孫，都不會有太大差異。過去的時代，正深陷於「馬爾薩斯陷阱」〔Malthusian Trap，該理論由牧師托馬斯・馬爾薩斯（Thomas Malthus, 1766-1834）提出〕。馬爾薩斯認為，人類注定永遠貧困。大多數人一輩子只能賺到剛好夠維持日常生活的收入。如果人們因為科技進步而獲得更高的工資，他們也只會用這些收入來生育更多孩子。於是，人口將呈指數成長，最終將超過農業技術所能供養的極限。到那時，死亡率必會上升——人們要嘛直接死於饑荒，要嘛間接死於疾病與戰爭。令人不安的是，馬爾薩斯稱這種情況為「積極抑制」（positive check）。

此處我們可以看出繁榮陷阱的早期跡象。顯然，如果人們能減緩其生育傾向（這樣說已經很委婉了），對整體人口來說會是比較好的，但從個別家庭的角度來說，就算自己選擇少生，別的家庭也不一定會少生，而每多生一個孩子，家庭就會獲得額外的勞動力。當然，也有人純粹就是喜歡養育小孩。無論出於何種原因，人們的個人動機與社會利益並不一致。這種困境似乎難以避免。

如今我們已不再生活在馬爾薩斯式的世界。我們能夠養活呈指數成長的人口，在過去一百年間，全球人口已翻了四倍，達到了80億。馬爾薩斯的理論究竟錯在哪裡？主要有兩點。首先，馬爾薩斯認為不可能發生的事情確實發生了——人們是願意減少生育數量的。受到那個時代普遍成見的影響，馬爾薩斯認為這種情況在歐洲

的「上層階級」中或許有可能，但絕不會發生在窮人身上，也不會發生在歐洲以外的地區。其次，面對指數成長的人口，我們在糧食、衣物、住所等方面的供養能力，竟然一直都有辦法跟上。

讓我們回到1800年以前的世界，那時的收入水準和人口數量仍相當受限。根據安格斯・麥迪森的估算，在西元最初的1000年，全球人均所得約為每年450美元（以1900年的美元價值計算）。這樣的收入僅夠溫飽。從1000年到1820年，這個數字上升到670美元。但各地區開始出現細微差異：非洲和亞洲的人均所得落在每年400到600美元之間，而西歐及其英語系殖民地的人均所得則已突破每年1,200美元。不過，就年增率來看，非洲和亞洲在這段期間可說是零增長，而所謂「蓬勃發展」的西歐，其年增率也不過0.14%而已。

然後，突然出現了真正的經濟爆發。這次的爆發，並沒有簡單就被馬爾薩斯的「積極抑制」（如饑荒等）給扳倒。這股增長持續擴大。以現代標準來看，增長速度並不算快──即使是蒸蒸日上的西歐，其十九世紀中期人均所得的年增率也只有1%。但是，經濟增長是具有複利效應的。西歐的人均所得在第一次世界大戰時已達到4,000美元，而在度過了兩次大戰之間的那段災難時期後，西歐的人均所得在1970年上升至12,000美元，到了1990年代更達到20,000元。

1820年至1998年，西歐的年增率是前八個世紀的十倍以上──從0.14%到1.51%。而在歐洲的英語系殖民地以及日本，甚至出現了更高的長期增長率。從現代角度看來，1.51%的增長率或許沒有什麼，然而正是這樣的增長率，讓二十一世紀的歐洲人比1020年時富裕了15倍以上。

當我們看向世界其他地區，情況就大不相同了。拉丁美洲和東歐也有成長，但速度明顯慢得多。1820年至1992年，日本以外的亞洲地區，其年增率並不到1％，非洲則是0.67％。兩個世紀以來，西歐的年增率讓人們比從前富裕了20倍；而非洲的年增率只讓人們富裕了不到四倍。如今，挪威、瑞士和美國等國家的人均所得超過了60,000美元。而莫三比克、賴比瑞亞和剛果民主共和國則不到1,500美元（該數字已依購買力平價調整）。差距高達40倍。正如蘭特・普里切特（Lant Pritchett）所說的，這是個「大分歧」（divergence, big time）時代。

為何會這樣？研究經濟成長的學者們將國家想成是巨大的「生產函數」（production functions），在這個函數中，勞力（工人）和資本（機器和工廠）等投入要素，共同創造了國家的產出。簡單來說，在這個架構下要增加GDP有兩種方式：一是增加投入要素的量，也就是推動人口成長或累積資本存量；二是增強投入要素的效能，也就是利用教育與科技，提升勞力與資本存量的品質。傳統的經濟成長理論強調前者——當一個國家的儲蓄率愈高，因而累積更多資本存量時，這個國家也將變得更富有。雖然這個觀點聽起來有點說教，但它確實與「繁榮陷阱」的邏輯相呼應——那些能夠遠離當下揮霍的誘惑、放眼投資建設的國家，將能擁有更強盛的未來。

近年來，經濟學家則認為必須投入更多資源在教育上，讓人們有足夠的能力去做創新研發，讓人們能對科技做最有效的運用。這將帶來滾雪球般的成長：科技的創新概念是可以零成本複製的，即使你不是該概念的原始發想者，但只要你是相關企業，就能從中受惠。想想，在詹姆士・馬克士威（James Maxwell）發現電磁波後，是不是就促成了收音機、電視機、微波爐等創新發明呢？

然而，要實現這樣的成長，取決於短期之內是否有人願意投入創新研發——即使這些創新所帶來的長期利益他們並無法獨享。就個人層面來說，除非你我是牛頓、馬克士威或愛迪生這樣的人物，不然我們的個人選擇，不太可能對集體的成長產生巨大影響。就算真的產生了影響，我們為他人創造的那些利益，我們也無法獨佔。因此，我們總是有動機現在就揮霍、向未來預支——反正有其他人會儲蓄，有其他人會投入創新研發，國家之後會變有錢的。但如果我們每個人都這樣想，我們就無法創新，我們將永遠停留在貧窮狀態。繁榮陷阱再次浮現，那些短期內看似合理的選擇，長期來看，反而會傷害我們。

透過這些觀察，我們可以如何解釋有些國家就是比其他國家富裕的現象？沒錯，有些國家的儲蓄率或教育水準就是比較高。但是，最初推動進步巨輪的究竟是什麼？這些國家是如何解決繁榮陷阱的？尤其，如何才能不讓人們被短期誘惑蒙蔽、轉而追求長期的成長？答案就在政治之中。

政治如何影響集體的成長，最具影響力的論述來自戴倫・艾塞默魯（Daron Acemoglu）和詹姆斯・羅賓森（James Robinson），他們認為，現今各國的所得差距可以追溯至1500年當時所建立的政治制度。這樣描述似乎有點溫和。當我用「建立」這個詞，實際上是指歐洲殖民者拿著火槍，強迫當地居民接受他們訂定的制度。這些政治制度可能廣納殖民地所有的居民，讓大家都能參與；也有可能僅為一小撮殖民者所獨佔，原有居民則完全沒有政治發言權。採取廣納型制度（inclusive institution）的地方，最終都獲得了長期成長；採取獨佔型制度（exclusive institution）的地方則陷入了長期停滯。由此可見，政治決定了集體的成長。

歐洲人會在殖民地採取什麼樣的政治制度,與他們的殖民人數有直接關聯。在熱帶疾病致死率較高的地區,歐洲殖民者也較難存活。在這樣的地方,那一小群飽受疾病所苦的歐洲菁英,就會透過奴隸制度或契約勞工的方式,盡可能從當地居民身上榨取勞力與資源。

在政治上,這形成了高度獨佔的制度,只維護了少數帝國菁英的利益。在經濟上,這意味著他們採取強迫勞動的手段,利用其所產出的菸草、白銀和糖迅速致富。但他們在產業資本或教育方面的投資卻相當有限,因此長期下來反而導致經濟衰退。這種榨取型制度(extractive institution)造成了「命運逆轉」(reversal of fortune):那些原本擁有龐大富裕人口的非歐洲地區——像是阿茲特克帝國時期的墨西哥、蒙兀兒帝國時期的印度——在受到歐洲的榨取性統治後就急劇衰落,到了十九世紀末,這些地方已成赤貧之地。

相對地,在疾病發生率較低的地方,歐洲殖民者大量湧入,並且要求建立可以保障他們私人財產的政治制度。這意味著他們將採取廣納型制度,其中就包含了投票權和財產權,這最終促成了全面的繁榮——但這些繁榮只屬於歐洲人。你或許會發現,在這類疾病發生率較低、歐洲移民人數較多的殖民地中,規模最大的美利堅合眾國確實也形成了廣納型制度,然而這制度只適用於非奴隸的人。

在這個故事中,處處可以看到繁榮陷阱。凡是可以立即榨取財富的地方,歐洲人都會貪婪奪取,方式通常很暴力,這在十六世紀為他們創造了難以計數的財富。然而,數十年過去,他們卻未能在政治制度與經濟制度方面加以投資建設,從此與永續的長期財富失之交臂——這種情況不只發生在不幸的拉丁美洲殖民地,甚至也反

彈至那些貪得無厭的殖民者本身,如葡萄牙與西班牙。

為何在二十世紀中期,歐洲有些地區快速工業化,有些地區仍停留在貧窮的農業階段?這個問題只靠殖民歷史是無法解釋清楚的。威尼斯、馬德里、里斯本和君士坦丁堡曾是歐洲最富裕的城市,但到了1800年,倫敦、阿姆斯特丹和安特衛普已取而代之。為何工業革命發生在曼徹斯特,而不是馬德里?

再一次,政治制度成了解決繁榮陷阱的關鍵。英格蘭突然崛起成為經濟強權就是鮮明的例子。經濟史學家指出,1688年發生在英格蘭的「光榮革命」可謂關鍵時刻,當時英格蘭議會廢除了信奉天主教的國王詹姆士二世(James II),改立其信奉新教的女兒瑪麗(Mary)及其荷蘭籍夫婿威廉(William)為王。這場始於宗教衝突的革命,最終卻帶來了劃時代的經濟影響。

1688年之後,君主制失去了單方面向民眾徵收財務的權力。1640年代的英格蘭內戰,其導火線是國王為了籌措皇室開支而採取的兩項措施:賜予特定商行「皇家專營特許權」(royal monopoly),並向富人實施「強制貸款」(forced loan)。君主的這種尋租和徵收行為令英格蘭議會深惡痛絕——當時的英格蘭議會是由富有的地主和商人階級組成的,而這些階級正是君主「強制貸款」的目標,此外,他們也對君主偏袒特定商行、賜予其皇家特許狀的作為憤恨不已。因此,威廉與瑪麗即位後,伴隨而來的是一套制衡君主制的全新措施,議會至上(parliamentary supremacy)的地位也由此確立。

雖然大不列顛君主如今被議會的枷鎖束縛,但諷刺的是,這些君主籌措稅收的能力反而提升了,這是因為議會通過法律,確保君主在貸款後不會隨意更改貸款條件。政府支出從光榮革命前夕的每年100多萬英鎊,上升至1750年的700萬英鎊。國債也從100萬英

鎊暴增到令人咋舌的7,800萬英鎊。政府之所以可以負擔如此龐大的國債,是因為王室貸款所需支付的利率已從14%降到了3%。英國有錢人十分樂意借錢給受到限制的君主,因為君主的政治承諾如今已是可信任的了。

這樣的信任也外溢至複雜的資本市場,令其蓬勃發展,到了1720年代,倫敦證券交易所的價值已成長了30倍。藉由限制君主的權力,財富得以增生擴散。讓君主遠離短期掠奪的誘惑,不只為長期繁榮創造了有利環境,甚至可能孕育了往後的工業革命,讓大不列顛從此擺脫馬爾薩斯陷阱。

這些久遠的歷史事件對當今來說有何啟示?那就是當我們在思考集體的成長時,若忽略政治因素,是非常危險的。政治制度決定了誰能參與經濟活動,以及參與時必須遵守什麼條件。政治制度形塑了我們的決策動機──我們或許會屈服於短期誘惑,也或許會選擇長期投資。政治制度也決定了政治承諾的可信度。政治制度可以幫我們擺脫繁榮陷阱,也可以讓我們直接墜入其中。

19
繁榮陷阱

　　我們都希望明日繁榮昌盛。但今日的誘惑卻常常令我們偏離。當下富足所帶來的一時快感，令我們誤入歧途。短期的誘惑不斷疊加，長期下來將令我們停滯不前，甚至走向毀滅。繁榮陷阱即在於這樣的困境：短期致富將導致長期貧窮。

　　即使我們知道與他人合作可以帶來長期的好處，我們仍可能會掉入繁榮陷阱。因為欺騙、背信或佔人便宜，往往會帶來立即的好處。除非我們設法約束自己、綁住雙手，不然我們很容易就會受到短期誘惑吸引，只想靠別人的成果坐享其成。一旦我們之中有人偷吃步，即使只有一人，也足以令整個合作體系土崩瓦解。許多我們知道對大家都有利的合作──例如減少碳排放、為公共服務繳稅──都可能在轉眼間灰飛煙滅。

　　就算是在與合作無涉的事物上，我們仍可能會掉入繁榮陷阱。有時我們每個人都可以從某些珍貴資源（如石油、鑽石等天賜之物）獲得立即的利益。然而，就像伊索寓言中的蚱蜢一樣，我們往往不會去想這些恩惠可以持續多久，也不會去想資源耗盡後該怎麼辦。而這些資源帶來的財富，也可能會以各種不正常的方式扭曲我

們的政治運作。不過,我們不是非得遭受這種「資源詛咒」(resource curse)不可——以挪威為例,他們謹慎運用石油財富,建立了主權基金,其價值相當於每位國民可分得25萬美元。但石油也可能引發內戰(如奈及利亞)、威權主義(如沙烏地阿拉伯),或是荒謬決策(如卡達世界盃)。

有時,即使我們成功合作了,這樣的合作卻可能製造出一種注定無法持久的繁榮假象,這也是繁榮陷阱的最後一種形式。金融狂熱——以及接踵而至的恐慌——就是典型例子。在某個時間點,我們所有的人可能都會認為鬱金香、鳳凰城公寓或加密貨幣是極具價值的。在這種共識破滅前,買進這些資產是合理的——畢竟資產的金融價值取決於人們願意支付的價格。然而,如果我們誤判了資產的基本價值——或是誤判了它可能的未來價值——那麼市場就會開始出現懷疑情緒,進而導致一夕崩盤。這種泡沫化現象之所以出現,是因為我們似乎總會不自覺相信「這次不一樣」。我們是否有辦法阻止金融狂熱蔓延、或至少避免讓市場的懷疑情緒引發大規模恐慌呢?

集體行動

在本書先前所有的章節中,有個幽影始終揮之不去:那就是集體行動的幽影。本書提到的所有陷阱,都源自個人利益與集體目標之間的衝突——在民主方面,我們總有動機去操縱選票來破壞集體投票;在平等方面,「個人自由的平等」與「集體結果的平等」則存在緊張關係;在團結方面,我們只會在確定自己也能獲得好處時,才願意援助整個集體;在安全方面,我們總會在集體規範對我們造

成不便時設法規避。

然而,當我們談到繁榮,我們才真正栽入集體行動的問題核心。繁榮關乎成長——關乎一代要比一代更好。這不僅僅在於經濟的成長,更在於幸福的不斷提升。繁榮最關鍵的意義,在於所有人的處境都有可能變得比現在更好。

我們稱這種美好結果為「正和」(positive sum)。我們可以設想某個政治決策——如簽署貿易協定、通過環保法案,或實施減稅。而所謂正和結果,就是當我們計算所有人的處境會因此變好還是變壞時,總和會是正的。也就是說,有些人確實會因此蒙受損失,但平均來說,人們的處境普遍變好了。不過,既然是正和結果,那就代表我們有機會——當然也只是有機會——讓資源重分配,將受益者獲得的部分好處重新分配給損失者,進而真正讓所有的人都一起變好。

而在「負和」(negative sum)結果中,即使有些人可能會因此受益,但整體而言,人們的處境變得更糟了。你可能會想,人們應該會極力避免這種不利於集體的結果吧?唉,你真是太可愛了。這本書就是在討論這種負和結果為何如此普遍——人們追求個人利益的傾向,最終將損害人們的集體目標。

最後一種情況,就是受益者獲得的好處,剛好與損失者的損失打平。大多數的運動和遊戲,都是以這種「零和」(zero-sum)機制運作的。想想足球比賽開始前的擲硬幣,銅板不是正面就是反面,一定會有一隊猜對、一隊猜錯。這種零和賽局在政治領域也極為常見。最典型的例子就是領土問題——一塊領土在同一時間只能屬於一個主權國家。和平移交領土就是一種零和結果。投票也是一種零和賽局——在加拿大或美國,你只能投給一位候選人。如果下

次選舉你改投別人,就會產生一個受益者(新候選人)和一個損失者(現任者)。

現在,我們來談談繁榮。要怎麼從正和、負和與零和的角度來思考呢?在經濟領域,有兩種方法可以達到正和結果。第一種,是想辦法生產更多東西,這可能是透過發現新資源(哇!找到油井了!)、投入更多勞力(喂!還不快給我好好幹活!)或是創新發明(啊!我想到了!)來達成。第二種,是找到更好的方式來重新分配現有的資源,讓所有的人都更開心,也就是大家說的「貿易利得」(gains from trade)。

要生產更多東西,或是要把資源分配得更好,人們就必須進行某種合作——像是共同投身於研究、設計或發現新資源;降低貿易壁壘;建立法律系統讓大家能夠互信等等。我們不一定要有中央計畫(central planning)——靠個人努力和追求個人利益就能完成大部分的事——然而,我們確實需要一個共同的框架來維持這個系統的穩定。

那麼,零和與負和的經濟結果會是什麼樣呢?講到零和結果,最容易理解的例子就是我們常說的「分餅」——也就是分配數量固定的東西。最明顯的例子就是土地。就像那些總是熱情洋溢的房仲常說的:土地可不會自己變多(荷蘭人笑而不語)。以農民和封建領主之間的農地分配為例,當地主把原本農民共同使用的土地圈起來佔為己有,這就是標準的零和轉移:村民少了多少,地主就多了多少。任何數量固定的資源——無論是石油、鑽石還是天然氣——都有這種特性:量就只有這麼多,一個人拿去,另一個人就拿不到。

在零和的情況下,沒有人會想成為損失者。在理想的市場經濟中,所有的交易都是自願進行的,因此不會出現零和結果,更別說

負和結果。但在政治領域中，這類結果卻是可能發生的。縱觀人類歷史，強權即公理。真正重要的是暴力，而不是自願性質的市場交易。這導致我們的經濟實際上經常是負和的。當人們在奪取土地時，流血事件總是在所難免。如果土地能夠在不流血的情況下轉手，或許過程中仍會有人受益有人蒙受損失，但整體來說雙方的處境都會比現在好。但這終究是空想。大多數有價值的資源都很稀缺且供給固定，而人們又習慣用暴力來解決分歧，在這樣的世界中，經濟成長會極其有限，衝突則會不斷發生。這絕非繁榮之道。

繁榮仰賴人與人之間的正和互動。零和結果聽起來就很不理想（負和結果就更別說了）。但就算理論上我們可以達到正和結果，實際執行時仍可能會失敗。因為個人利益的考量，很有可能凌駕於集體利益。

達成正和結果究竟有多難，最經典的例子就是那惡名昭彰的「囚徒困境」（Prisoner's Dilemma）。在這個理論的標準版本中，兩個囚犯必須決定是要告發對方還是保持沉默，而這個理論也可以用來說明各種政治和經濟上的兩難困境。囚徒困境向我們展現了集體合作的難處：在個人動機驅使下，人們可能會選擇背叛，而不願合作──也就是說，人們會開始使詐。

冷戰期間，人們常常用囚徒困境來解釋美蘇間的軍備競賽。雙方都陷入了囚徒困境，雙方都只有兩個選擇──要嘛合作要嘛背叛。在這場軍備競賽中，合作就是克制自己不去研發核武，背叛就是研發核武。這種情況之所以被稱為囚徒困境，是因為雙方的最佳選擇都取決於對方會怎麼做。

研發核武不僅所費不貲，還徒增了擦槍走火的風險，最終可能意外引發核戰。如果美蘇雙方都選擇合作、克制自己不去研發更多

核武,情況肯定比雙方都選擇背叛、持續進行軍備競賽要好得多。但雙方都面臨到一個問題:如果一方選擇克制自己不去研發核武,而另一方卻在暗中研發,那麼克制的一方就會陷入嚴重的戰略劣勢。鑒於這樣的風險,雙方都選擇了背叛,於是軍備競賽持續進行。如果雙方都選擇合作,雙方的處境可能都能一起變好;然而對雙方來說,無論對方做什麼選擇,選擇背叛永遠具有更強的誘因。於是他們背叛。

囚徒困境其實也反映了許多社會情境,而這些情境都具有以下特點:無法溝通;缺乏信任;無法簽訂契約;只有一次抉擇機會。囚徒困境最適合用來解釋無政府狀態下的人類行為,就像我們在上一章〈安全〉中看到的發生在阿爾巴尼亞的部落暴力。當沒有第三方來執行協議,人們也沒有機會建立關係時,囚徒困境就會成為普遍現象。這也解釋了為何那些正處於內戰的地區,或是那些充斥著不信任情緒的地區(族裔間的不信任、宗教團體間的不信任,甚或國與國間的不信任),會如此難以敲叩繁榮之門。

囚徒困境也適用於那種暴力性較不明顯的經濟情境。當我們不清楚對方的底細,也無法以契約規範對方時,若使詐是能帶來好處的,那麼我們就該預期合作可能走向崩解。在那種買賣雙方匿名或交易時間不定的市場中——從克雷格列表(Craigslist)網站、街頭小販到毒品或贓物的非法交易——雙方都有強大的誘因相互背叛。

即使是政府也會面臨囚徒困境。舉例來說,在貪腐程度高且社會信任度低的國家,要人民繳稅是件很困難的事。如果大家都乖乖繳稅,國家就會有更多資金可以運用,進而建立出一個有效率的現代化官僚體系——這是一個正和結果。但對每個納稅人來說,自己逃稅然後讓別人繳稅反而更有利。大家都心照不宣,而大家都不想

當那個傻子，最後逃稅就成了普遍現象。

以南義大利為例，當地稅務機關在對自雇者進行稅收查核後，發現這些人的收入大約有三分之二會「隱匿」不報。經濟學家發現，每個義大利人在納稅時，不只會考慮自己被查核的風險，也會去看其他人都怎麼做——當稅務機關的查核頻率改變時，對整體社會納稅行為的影響，會是對個人納稅行為影響的三倍。逃稅行為就像會傳染一樣。

稅收議題之所以特別棘手，是因為它的參與者遠遠不只兩名。參與者愈多，大家一起合作的效益就愈大，但同時也讓個別參與者更容易使詐而不被發現。畢竟，如果只有我一個人逃稅，對政府的稅收幾乎不會造成影響。但如果每個人都這樣想，稅收制度就會崩潰，最後什麼也不剩。

這就是所謂的「集體行動問題」。當我們必須為集體目標付出一己之力時，每個人都會有搭順風車的誘因，去坐享他人的努力成果。其實就像拉拉鍊一樣，只要有一人背叛，其他人的付出也會像拉鍊般一個個鬆脫，最後什麼也不剩。我們都知道應該要堅守集體計畫，但從個人角度來看，這樣做似乎並不值得，尤其是當我們懷疑其他人也打算搭順風車時。

氣候變遷是集體行動問題的最佳範例。全球溫度是否上升，取決於全球碳排放總量，因此每個國家都必須承諾減少碳排放。然而每個國家，尤其是小國，都可能打著如意算盤：只要其他國家還在努力配合，自己就可以繼續製造汙染，同時享受穩定的全球氣候。沒人願意砸錢整頓高汙染產業，尤其如果其他國家都還在繼續製造汙染，那麼自己這樣做根本白費工夫。

難道我們真的束手無策了嗎？如果我們所陷入的，是那種只有

一次抉擇機會的囚徒困境,那麼我們或許真的沒有太多辦法。但讓我們回想一下囚徒困境的特點:它不只關乎選擇背叛的誘因;它還具有「一次抉擇機會」的特質;它缺乏第三方的監督和執法;它也缺乏溝通與信任。那麼,如果我們試著改變這些特點,透過法律、制度和政策來抑制人性中最壞的衝動,會發生什麼事呢?

先來談談囚徒困境「一次抉擇機會」的特質。生活中,人與人之間的往來大多是會重複發生的。朋友、客戶、員工和雇主,這些人我們都會一而再、再而三地往來,有些關係甚至可以維持一輩子。即使是國際層面,國家間的往來也不是只有一次。如果你背叛了盟友或算計了敵手,他們隔天就會記住這筆帳。外交是場長期馬拉松。我們不斷會面,一次又一次地化解分歧。那麼,如果我們讓只有一次抉擇機會的囚徒困境變得可以重複發生,原本的黑暗局面會有什麼變化呢?

黑暗之中,或許仍有一道曙光。如果我們讓囚徒困境無止境地重複,「無名氏定理」(folk theorem)就會開始發揮作用:在此情況下,永遠存在一個可以維持合作的策略。例如,我們可以採用「冷血扣槍」(grim trigger)策略。這名字聽起來真不妙……所謂的「冷血扣槍」策略,就是一旦有人對我們使詐,我們就會選擇永遠背叛以示懲罰。只要大家都合作,我們也就願意合作,但只要有人不合作,我們就會釋放戰爭之犬。現在我們都知道使詐的代價,我們也就有動機乖乖合作了。

這似乎是個太過嚴苛的策略。就因為一個可能很小的過錯,我們就決意要永遠懲罰對方嗎?與其這樣,何不乾脆一開始就選擇永遠背叛呢?幸好,我們還有另一個選擇——「以牙還牙」(Tit for

Tat）策略：對方合作，我們就合作，對方背叛，我們就背叛；只有在對方真心悔改、願意重新合作時，我們才會選擇再次合作。也就是說，這個策略獎善懲惡。

「以牙還牙」策略可能會在最意想不到的情況下出現。發展出這個策略的羅伯特・艾瑟羅德（Robert Axelrod）舉了一個例子：第一次世界大戰期間，戰壕裡的德軍和英軍就達成了某種默契，他們在某些時段不會向對方開火（這包括了戰爭期間的第一個聖誕節），在這些時段，即使長官下令開火也會被無視。

在這樣暴力而混亂的環境中，竟能產生某種合作關係，而這樣的關係，有時可以持續好幾世紀。中世紀時，英格蘭和蘇格蘭之間存在一個邊界地區，人們稱這些地區為「Marches」，在十三至十六世紀之間，基本上這些地區沒有法治可言。而住在這些地區的部族則不斷從事「劫掠」（reive）活動：他們會越過邊界搶奪牲畜，並洗劫附近的村莊。

劫掠活動本應只會產生負和結果，只會產生貧窮和飢荒，其間自然少不了偷竊和謀殺。但隨著時間推移，一套跨境的法律制度逐漸成形，那就是《邊界地區法》（Leges Marchiarum）。這套法律沒有終止劫掠活動，當然實際上也辦不到。然而，這套法律出現後，邊境居民間原本鬆散的合作方式受到了規範，其基礎便是「以牙還牙」的互惠原則。如果劫掠者不當殺害了邊界另一邊的人，這套法律就會要求執行「人命賠償」（manbote）程序──一旦凶手被抓到，就會被移交到邊界另一邊，受害方可以選擇處決凶手，也可以更實惠點，選擇向凶手索取贖命金。如果有牲畜被偷，失主可以越過邊界追捕竊賊，而當地居民也必須協助追蹤──這套作法被稱為「熱追」（hot trod）。

最後還有一套措施,最是令人聯想到「以牙還牙」原則——雙方定期會有「休戰日」(days of truce),這段期間他們會彼此會面解決爭端。他們會設立巡迴法庭來審判違法者,而其中有個有趣安排:蘇格蘭陪審團成員由英格蘭方挑選,英格蘭陪審團成員則由蘇格蘭方挑選。這項作法迫使雙方採取互惠行為:如果對方秉公挑選,那你也會秉公挑選;如果對方試圖操弄陪審團,那你也會這麼做。儘管當時英格蘭和蘇格蘭幾乎一直處於敵對狀態,但《邊界地區法》自1249年制定以來,直到1603年英格蘭與蘇格蘭王室合併為止,始終在一定程度上控制住這種混亂局面。

這種看似永恆的合作模式能帶給我們什麼?它提供了一個途徑,讓我們在人們有動機使詐的情況下,建立有效的信任關係:關鍵在於把長期的時間範圍納入考量。這意味著——或許有點反直覺——我們最好與不信任的人延長關係。如果我們日復一日做出承諾,並且不要老是背信的話,那麼我們就不必仰賴某個(並不存在的)第三方來確保承諾的執行。我們只要仰賴時間就好。

事實上,在囚徒困境中,斷然結束關係會有非常糟糕的後果。如果我們知道這是與某人的最後一次會面,那麼我們就可以毫無顧忌地使詐。一旦有了這層認知,那麼在此之前所有的互動也都會被毀掉,因為這樣一來,在倒數第二次會面時我們也會選擇使詐,倒數第三次也會如此,一路回推,直至最一開始的會面。

這就是為什麼對政治人物施加任期限制,有時只會適得其反。如果政治人物知道自己在最後一個任期中,無論做什麼都不會受到獎勵,也不會受到懲罰,那麼他們可能會選擇「背叛」,開始謀取私利。我們深知所有的政治人物最終都會面臨這種誘惑,這就意味著,在先前所有的選舉中,選民面對的都是最終會背叛他們的候選

人。也就是說,在最一開始的選舉中,選民不免會假定所有的政治人物都是一個樣,但仍願意選出一個現在與未來都會貪腐的人。

與我們的潛在對手延長關係,可以徹底扭轉繁榮陷阱。那些可以帶來長期效益的東西,也會讓我們不致屈服於短期誘惑。我們的集體目標終將勝出,只要我們的對手願意對我們採取懲罰行動,那麼我們的集體目標將永遠勝過當下的個人利益。因此,我們的談判對手,最好願意對我們採取強硬但又不失公平的態度,因為這樣我們才不會亂來──前提是我們也願意如此對他們。不幸的是,儘管「以牙還牙」在邏輯上無懈可擊,但用於育兒策略時,我發現它相當無用──這也引發了一個令人不安的疑問:我的孩子是否覺得這是一段沒有終點的關係呢?

延長時間範圍是確保繁榮的方案之一。但這招並非到處都管用。例如,在那種匿名式的互動中,這招就派不上用場。那麼我們還有什麼其他選擇?最顯而易見的方案,就是引入第三方執法。如果我們違規時可能會受警察監控或受法院懲罰,那麼我們就可以將合作的執行責任轉嫁給第三方。我們不再需要威脅或承諾對方自己未來會採取何種行動──我們只要仰賴法律就好。

然而在政治生活中,這招恐怕幫不上忙,因為如果政治的本質是承諾,那麼能夠確保承諾執行的第三方並非總是存在的。我們需要另一套方案。其中之一就是付錢讓人們合作,不要讓他們老是只想搭順風車。這個點子源自曼瑟爾·奧爾森(Mancur Olson),作為社會科學家,他提出了相當挑釁的主張──他否定了群體能夠一致行動的可能性。

奧爾森認為,即使一個團體中所有的成員都對集體目標有共識,每個成員仍然會有搭順風車的誘因,意圖坐享其他成員的努力

成果。想像你是一名受到工資談判協議保障的員工,如果你都不用與其他同事一起參與罷工爭取加薪,卻可以享受同事們爭取到的加薪福利,這樣不是很棒嗎?又或者,你是石油生產國的一員,大家都同意要限制供油來維持高油價,這時候,如果背著大家偷偷多賣這些高價石油,難道不香嗎?

要如何讓團體成員共同合作,避免總是存在的「搭順風車」的誘惑呢?答案是「棍子與胡蘿蔔」(stick and carrot)獎懲制度。「棍子」指的是對不遵守規範的成員進行懲罰。只要建立好相關制度,就可以制訂規則,對搭順風車者處以罰款。工會會員規定即為一例。我們也可以實施先前在安全陷阱中提到的社會規範,例如阿爾巴尼亞人的復仇文化,以及斯堪地那維亞村莊的從眾文化。

而「胡蘿蔔」,也就是奧爾森所說的「選擇性誘因」(selective incentive)——這是只有做出貢獻才能獲得的好處。與「棍子」一樣,我們可以建立相關制度來落實這個承諾——例如針對會員福利訂定規則,比方說,我們可以只讓有盡到義務的工會成員使用工會附設酒吧或游泳池。或是我們也可以採用規範的方式——例如幫派組織會為已故成員舉辦喪禮,並給予家屬禮物。

不過,奧爾森指出,這將產生了另一個問題:誰來監督這套獎懲制度?選擇性誘因的費用誰付?監控與懲罰搭順風車者的費用誰付?我們只是把集體行動的問題往後推了一層而已。

奧爾森認為,一個團體要有效實現集體目標,必須至少有一個成員具備足夠的實力或財力,能夠獨自承擔所需費用。這個成員會從目標的實現中獲得豐厚利益,因此願意獨自承擔所有的費用——這也意味著其他成員都可以搭順風車!冷戰時期的北約就是該理論的最佳寫照——美國維護北約聯盟的運作,是可以從中獲得足夠多

的利益的，因此美國願意承擔大部分費用，這使得德國、義大利、荷蘭等國家都可以在美國的保護傘下搭順風車。或許唐納・川普讀過奧爾森的理論……

　　在大大小小的政治事務中，當我們難以監督他人時，集體行動問題就會出現。以較為日常的政治事務為例，當你購買一球義大利水牛莫扎瑞拉起司時，你可能會合理地質疑：我要怎麼知道這起司裡的牛奶，是來自那不勒斯沼澤地徐徐漫步的水牛，還是來自北義大利的集約化乳牛牧場？乳牛奶比較便宜，如果把它摻入水牛奶製作成起司，其實大多數人也都無法察覺。對南義大利的水牛莫扎瑞拉起司製造商來說，這還真是一道難題，因為當地社會信任度低，組織犯罪和貪腐現象也相當普遍。

　　為了防止乳牛奶摻假的問題，製造商想出的解決方案類似奧爾森的理論。水牛莫扎瑞拉起司的大型製造商出資成立了一個聯盟，規定每塊起司都必須包在印有製造商名稱的包裝紙中，這解決了監督的問題。他們也向政府遊說，爭取獲得DOC原產地認證標章（類似法國葡萄酒使用的標章），藉此為製造商提供選擇性誘因。

　　但即使如此，小型製造商可能還是會一邊利用DOC的信譽搭順風車，一邊在起司中摻假——1990年代初期的品質檢測顯示，有超過三分之一的莫扎瑞拉起司都摻假。於是奧爾森的懲罰原則開始發揮作用——製造商第一次違規會被處以罰款，第三次則會被聯盟驅逐。這個計畫成本高昂，但確實有效——到了1990年代末期，摻假的比例降到了10%以下。所以現在你可以放心購買這種昂貴的水牛莫扎瑞拉起司了。

　　讓我們回到本世紀的關鍵議題——氣候變遷。這是繁榮陷阱最極端的案例。長期來看，地球可能會升溫到人類無法存續的地步，

然而短期的誘因常驅使我們繼續製造汙染和碳排放，只為維持我們業已習慣的生活方式。

我們可以從囚徒困境學到什麼？它可以如何幫我們解決迫在眉睫的危機？第一份具指標意義的氣候協議——1997年的《京都議定書》——以失敗告終。表面上看來，《京都議定書》似乎解決了集體行動的問題。它建立了監督和查核系統，確保各國履行承諾。而為了防止各國違背承諾或搭順風車，它也設下了執法機制，例如對違規國家處以罰款，並禁止這些國家參與排放交易（emissions trading）。最後，它規劃了定期會議來更新減排目標，以延長所謂的「未來的陰影」（the shadow of the future）[1]。

那麼，為什麼《京都議定書》沒有發揮作用？首先，國際執法本身就是個自相矛盾的概念——我們的國際體系本質上處於無政府狀態，不存在任何有權執行懲罰的權力機構。面對罰款，加拿大乾脆直接退出了《京都議定書》。第二，遵守規則的代價非常高，特別是對某些國家而言。像波斯灣國家和美國這樣的能源生產大國，以及像中國這樣的工業大國，都有充分的動機去阻撓集體行動。他們不僅是搭順風車者，更是破壞者。

相較之下，《巴黎氣候協定》得到了更多國家響應。但它真的可以發揮作用嗎？它缺乏《京都議定書》那樣的監督和執法機制。但它確實強化了「未來的陰影」的影響力。各國必須每五年重新制定減排目標；他們必須持續看到彼此都在降低碳排放。公開點名批評雖不具法律效力，但仍然可以戳到政治人物的自尊心，甚至促使他們做些什麼。

囚徒困境只能解釋氣候變遷政治中的某些面向。它假設各國在參與集體行動時，都面臨著相同的成本和效益。各國在面對全球暖

化、或在面對減緩暖化的相關措施時，彼此的受益與受損情況存在著巨大差異。位於北方氣候帶的能源生產大國——如俄羅斯和加拿大——實際上可能可以從氣候變遷中受益，因為原本冰凍的土地將變得適合農業耕種，而減排措施將對他們的經濟造成損害。而對其他國家來說，例如塞席爾或馬爾地夫等低窪島國，氣候變遷造成的海平面上升將對他們形成嚴重威脅，而他們本身並沒有需要保護的高碳排產業。如果我們可以讓權益受損的國家結盟，然後用利益交換甚或政治制衡的方式來應對那些既得利益國家，或許就可以把氣候變遷問題處理得更好。

這種受益與受損的差異，也存在於企業與產業層面。以能源公司來說，如果他們沒有快速轉型、投入再生能源領域，自然會受減排措施衝擊。另一方面，保險業和金融業則會因氣候變遷造成的損失而受害，2021年夏天的德國洪水與希臘森林大火就清楚說明了這點。對某些國家或產業來說，光是單方面採取行動，其效益就已超過所需付出的代價。

最後，隨著氣候變遷持續加劇，受衝擊的人愈來愈多，環保聯盟的規模也愈來愈大。隨著再生能源技術進步、成本不斷降低，那些率先進場投資的人，獲得的報酬也愈來愈高。而大眾的價值觀，似乎也愈來愈傾向環保主義——至少在民主國家是如此——這也讓那些抗拒改變的政治人物面臨愈來愈大的壓力。

這是一種「催化式合作」（catalytic cooperation）——一旦開始就會自我強化。《巴黎氣候協定》正呼應了這種由下而上達成集體繁榮的作法——其所許下的承諾，或許真的可以一直持續。然而這個承諾是否足以讓地球氣候免於顛覆性改變、免於隨之而來的紛亂與不安——對此我們仍無定論。

資源詛咒

全球的繁榮歷史,基本上就是關於創造新財富的歷史。有些地方比較幸運,財富就躺在地底下,只需開採就能取得。相較於金融、製藥和高科技產業所需要的複雜合作網絡與信任關係,開採資源算是相對簡單的事。而且開採可以由單一企業或是國家來進行,避免了多方合作易出紕漏的風險。

當我們環顧世界上那些擁有大量珍貴資源的幸運地區,我們看到了什麼?有時候,我們確實看到了自然財富結出的果實——例如杜拜的閃亮大樓。但有時候,我們看到了無止境的地方衝突——例如獅子山共和國的鑽石戰爭,以及利比亞和伊拉克這些石油富國的失敗。即使在阿拉伯聯合大公國這種既富裕又和平的地方,其繁榮也是建立在剝削移工上,而當地公民則在待遇優渥但徒具形式的政府職位上虛度光陰。更重要的是,在大多數情況下,自然資源的控制權往往與威權政治體制相伴而生。

大自然的恩賜反而讓人民遭受苦難,這種現象被稱為「資源詛咒」。資源詛咒就像一則伊索寓言,只是裡頭沒有會說話的動物:財富帶來誘惑,而最終人們將悲劇性地屈服於這些誘惑。但這與囚徒困境不同。在囚徒困境中,我們無法透過合作來獲取財富。而在這裡,是財富本身毒害了我們。

這是另一種形式的繁榮陷阱。在這裡,突如其來的繁榮帶來了各種短期誘惑,驅使我們追求當下的個人利益,而偏離了長期的集體目標。

讓我們先來談談發現新資源時會遇到的最基本問題——你會開始忽視經濟體系中的其他產業。荷蘭在1960年代發現大量天然氣

礦藏,就是一個著名例子——「荷蘭病」(Dutch Disease)一詞也由此而生。當荷蘭開始開採這些新發現的資源時,大量的投資開始湧入採掘業。這提升了國民所得,也抬高了商品和房地產價格,工人的薪資也跟著上漲。

這對許多人來說是好事,對房仲來說尤其如此。但對那些專門生產外銷品的製造商來說卻很糟糕,因為製造成本的提高,將導致商品失去國際競爭力。製造商們不得不壓低薪資和商品價格。於是,工人們紛紛流向其他薪資正在上漲的產業。更糟的是,外資大量湧入資源產業後,導致該國貨幣升值,這讓以出口為導向的製造商變得更加缺乏競爭力,破產案例遽增。

第二個問題,是資源價格的高度波動性。以石油為例,西德州原油在2000年時每桶約20美元,到了2008年初攀升至140美元,之後在金融危機期間又暴跌至僅40多美元。當新冠疫情爆發時,油價從60美元暴跌至20美元。疫情結束後,加上俄羅斯入侵烏克蘭,油價又衝破110美元。要知道,這還是一項理應受到國際壟斷聯盟OPEC(石油輸出國組織)調控價格的資源。

價格波動,意味著那些依賴自然資源的國家,將極易受到國際供需震盪的影響。而且不只是石油——天然氣、銅、咖啡和其他價格波動劇烈的出口品,都可能讓一個國家必須看全球市場的臉色吃飯。1960年代到1970年代初期,尚比亞獨立的最初幾年,就迎來了一波空前的經濟榮景,由當地的銅礦資源所帶動,當時,銅佔該國出口量的95%。那是一個充滿希望的時代,尚比亞年輕人紛紛組建「Zamrock」[2]風格的樂團,國家也成立了第一家航空公司。但到了1975年,銅價攔腰折半,尚比亞瞬即成為世界上負債最重的國家之一。直到2005年,該國的平均所得才恢復到原來的水準。

這並非什麼新鮮事。十九世紀末,當美國率先進入全球小麥市場,接著加拿大、阿根廷、澳洲和俄羅斯相繼跟進後,小麥供應量大增,導致價格崩跌,歐洲的小麥農民因此紛紛受到重挫。這群被迫失業的貧窮歐洲農民,最後形成新一批移民潮,其目的地正是那些小麥生產大國。

價格波動嚴重了破壞我們的政治。當自然資源的出口對國民所得來說至關重要時,政府會高度依賴這些收入來平衡預算也就不足為奇。但這種依賴是危險的。自然資源帶來的稅收,在全球景氣大好時會急遽上升,但在景氣低迷時卻會驟然崩跌,偏偏這種非常時期,正需要這些稅收來支應失業救濟措施。石油富國在景氣好時,有時甚至會摒棄標準的所得稅制度。以沙烏地阿拉伯為例,他們的所得稅部門在1950年代貢獻了將近一半的國家稅收,但到了1978年卻只剩不到2％。當石油榮景結束時,這些資源大國可能會發現自己的稅制極度失衡,他們過於依賴高度不穩定的油價,而過於輕忽相對穩定的民生收支。

資源產業在政治上極具影響力,常能獲得補助、稅收減免以及優惠信貸。這些資源產業與政治的關係如此密切,若政府過度依賴來自這些產業的稅收,是相當危險的事——這些獲利驚人的產業,最後很可能只需繳納少量稅金就好。以美國為例,他們的石油和天然氣公司的稅率就明顯低於其他企業。

荷蘭病與價格波動現象,本質上都屬於經濟層面問題。但經濟活動實際上並無法與政治完全切割。由於自然資源的開發往往需要鉅額投資,也需要嚴密的安全防護,於是政府的介入也就成了「天經地義」的事。而一旦政府介入,結果往往不盡理想。

麥可‧羅斯(Michael L. Ross)認為,石油與其他自然資源只

會成為政治上的包袱。首先，自然資源帶來的收益會把國家變成「食利國家」（rentier），變得只想躺著賺取收入──就像是大家常戲仿的維多利亞時代投資家一樣，只會懶洋洋地躺在貴妃椅上，看著投資收益滾滾流入。為何這種躺賺的收入會對民主不利？首先，這讓政府可以收買不滿的人民。更多麵包，更多馬戲[3]！如果政府挪用這些躺賺的收入，讓人民只須在石油部門擔任冗職就能領取六位數高薪，那麼人民就比較不會要求政治權利，而且這些人民也知道，如果政權轉移，自己的這份爽缺可能也就保不住了。除此之外，政府還可以壓低課稅。當人民有課稅壓力時，自然會關心掌權者是誰。然而當人民沒有課稅壓力時，美國獨立時期的那句著名口號「要我們納稅，就該給我們代表權」（no taxation without representation），恐怕就得改寫成「既不納稅，也不要代表權」（no taxation with no representation）了。

第二，威權政權可以將自然資源的收入用於安全支出。這些支出不只可以用於防範外侮，還可以用來對付自己的人民。維持威權政權將變得更加容易──政府既能發展軍備，又能照顧民生，槍砲與奶油（guns and butter）都能兼得。阿曼、沙烏地阿拉伯、科威特和阿拉伯聯合大公國的軍事支出都超過國民所得的5％，前兩個國家甚至超過8％。相較之下，美國的軍事支出佔國民所得的3.5％，英國是2.2％，日本僅佔1％。確實，波斯灣地區本來就局勢不穩，同時也有外侮侵擾。但軍事力量可不是只有一種用途──它很容易就被拿來對付反抗的人民。

最後一點，自然資源將導致國家忽視其他經濟領域，然而就長期來說，那些經濟領域可能才是真正對國家繁榮與民主改革有益處的。採掘業榨取自然資源，卻也可能榨取自家人民。由此形成的榨

取型經濟制度,往往伴隨著榨取型政治制度,而這種政治制度只會為少數菁英服務。開採自然資源在技術上可能很複雜,但從社會學角度來看卻很簡單——你只需要讓一小群人在對的地方拿著對的工具就可以了。相較之下,金融、軟體開發和行銷等服務業在社會學層面就複雜得多——你需要讓大量分散的、高教育水準的工作者互相交流,而這類交流往往超出政府的管轄範圍。對威權國家來說,要成功推動這類產業就困難得多。

採掘業不需要大量技術人才,而且通常只雇用男性。因此,依賴自然資源的國家,其教育支出往往較少,尤其女童更是缺乏教育機會。根據我的研究,石油輸出國的教育支出佔國民所得的比例,比其他國家低了1.5%——足足短缺了大約三分之一。而且由於這種自然資源產業壓倒性地只雇用男性,導致女性不僅在勞動市場上難以立足,也讓她們在政治上缺乏影響力。以中東為例,在2003年,非石油國家突尼西亞的議員中有將近四分之一是女性;相較之下,石油富國沙烏地阿拉伯、科威特、卡達和阿拉伯聯合大公國則完全沒有女性議員。在中東地區,女性的政治代表性普遍偏低,而這不應只歸因於這些國家是伊斯蘭政權(突尼西亞即為反例),石油也是其中關鍵。

再回來談談繁榮陷阱。自然資源帶來的經濟榮景,反而會對民主造成有害影響,這是因為對於掌控這些資源的領導者來說,做出短期決策,永遠比做出對國家更有利的長期決策容易,尤其他們知道,手中的石油終有枯竭的一天。當你握有獨裁政權或世襲政權,對於短期內的政權存續總是憂心忡忡,你不禁就會動用手中那看似無窮無盡的自然資源來收買人民或鎮壓人民。而如果你是這些國家的公民,可能也會覺得,比起政權轉移可能帶來的風險,乖乖接受

眼下的金錢或工作還是比較簡單,即使明明從長期來看,前者應是更好的選擇。

最後,當一個政府只關心那些從地底冒出的自然資源,執著於其所帶來的立即利益時,那麼建立可靠的法律、教育和金融體系這種漸進且繁瑣的基礎工程,就會顯得缺乏吸引力。自然資源成了短期存續的權宜之計。對那些資源大國來說,與其投入心力去制定並兌現政治承諾,直接打開石油的龍頭開關還比較快。然而,這些國家真正需要的,應是更多的政治建設,而不是一味逃避。

過去幾十年間,有些石油富國——如卡達和阿拉伯聯合大公國——已開始嘗試擺脫資源詛咒。為此,他們試圖重塑他們的公民。當然,國家向來都在試圖捏塑公民的心智。但這些波斯灣國家的創新之處在於,他們一方面正嘗試讓公民逐漸戒掉那難以估量的資源財富,一方面又不動搖其威權政治體制。

這些國家的統治者正在努力培養具有企業家精神的公民,為石油枯竭的未來做準備。為此,他們在教育方面投入大量資金,包括全面採用西方的教育課程,並與知名大學建立重要合作關係,例如紐約大學阿布達比分校和卡內基美隆大學卡達分校。他們也相當倚重建築奇觀,他們在杜拜建造了哈里發塔,也在阿布達比建造了羅浮宮和古根漢美術館;他們舉辦全球大型盛事,阿拉伯聯合大公國舉辦了「思想節」(Festival of Thinking),而卡達則成功申辦了世界盃足球賽。

然而,這些策略是否可行、是否發揮了預期效果,目前仍不清楚。這些國家期望培養出具企業家精神的公民,卻也同時期望這些公民甘於被剝奪政治權利——這點與歐美可說是大不相同。於是最後,他們只培養出一群「享有特權的愛國者」。一方面,公民們對

於政權轉移議題樂於保持沉默,而且也變得愈來愈具有民族主義傾向(從卡達和阿拉伯聯合大公國之間的冷戰就可見一斑);另一方面,他們不願意放棄高薪公職的保障,只想繼續在官僚體系中擔任冗職。而整個政權的運作,又是建立在一群被剝奪政治與經濟權利的低薪移工身上。看來,要擺脫這樣的詛咒並不容易。

狂熱與恐慌

自從現代金融市場出現以來,泡沫化現象就一直存在。案例多不勝數,宛如一則則現代寓言,業餘投資者們前仆後繼,盲目追逐各種投資標的:從1630年代阿姆斯特丹的鬱金香球莖、1920年代的佛羅里達州房地產,到現代的比特幣和以太幣等加密貨幣,每一次都是相同的模式:某項資產的價格突然飆升,看似擁有無限的市場需求,當它的價值達到前所未有的高峰時,卻在一夕之間突然崩跌,而且常常是直接跌回最一開始的價格。

以大不列顛為例。1688年後,大不列顛的政經體制正轉向穩定與繁榮,此時君主恣意貸款的行徑已受到議會主權的約束;然而諷刺的是,後來這也醞釀出了1720年的「南海泡沫」(South Sea Bubble)事件。十八世紀初,王室貸款所需支付的利率已大幅降低。然而王室仍背負大量債務,亟欲尋求出售。為順利出售,王室承諾他的債權人可以持有「南海公司」(South Sea Company)的股份——該新創公司由王室背書,具有在南大西洋進行貿易的特許權。這項投機活動從一開始就存在著明顯限制——其所在海域乃由西班牙所控制,大不列顛人是禁止進入的。然而一想到可以在這場投機活動中分一杯羹,投資者們都躍躍欲試,而大不列顛的金融市場也足以

支應他們的投資需求。

在1720年的短短幾個月間,該公司股票的價值翻了十倍,許多人因此一夜致富。這在當時的權貴間引起了騷動。前倫敦市長吉爾伯特・希斯寇特爵士(Sir Gilbert Heathcote)感嘆道:「一群無賴就這樣獲得了大筆財富,12個月之前,這些人連給紳士當貼身僕人都不配,如今紳士們卻被他們搞到一個個破產。」破產的情況確實相當普遍。到了1721年年中,該公司的股價已跌到比起漲前還低的水準。

十八世紀的英格蘭人是否真的被沖昏頭了?很難說。許多金融公司「搭上經濟泡沫的順風車」,賺進了大筆財富。當你看到其他投資者瘋狂進場,繼續持有股票確實很合理。比較麻煩的是你得算準脫手時機。個人利益與集體行為之間,正你來我往,跳著一支令人不安的舞。

這種金融狂熱現象,事後看破不難,但當下卻容易執迷。如果我們每次遇到新的投資風潮就貿然灑錢,我們終將把自己搞破產。更糟的是,若人人都這副德行——人人都被「這次不一樣」的想法給沖昏頭——那麼我們終將全體變得更窮,因為那些基本面更好的產業都會因此缺乏資金,而錢都被浪費在那些曇花一現的事物上。

金融狂熱及其引發的恐慌,正是繁榮陷阱最生動的例證。我們都想快速致富,而我們只要在股價還在上漲時賣出,確實也能馬上獲利。然而,在宛如雲霄飛車般的股價走勢中,我們總會受到誘惑,想繼續持有,甚至加碼買進,看看股價是不是可以再漲一點;而當我們一窩蜂跟進時,股價還真的會繼續上漲,直到漲不動為止。這時我們的本能反應就是趕緊賣出,至少還能保住本金。但當所有的人都這麼做時,噩夢就成真了,恐慌也隨之加劇。一次又一次,我

們總是受到短期利益驅使,最終卻導致市場崩盤,美夢破碎。

說難聽點,這就是所謂的「群聚行為」(herding behaviour)。但我們先別說死。群聚有時是件好事。動物群聚是有原因的。跟隨大家的行為,有時的確是正確的選擇。對動物來說,群聚可以迷惑掠食者,令其不知所措。群聚也讓鳥群得以同步飛行,避免彼此相撞。

在面對那種無關對錯的選擇時,如果大家行動一致,也是可能帶來好結果。例如,開車應該靠右行駛還是靠左行駛?這本書的美國讀者與歐洲讀者,想必會覺得靠右行駛才對吧。但我想英國、日本或印度的讀者,恐怕會想幫靠左行駛說句公道話。但不論哪種「比較好」,我想我們都同意:大家統一行駛在道路同一側,總比各行其是來得好。

行動一致需要彼此信任。在兩人情況下,如果雙方都對行動一致這件事有共識,那麼只要雙方彼此信任,事情就會順利進行。但如果其中一方覺得對方會出包,那麼這種協作關係可能就會崩解。參與的人愈多,情況就愈複雜。在多人情況下,如果我們要維持行動一致,成敗關鍵就在那「最弱的一環」,而我們只能委以信任,期待此人不會出包。

乍看之下,金融恐慌和金融狂熱就很像是這類集體行動問題。當我們把資金都投入同一個投資標的時,由於我們所有的人都這麼做,這件事本身就已為該投資標的增添了價值。在現代經濟體系,某樣東西的「價值」,取決於人們願意為它花多少錢。所以,如果每個人都願意花大錢買鬱金香球莖,那我想它們也真的有這個價值。畢竟,我們也是這樣看待鑽石的。

這就是加密貨幣的基本原理。最受歡迎的加密貨幣「比特幣」

就是一種稀有資源——比特幣的總量受演算法限制，若想「挖」出比特幣，就得用電腦解決數學難題，隨著時間推移，挖出比特幣的成本將會愈來愈高。但從根本來說，比特幣之所以有價值，是因為我們共同認定它有價值。就像黃金一樣，只有當我們共同認定它的價值時，它才具有價值，也才能作為交易單位使用。對，比特幣是有限的。但很多東西也都是有限的——說真的，哪個東西不是有限的呢？

如果我們所有的人都一致看重某樣東西，那麼我們確實能夠塑造它的價值。然而，要是有人就是想當戳破國王新衣的頑皮小孩，硬是要說破呢？那麼我們的共識將瞬間瓦解，那個我們曾共同認定有價值的東西，其價值也將一同消散，一翻兩瞪眼。從短期來看，所有人的行為都很理性，但從長期來看，這樣的集體行為並不理性。金融狂熱其實就是繁榮陷阱的極端表現。

這種現象可能只會愈來愈頻繁，因為我們處在一個利率極低的時代。投資人都寧願持有持有房地產或名畫這類固定資產，因為傳統儲蓄的報酬率實在太低。這反過來又導致大家一窩蜂湧入房地產市場、古董市場，而現在，人們甚至還踏入了NFT（非同質化代幣）這個奇妙世界——它讓你可以永久擁有數位藝術品的所有權，不過也是有人會去買推文或貓咪動圖的NFT，這些就稱不上藝術品啦。

不過，在所有新興的投機性資產中，最引人注目的還是加密貨幣市場。加密貨幣有其政治意涵上的吸引力——它承諾可以擺脫政府發行的法定貨幣，也許還可以擺脫國際金融機構控制。但它的高度波動性，卻也可能讓我們直墜繁榮陷阱。

2021年，薩爾瓦多總統納伊布·布格磊（Nayib Bukele）批准比特幣成為該國法定貨幣。這位反覆無常的民粹主義者宣稱，此舉

可以幫到那些被排除在正式經濟活動之外的薩爾瓦多人——所有的公民都有權申請一個起始金額30美元的比特幣錢包——同時也可以讓該國成為創新的搖籃。他還在當年9月以2,100萬美元購入比特幣作為國家儲備金,並在接下來的幾個月內多次宣布進行類似規模的購買。

如果比特幣長期發展良好,那麼薩爾瓦多現在這種作法,在未來看來應該會很明智吧。然而,2022年剛過才沒幾個月,比特幣價值的暴跌,就讓薩爾瓦多國庫的儲備金燒掉數千萬美元。比特幣熱潮帶來了短期快感,旋即而來的加密貨幣恐慌則只令人宿醉顧頂,而對一個相對貧窮的小國來說,這意味著國家預算的巨大衝擊。該國還有其他長期風險——薩爾瓦多人所使用的比特幣錢包,都是由不具名人士私下營運的,而國際貸款機構對該國也愈來愈不耐,要求終止比特幣的兌換性。這場短期豪賭,恐將為該國帶來嚴峻的長期後果。

譯註
1. 「未來的陰影」由政治學者羅伯特・艾瑟羅德(Robert Axelrod)提出,特別用於研究重複性囚徒困境。這個概念強調了未來互動的可能性如何投射到當下的決策上,就像未來對現在「投下了陰影」。
2. Zamrock 為當時尚比亞的新興樂種,由「Zambia」(尚比亞)與「Rock」(搖滾)兩個詞組合而成。
3. 典自古羅馬詩人尤維納利斯(Juvenalis)的諷刺詩,他以「麵包與馬戲」(bread and circuses)形容統治者用免費食物和娛樂安撫人民,轉移他們對政治的注意力。

20
擺脫繁榮陷阱

我們如何讓政治發揮長期的正面效果?當我們任由短期誘惑擺布,我們就會偏離長期目標,落入繁榮陷阱。如果政治的本質在於承諾未來,那麼什麼樣的政策、制度或規範可以確保這些承諾?我們必須想出一些方案,一方面創造財富,一方面也要確保我們能夠明智運用這些財富。我們也要想想,在這過程中,如何才不致破壞地球?

政府能讓人民更富有嗎?政治經濟學的兩大面向:政治與經濟,本身即存在明顯的緊張關係。政治學家發現,當經濟繁榮時,執政黨更容易贏得選舉。但經濟學家認為,民選政府應該少碰私有市場,因為長期下來這類干預往往只會造成反效果。綜上所述,政府基於短期利益所採取的經濟干預措施,往往會對長期經濟發展造成傷害——這也正是典型的繁榮陷阱。

但當我們談到長期的成長和創新時,情況還是如此嗎?政府在科技或教育上的投資,通常要好花幾年才會開花結果——這顯然不是競選總幹事想聽到的。於是我們面臨到一個弔詭的問題——那些能讓人民更富有的長期政策,反而不利於政府的短期利益,類似情

況也可見於團結陷阱。「重建美好未來」（building back better）或「城鎮升級」（levelling up）等競選口號聽起來是很棒，但要用這類政策來討好選民可能並不理想——因為要振興那些經濟落後的城市或地區，過程必定是緩慢而漸進的，而這與當下的選舉時程勢必難以配合。

為了實現長期的經濟成長，我們需要穩定可靠的政治制度，防止政治人物屈從於短期誘惑，去做出騙選票甚或貪汙公帑等行徑。我們不能僅僅依賴市場的「魔法」，因為要讓創新持續發展，就必須要有穩定的產權保障、可靠的司法體系、普及的教育和社會信任。我們更不能指望那些「強人領袖」說的漂亮話，他們會說要打擊特殊利益集團以振興經濟，然而不久後，這個再也無人可制衡的強人領袖，就會開始暗中交易，然後把錢轉進瑞士銀行帳戶。我們終究需要政治。但它該是什麼樣的面貌呢？

我們如何讓政府投入創新政策，為國家創造長期的共榮成長？德國的創新模式經常引起各國政策制定者的興趣，英語系國家尤其難擋其魅力。德國企業在量產型的高端商品市場中佔有主導地位，如汽車、家電、工具機等。德國品牌已成為品質的代名詞。過去二十年來，德國一直保持強勁成長，失業率低，貧富差距也在控制範圍內。先前我們檢視平等陷阱時，就見識到德國的學徒制與職業訓練體系，如何推波助瀾了德國的這項成就。但德國能發展出這種特殊的「資本主義類型」，還有一點也同樣關鍵——那就是長期金融市場。

德國的銀行提供製造業者長期貸款，也就是所謂的「耐心資本」（patient capital）。在這種融資機制下，銀行得以要求在這些公司的董事會中佔有席次，以確保貸款被妥善運用。這種長期規劃

的視野,讓這些公司得以投入漸進式創新,進而逐步改善產品品質。每一代博世(Bosch)洗碗機或BMW 3系列車款,都借鑒了前一代產品的設計和製造經驗。而這一切,又奠基於長期建立的職業訓練體系,工會與雇主協會之間的協調合作也功不可沒。各種制度緊密交織,讓德國的這些公司更容易做長期規劃,進而擺脫繁榮陷阱——勞工們可以放心投資自己,一方面深化自己的特殊專業技能,一方面又能持續受聘;而公司也有足夠餘裕,投入時間持續改善產品。

德國模式仰賴這些緊密相扣的配套制度,要把它完整移植到其他國家是不可能的。那麼,對於想要推動創新的國家來說,還有什麼更實際的政策選擇呢?其中一個可能性是建立一個公共創新機構,透過這個機構來為創新企業提供資金或支援——這就是馬里亞娜・馬祖卡托(Mariana Mazzucato)所說的「創業型國家」(entrepreneurial state)。

芬蘭的創新機構Tekes〔芬蘭國家技術創新局,現已更名為芬蘭國家商務促進局(Business Finland)〕以及創新基金暨智庫Sitra(芬蘭創新研究發展基金,馬祖卡托即為董事會成員之一)常被視為是成功典範。當我在英國政府負責教育政策時,我們曾與Tekes的領導階層會面,他們驕傲地展示了他們的屋頂桑拿室,這對古板的英國公務員來說是有點太創新了。Tekes的成立宗旨,是為芬蘭企業界和學界的研發提供資金。1990年代,Tekes資助了諾基亞(Nokia)約四分之一的專案,這也為芬蘭轉型成為科技型經濟體奠定了基礎。而當諾基亞開始式微後,Tekes轉而大規模資助新創公司,每年金額超過五億歐元。

雖然Tekes是獨立機構,但仍隸屬於芬蘭經濟就業部(Ministry

of Economic Affairs and Employment）。相較之下，Sitra規模較小，但因擁有近十億歐元的獨立基金，讓它得以完全獨立於政府運作，並專注投資新創公司。這類資助研發的機構，在評估資助對象時總有誤判的可能，然而這些芬蘭機構的相對獨立性，加上斯堪地那維亞特有的社會規範，讓這些機構不至於被那些狗急跳牆、尋求支援的瀕危企業所把控。無論如何，這都確實降低了政府在短期內資助特定企業的政治誘惑。當創新政策與選舉週期脫鉤，芬蘭的政策制定者就能夠以數十年而非數月的時間尺度，來規劃國家的產業策略。

然而，這種創新模式也有一些風險。其一是政府不應將所有的精力都放在最前沿的創新上。當政府一心想打造「下一個矽谷」時，也就犯下了錯誤。矽谷的問題在於，它所依賴的創投資金模式，對超大規模如Google（谷歌）般的公司或是高度創新的新創公司來說確實運作良好，但對那些成立不過五到十年、尚處發展期的年輕科技公司來說就不太友善了。而那些大型科技公司和新創公司，對地方稅收的貢獻也往往有限——大公司會採跨國營運，而新創公司則仍處於虧損階段。矽谷模式甚至加劇了貧富差距——大型科技公司會將大部分的生產移往海外，總部只留高薪主管。

對那些尚處發展期的年輕科技公司來說，他們需要的其實是更具耐心的資金模式，如此才能在地方上成長茁壯，並有望帶來更多元的工作機會。而如果這些公司可以善用現有技術並逐步改良、而非一味開發新技術，那就更理想了——如台灣的自行車公司捷安特以及德國的工具機製造商，都是些穩定、獲利良好，並能提供長期工作機會的公司。又是德國！再一次，我們看到了耐心投資的價值，而我們也的確需要制度性法規及商業規範，來促使企業採取更

長遠的視野。合作需要時間，創新也是同樣道理。

　　《金融時報》有一份週末副刊，目標鎖定有錢的讀者群，刊名很故意，就叫做「如何花錢」（How to Spend It），當中精選了各式奢華食物、商品和房產。就過往經驗來看，那些靠資源致富的國家——或者毋寧說是這些國家的領導者——都有著類似的消費習慣，他們會把石油財富花在快艇、珠寶和頂層豪宅上。我們先前已看到，近幾十年來，部分的阿拉伯酋長國，已開始將他們的石油財富轉而投資在教育和基礎建設上。然而，這些石油國家的龐大資源通常只會得到最低限度的監管，一不小心就會流到皇親國戚手中，因此這些國家的奢侈消費依然居高不下，錢仍會被灑在倫敦房地產或連年虧損的足球俱樂部上。

　　管理資源財富肯定還有更好的方法吧？歐洲的石油國家挪威，即是一個截然不同的例子。一直以來，挪威的經濟實力都遠遜於它的斯堪地那維亞鄰國瑞典，直到1970年代中期，他們發現了石油。從那時起，挪威的人均所得從原本只有瑞典的三分之二，上升至瑞典的1.5倍。這件事並不令人意外——發現石油的確可以讓人民更富有。比較值得注意的是，挪威成功建立了一套政策，穩定支應了大約相當於國民所得6%的政府支出。換句話說，靠著石油與天然氣，挪威得以長期支應可觀的預算赤字。石油和天然氣都是不可再生資源，它們終有枯竭的一天。不過，挪威對這些新獲得的財富可謂管理得當，因此這項預算優勢至少還能維持50年。

　　挪威模式建立在三個關鍵政策上。首先，政府對自然資源的生產活動實施嚴格管控並課徵重稅。挪威擁有自己的國家石油公司Statoil。而所有的油田也都歸國家所有——油田的探勘和生產許可

全需經由政府核發。同時,國家會向民營的能源公司徵收高達78％的利潤稅。國家的預算收入就是這樣來的。這樣的作法,確保了挪威油氣田所創造的大部分財富都將歸挪威人民所有,而不是流入國外能源公司股東的手中。

你可能會問,為什麼這些企業在如此重稅之下還願意投資?稅率確實很重,但稅制透明且不會朝令夕改——企業很清楚自己要繳多少錢,也知道政府不會任意徵收他們的財產,各企業可以自行判斷投資是否值得。挪威之所以能向企業做出這樣穩定的承諾,是因為這個國家採行民主制度,並且擁有健全的產權保障制度。

這些制度上的優勢,也反過來鞏固了挪威模式的其他兩個關鍵政策。首先,能源稅和國家石油公司Statoil為國家帶來了收益,這些錢該流向何處,挪威制訂了相關政策。在挪威,他們不會指派親信去搞個石油部門,然後讓錢就這樣消失在裡頭的神祕金庫中,在挪威,這些能源財富都將流入所謂的主權基金,該基金由挪威央行投資管理公司(NBIM)操盤運作,而這間公司的任務之一,就是將這筆錢投資於國外資產。

這樣的財富管理系統避開了很多政治風險,它不只與政府隔了兩層距離,並會定期接受稽核。這個系統之所以有效,是因為挪威央行投資管理公司是正式的獨立機構,而挪威政治人物也形成了某種非正式規範,不會出手干預。另外,這些資金必須投資海外,這樣的規定,不只避開了貪腐的風險,也防止特殊利益集團透過遊說來影響政府的投資決策。

挪威模式的最後一個關鍵政策,是關於這些錢的花費方式。他們不會讓主權基金的錢無限期擱置。為了讓一般挪威人民也能享受石油財富,同時避免支出波動過大或把錢浪費在不必要的建設上

（挪威可不會為了世界盃蓋八座新球場），挪威訂立了財政規則，允許政府可以根據主權基金的「預期實質報酬率」（expected real return）提取金額，以此支應結構性的預算赤字。基金每年約4%的報酬率讓挪威得以支應6%的預算赤字，可以說，挪威基本上就是用該基金來支應政府的日常支出。這讓挪威得以維持完善的福利國家制度——這包括了一年的帶薪產假、歐洲最高水準的社會支出，以及歐洲最一流的大學教育。

能有這樣穩定的長期政策，有賴挪威政治容易凝聚共識的特質。而這恐怕無法隨便就能套用至其他國家。挪威由於選舉制度的關係，使得「聯合政府」（coalition government）成為常態。無論是中間偏左或偏右的政黨，大致上都認同挪威模式中這三個要素：他們都支持把主權基金挹注到國家預算，以支撐完善的社會福利制度；他們都願意把基金的管理權責讓渡給挪威央行投資管理公司這類獨立的非民選機構；他們都同意對能源公司課徵高稅率。最終，挪威模式的成功取決於挪威政治的成功。

挪威對自然資源的管理確實謹慎，但這樣大力褒讚似乎有點模糊焦點了。挪威的財富來自不可再生的化石燃料——而正是這種自然資源危害了全球氣候。也許我們都同意，能夠更有責任心地管理化石燃料帶來的收益，總比亂搞一通好；但這就好像是在誇讚劊子手把斧頭擦得好乾淨一樣。

大多數國家都沒有挪威這樣的好運。不過這些國家也不是沒有經濟榮景。問題在於，近期許多經濟榮景似乎都建立在不穩固的基礎上：2000年代初期的房地產榮景建立在次級房貸上；Web3的榮景則建立在不穩定的加密貨幣上。有沒有辦法從一開始就防止這類

不健康的經濟榮景呢？有個作法可能不受大家待見，那就是提高稅率。顯然，對房地產交易和其他資產課稅，可能有助於減緩投機行為。但我這裡說要提高的，是所得稅的稅率。

提高稅率能夠遏止失控的信貸泡沫。簡單來說，當稅率提高，人們的行為就會受到兩方面的牽制。首先，富人會變得不那麼有錢，因此也無法花太多錢在那些容易形成信貸泡沫的資產上。除此之外，人們的消費行為也會產生連鎖效應，而這源自於人們喜愛關注他人消費行為的天性。我們都愛與他人攀比，我們會觀察富人的消費行為，以此作為自己的消費參考。當富人口袋裡的現金變少時，大家就會靜下來──這些富人和我們其實也沒差多少嘛。

貧富差距會如何導致炫耀性消費和信貸泡沫，這與稅率高低息息相關。在低稅率國家，高度貧富差距將導致更多的借貸和信貸。看看2000年代初期美國、英國和愛爾蘭過度膨脹的房市泡沫就知道了。但在對富人課徵重稅的國家，這種關聯性就大幅減弱。

請放心，提高稅率並非唯一解方。信貸危機並非現代生活的必然代價。來看看北緯49度線兩側美國與加拿大的情況。自1800年以來，美國經歷了14次銀行危機，加拿大只有兩次，最後一次還是在1839年。而加拿大的金融產業規模其實也不小。事實上，在2007年，加拿大的銀行信貸在國民所得中的佔比，幾乎是美國的兩倍。

加拿大銀行體系的穩定性源自其政治制度。兩國都是聯邦制國家，不過美國的聯邦制更為分權，而在加拿大，任何未明確授予給省政府的權力，都自動歸聯邦政府所有──這種系統與美國截然相反。加拿大聯邦政府可以從渥太華直接管理全國的銀行體系，而不必顧慮各省政治人物的意見。而在美國，各州都極力維護自己對州內銀行業的監管權。

這導致了兩國截然不同的金融體系。在加拿大，少數幾家超大型的全國性銀行逐漸主導市場。於是，這些銀行不僅享有規模經濟的效益，同時也擁有更為多元的貸款組合，這些都讓它們更能承受金融衝擊。雖然這可能導致少數幾家大銀行出現類似壟斷的行為，但全國性的銀行體系，也就意味著所有的銀行都必須遵守全國性法規，這包括了聯邦銀行法（Bank Act）要求銀行每五年重新申請特許執照的規定。因此，加拿大的銀行體系一直很穩定，而且信貸利率也比美國低得多。

相較之下，在美國，銀行的消費金融業務主要由各州監管。每個州都自行制定規範，而這些規範的制定，也會受當地銀行的遊說影響。這形成了一種保護主義體制，這也是為什麼美國直到最近幾十年之前，都還沒有真正意義上的全國性銀行的原因。在美國各州，地方銀行掌控了當地的資金流通，這些銀行通常只有單一據點，風險分散能力低，一旦存戶擔心這些銀行無法兌現存款，就容易引發擠兌潮。不過，儘管這個體系效率不高，但依然能夠穩定運作，原因就在於監管權也屬地方所有，這讓他們可以阻止大型競爭者進入市場，讓地方銀行始終保有市場影響力。

信貸危機、金融狂熱和金融恐慌，這些現象究其本質，都與政治承諾的成敗息息相關。這並不令人意外。信貸關乎信任。而信任，源自我們對未知未來的承諾。加拿大的銀行通常都很清楚政府未來的監管方向，而這些銀行通常也難以用收買地方政客的方式，來影響政府的監管規則。政治制度和社會規範，形塑了我們對他人行為的預期，也形塑了我們盲從他人的動機。即使信貸市場已然全球化，地方性的差異仍然不容小覷。

回到最初的話題：氣候變遷。我們能否從「如何更有責任心地運用化石燃料帶來的收益」這樣的現況，轉變到「完全不必燃燒化石燃料」的未來？歸根究柢，要降低全球暖化的風險，我們就必須減少排放到大氣中的碳量。我們可以透過碳排放禁令、徵收碳稅，或補助替代能源，來達成這個目標。哪種方式最有效？而相關的政治承諾，哪些又最容易實現？

要達到淨零排放——也就是我們排放到大氣中的碳量，不超過我們從大氣中移除的碳量——我們有三個大方向可選。第一個選項似乎最單純：我們可以直接要求相關企業和消費者不許排碳。我們可以透過相關法規來執行，例如禁止開採煤礦，或是規定新車必須符合一定的油耗標準。這作法聽起來既直接又合理，那麼會有什麼問題？

首先，這些法規的適用範圍，並沒有如表面般那麼具全面性——這些法規通常只適用於未來新造的發電廠或汽車。而現存的那些會造成汙染的發電廠與汽車，其價值反而提高了——因為它們將變得更加稀少。其次，實施這類法規有其政治風險。對於受影響的產業來說，這類法規顯然是不受歡迎的，因為這些產業必須立即承擔巨大的營運成本。這些產業會試圖遊說政府修改法規。而政治，從來都是變動不居的。除非修憲，否則現任政府並無法限制下任政府的作為。例如歐巴馬總統曾頒布行政命令管制溫室氣體排放，這項命令後來輕易就被川普總統的環境保護署（Environmental Protection Agency）給推翻。最後，這類法規通常缺乏彈性——只是定下死板的碳排放目標，並無法因應未來碳排放的變動情況。過於死板的承諾，往往只會難以兌現。

如果管制化石燃料會帶來反效果，那麼補助再生能源會是更好

的選項嗎?許多國家都直接提供補助給太陽能板或風力發電,例如德國著名的「躉購費率制度」(feed-in tariffs);或是補助民眾購買電動車,例如英國就提供每輛電動車最高2,500英鎊的補助金。補助制度能夠改變企業與消費者的決策動機。相較於定下死板的碳排放目標,這種補助政策也較具彈性,當投資或使用再生能源的人愈多,補助的規模也就愈高。不過,這種政策也可能會適得其反——當能源變得更便宜,人們可能也會用得更兇,原本的環保效益可能也會因而抵消。

這類補助政策還有另一個問題。就像我們先前在團結陷阱中看到的,我們很難知道誰才是真正需要補助的對象,而且,當政府欲透過補助來促進某項經濟活動時,我們也難以確定這些經濟活動是不是本來就會自行發生,根本不用補助。當政府獲取的資訊不夠完整,就會出現這類問題,這也意味著可能有超過三分之二的購買行為是本來就會發生的,而納稅人卻得為此買單。另一方面,補助如此之香,那些財務狀況不穩定的企業,可能也會就此無限期地依賴政府的支持。

經濟學家認為,面對氣候變遷的最佳對策,既不是法規管制,也不是補助政策,而是那令人聞之色變的字眼——課稅。環境稅有兩種基本類型:一種是針對每公噸碳排放直接課稅的碳稅;另一種是「總量管制與排放交易」(cap and trade)制度,也就是政府先訂定碳排放總量上限,然後發放給各企業排放許可證,各企業可在排放上限之內交易他們的「汙染權」。在第一種情況下,政府直接訂定碳排放的價格;而在第二種情況下,碳排放的價格則是由市場決定。

這兩種方式最大的好處在於,當企業或消費者做出任何會增加

碳排放的決定時,都必須承擔相應的成本。這樣的機制會驅使人們只在最有效益的情況下進行碳排放,同時人們也會試著去找可再生能源進行等效替代。這種作法大可不必制定嚴苛的管制法規,而且也不會像補助政策那樣可能會被貧弱企業纏上。

儘管碳稅和「總量管制與排放交易」制度對碳排放的影響仍處於萌芽階段,但這些機制已經在全球遍地開花。自從瑞典在1991年首次採用碳稅以來,這項政策就已在世界各地蔓延開來。各國徵收的碳稅金額差異極大:有些國家的碳稅極低,像是日本、墨西哥和烏克蘭,每公噸碳排放的課稅都低於五美元;但也有些國家的碳稅相當高,像是挪威和芬蘭都超過每公噸65美元,而瑞典的碳稅更是這個數字的兩倍。「總量管制與排放交易」制度也已在世界各地普及,美國就在加州境內實施了該制度,而歐洲也有歐盟排放交易體系(European Union Emissions Trading Scheme),單是2020年,歐盟排放交易體系的排放許可證交易就高達2,000億歐元。

這兩種方式各有什麼樣的政治優勢與挑戰?先來談談「總量管制與排放交易」制度。好消息是,至少這方案聽起來不像是要課稅!這在大眾觀感上的確是很大的加分點。但壞消息是,要有效訂定排放上限是很困難的。以歐盟排放交易體系為例,它一開始訂定的排放上限就偏低,雖然這樣做讓政策在初期比較容易推行,但這也導致排放權的取得價格過低,無法有效激勵企業減少碳排放。

「總量管制與排放交易」制度在行政上也非常複雜,需要龐大的官僚體系來運作,有在研究歐盟的學者對此應該都不會太陌生。而且即使這些前置都做好了,排放許可證也很容易落入非法使用者手中,情況就和丟失比特幣錢包類似。2011年,歐盟排放交易體系就爆發了一起重大醜聞,有駭客從捷克、奧地利和愛沙尼亞的帳戶

中竊取了價值數百萬歐元的排放許可證。最後,「總量管制與排放交易」制度還會面臨一個重大的政治風險:未來的政府可能會藉由更改規則,使所有現行的排放許可證貶值。這個問題單靠市場機制是無法解決的。「總量管制與排放交易」制度是否能有效運作,取決於企業對政府的政治承諾是否有十足信心。

相較之下,碳稅就不會有那麼多行政問題。碳稅採取由下而上、而非由上而下的方式:碳稅是直接向源頭的能源供應商徵收的。這種稅制既透明又單純。如果未來的政府改變稅率,那也只會影響到未來的繳稅金額,而不會影響到現行排放許可證的價值,因此政治風險較低。

事實上,瑞士的碳稅制度甚至還是動態調整的——若瑞士未能達到減排目標,稅率就會提高。這使得碳稅成了更加可信的政治承諾——當政府根據民眾的汙染行為表現來調整稅率時,民眾就有可能自動自發乖乖減排。可以說這是種採用了「以牙還牙」原則的課稅制度。

更吸引人的是,如果將碳稅收益回饋給民眾,就能建立起支持碳稅的民意基礎。例如加拿大卑詩省的碳稅收益,就被用於提供企業退稅優惠,給予窮困家庭「低收入戶氣候稅收抵免」(low-income climate tax credit),以及發放100加幣的「氣候行動紅利」(climate action dividend)給卑詩省的所有居民。

但是到頭來,這仍舊是課稅。只要是課稅,就會面臨到我們在討論平等陷阱和團結陷阱時所看到的所有問題——尤其是,人們不願為他們認為與自己無關的福利繳稅。這在碳稅議題上特別棘手,因為真正的受益者甚至不是我們的同代人,而是那些尚未出生的後代。道德上來說,我們對這些後代確實有所虧欠,但如果人們都已

經那麼難以接受為自己的未來福祉繳稅了,那麼實在很難相信他們會有多願意為未來的子孫出錢。我們都知道,環保合作需要長期投入才能開花結果。然而我們終究只是有朽之軀,壽命極其有限。

有研究針對人們的碳稅接受度進行了分析,並得出了鼓舞人心的初步結論。在這些研究中,當受試者得知碳稅的收益會以減稅的形式回饋民眾,或被用作減緩氣候變遷的資金時,那麼他們對碳稅的支持度也會提高。在法國、德國和英國的受試者中,過半的人都支持碳稅,而當他們得知其他國家也會實施碳稅時,支持度又會大幅提高。這切中了繁榮陷阱的核心——人們都明白氣候變遷是集體行動問題,只有當多個甚至所有的國家都願意承受衝擊時,才有辦法取得實質進展。

於是我們想問:我們是否需要一個全球性的碳稅制度來推動這個進程?然而這在政治上恐怕相當具有挑戰性。研究顯示,對於「建立全球性的碳稅制度,並將碳稅的收益以氣候紅利的形式,平均分配給全球每個人民」這樣的構想,不同國家的民眾態度有著明顯差異。這樣的構想,不意外地在印度等較貧窮的國家比在美國更受歡迎。儘管我們都生活在同一個地球上,但我們還不習慣生活在同一個稅收制度之中。

要擺脫繁榮陷阱,我們就必須致力於長期發展——我們要約束自己,不要讓自己屈服於短期誘惑。有時這意味著必須建立制度,例如好好監管我們的銀行,以防投機狂熱破壞金融體系的穩定。其他時候,我們可以逐步建立一些規範,幫助我們著眼於長期發展——這可以是戰場上的「以牙還牙」策略,也可以是互惠的環境政策。長期承諾或許是最難以履行的;但承諾的可信度,卻正是繁榮的核心所在。

政治如何成功

那麼,回到這本書的書名:政治為什麼會失敗?當我們假裝沒有政治也能過得很好時,政治就會失敗;當我們不將政治當一回事,政治就會失敗;當我們試圖壓制、扼殺或排除政治時,政治就會失敗。我們彼此間的立場差異,無法說消失就消失;如果人們設想必定存在某種「純粹而明晰」的解決方案,或設想必有某位天選領袖,能夠帶領人們消除歧見,那麼,我們終將迎向失敗:我們的歧見依然存在,而我們恐將再也無法表達意見,也無法再依據自身立場採取行動。

世上已有無數書籍,主張我們就算迴避政治,也能解決各類全球問題——有的認為可藉由科技與市場機制來改善生活;有的則強調強人領袖與提升人們道德的重要性。但本書不這麼認為。我想為「政治」做些辯護,在實現集體目標這件事上,政治確實佔據著不可動搖的核心地位;但同時,我們也得保持腦袋清醒,我們必須體認到,錯誤的政治運作方式——無論是過多還是過少的政治介入——都有可能讓我們離未來的理想愈來愈遠。

尋求政治以外的解決方案,最終只會帶來失望。有一種科技自

由主義（techno-libertarianism）的思想，將政治人物、官僚甚至選民都視為是阻礙進步的絆腳石。這種思想認為，只要政治人物不要在那邊對科技公司指手劃腳，那麼這些公司就可以好好運用創新科技，解決全球問題。想遏制全球暴力衝突？交給無孔不入的衛星監控就好。想對抗氣候變遷？交給「地球工程」技術就好。總而言之，讓那些聰明的腦袋想辦法就好。

然而，這類科技解決方案，只有在作用對象無法回應時，才能夠發揮最佳效果。目前來說，我們仍生活在一個人類比電腦聰明的世界。演算法並非總能達到設計者預定的效果，人們總能找到方法，去操弄演算法或鑽漏洞。此外，許多演算法對人類社會的理解其實並不夠透澈——這類演算法，反而可能會強化既有的性別歧視或種族歧視。

科技解決方案往往是反民主的——這類方案設計，可能會試著把人類的欲望與獨立決策能力排除在外。然而，只要人類還握有主導權，那麼人類自身的意願就不能被忽視。如果選民與政治人物希望科技受到約束，那麼我們的政治依然能夠為科技套上枷鎖。科技的創新，並無法抹消政治的必要性。

也常聽見有人主張「市場機制」能夠解決一切問題，並指責政治人物只會阻礙市場運作。覺得氣候變遷問題很棘手嗎？那就為碳排放訂定價格，並讓各國進行排放交易。覺得民主制度無法回應強烈的民怨？那就讓人們自由交易自己的投票權，讓每個人都能依其意願累積手中的票數。然而，這類論調的問題在於，市場機制其實鮮少能夠完美運作，而將其完全怪罪於政府「擋路」其實也有失公允；市場中還存在其他變數：當產權不明、監管不夠完善，或某些交易活動對第三者造成嚴重損害時，爭議就可能產生。市場中，許

多模糊地帶是無法靠契約解決的，最終，我們仍需仰賴政治上的承諾。

過去十年來，我們看到某種趨勢正逐漸抬頭——人們受夠那群總是爭論不休的政治人物，人們渴望一位能夠凌駕其上的強人領袖。在這種態勢下，傳統政治被抨擊為菁英階層的陰謀，菁英們只想用政治來阻礙並削弱一般公民的權益。而所謂的政治承諾，就是專門給那些不需遵守規則的領導者打破用的。

這種思想可說是徹底誤解了民主政治。它不僅否認每位人民都擁有不同政治偏好的事實，亦認為維持民主穩定運作的那些政治制度和社會規範，都必須一一拆開檢驗，然後一一譴責。在英國，這種思想將法官斥為「人民公敵」，並讓政府在脫歐辯論期間以非法方式中止國會會期。在美國，我們看到川普政府揚言要將他的政敵們通通關起來，而後變本加厲，2020年美國總統大選，對大選結果不滿的川普提出了不實指控，最終導致了國會山莊的暴動事件。我們的政治制度是脆弱的，因為制度是由國家支撐起來的，而國家本身卻可能被轉而用來對付它們。比起政治制度，我們的社會規範則又更加脆弱。然而，這些制度和規範，卻可能是政治免於失敗的最後防線。

左派思想有個悠久傳統，就是他們總是試圖從政治中拔除那些「有害因素」：讓商業遠離政治、讓競選捐款遠離政治、讓自利因素遠離政治。他們希冀一個全然良善的政府，能夠滿足人民的一切期望與需求。然而在政治中，我們不可能完全移除自利因素；而所謂全然客觀、不容辯駁的「人民意志」，其實也並不存在。我們或許擁有共同目標，但對於如何達成目標、以及對於最終目標的具體想像，我們往往有著根本上的分歧。人們的這種歧見，無法說消失

就消失,而這些歧見,也不單單只是特殊利益團體惡意操作下的結果。這些歧見,是人類集體生活的根本特性。

技術專家、市場基本教義派、左派或右派的預言家們,無論他們對自己的謬誤認知有多麼確信,都無法改變一個基本事實:人們需要對彼此許下承諾,以面對充滿不確定的未來。而這,正是我們需要政治的原因。

無可迴避的政治

政治能夠成功嗎?有時能,有時不能,這也是參與政治所必須接受的條件。參與政治,必將面臨政治陷阱,而我們必須目光銳利,以避開或擺脫這些陷阱。我們生活在一個充滿不確定的世界。在這座世界中,人們總是充滿歧見,並總是依照自身利益行事。但我們仍有共同的集體目標。為了實現這些目標,我們必須對彼此許下承諾。這些承諾,永遠無法被完美執行。這些承諾,其本質就是政治性的。

這些承諾如何才能被履行?我們必須讓這些承諾與某種政治系統緊密套牢,讓這些承諾不會只是空口白話。這個世界充滿了不確定,我們必須建立某種框架以作應對;為了實現這點,我們必須建立政治制度與規範,讓我們的承諾更具可信度。

制度,是我們共同認可的正式協議。制度並非堅不可摧——制度仍可能會受到輕忽,甚至遭到破壞;如果我們任性妄為,不把制度當回事,代價就是賠上社會信任,而當我們開始後悔,想念制度所提供的穩定性時,往往為時已晚。我們必須保護制度,不要讓民粹主義者破壞制度。制度讓我們行動一致,制度會懲戒背叛行為,

也會獎勵合作行為。

　　實體或線上的公民會議，可以讓我們看見彼此立場的交會點，促使我們達成共識。「社會投資」政策與學徒制，能夠為那些沒有大學學位的人提供穩定的職涯管道，降低社會的不平等。覆蓋全民的社會保險計畫，能夠將中產階級也拉進來，共同支撐福利國家系統。集體安全協定比起空口白話的「願景」或「路線」，更能有效保護弱勢國家。獨立的主權基金，能夠讓政府在面對礦產資源帶來的財富時，不再那麼心猿意馬。而具有彈性空間的氣候協定，不會因為太過理想化而無法執行，也不會因為太過寬鬆而讓各國恣意排碳，不失為一條務實路徑。

　　當我們培養出某種社會規範，以此指導人們履行承諾、並建立起長期的社會信任時，此時，我們的制度也將發揮最佳效果。要實現民主，我們必須學習與他人進行辯論與討論，如此才能找出彼此立場的交會點，同時我們也必須保護輸家，不能讓輸家永遠都是輸家。要實現平等，我們必須試著接受某種折衷方案，以在「平等的權利」與「平等的結果」之間取得平衡。要實現團結，我們必須擴展「我們」這個概念，這個「我們」，必須將我們的未來也考慮進來，這個「我們」，也必須含括所有同胞，無論他們的族裔或宗教信仰為何。要實現安全，我們必須對那些應保護我們但最後卻剝削我們的人，實施應有的懲罰。要實現繁榮，我們就必須眼光放遠，拉長時間線，如此才能建立信任，不受短期誘惑侵擾。

　　我們所面臨到的那些政治陷阱，彼此間往往會互相強化──民主政治中的政治極化，可能會讓不平等加劇；薄弱的社會安全網，可能會讓犯罪問題更加惡化；氣候變遷加劇，可能會對全球和平造成威脅。與此同時，我們手中也握有一些全面性的解決方案，足令

我們一次擺脫這多重陷阱。

例如比例代表制，其作為一種選舉制度，確實有機會幫助我們擺脫民主陷阱，它不僅更能反映群體內部的多元差異，同時也更能促進政黨合作。比例代表制的影響力，並不僅限於選舉層面；許多採用比例代表制的國家（如瑞典和挪威），似乎也都更能擺脫其他種類的政治陷阱。

我們可以比較一下，那些採用比例代表制的國家（如斯堪地那維亞國家或荷蘭），以及那些採用多數制的國家（如澳洲、英國和美國），這兩類國家在「經濟不平等」方面有何差異。在比例代表制國家，收入不平等的程度比較低一點（這可能得益於長期以來發展完善的工會體系），至於可支配所得的不平等程度則又明顯更低（這又得益於這類國家往往擁有更完善的「財富再分配」機制，而這又與他們的政府有更多左翼政黨參與不無關聯）。人們可能會覺得，這些國家或許擺脫了平等陷阱，但稅賦也因此更高，工會也更為強勢，這「代價」未免太大，他們怎麼願意接受；然而，比例代表制的選舉制度，似乎就是有辦法創造條件，讓這一切得以成形。

採用比例代表制的國家，似乎更能擺脫團結陷阱與繁榮陷阱。這些國家往往擁有更慷慨、更透明的福利國家制度，足以贏得中產階級支持，並且在經濟緊縮時期，這方面的預算也不太會被大幅刪減（反觀英國則恰恰相反）。比例代表制也能讓政策制定的過程更為穩定，因為在這樣的國家中，任何重大變革都必須經過多個政黨同意才能實施；也因此，這種聯合政府能夠降低經濟的波動性，使經濟成長更為穩定。挪威之所以能夠善用北海石油帶來的收益、將其投資到主權基金上，正是得益於這種共識導向的政策制定模式——這與英國形成鮮明對比，在英國，這些北海石油收益，大多

被用於支援短期減稅政策，由於沒有善用在投資上，英國等同白白放掉了估計約3,540億英鎊的可觀收益。

選舉制度當然無法解決所有問題，因為有些問題並非單一國家的事，而是全球共業。要擺脫安全陷阱和繁榮陷阱，我們需要的是國際合作。

不過我們也會看到一個有趣對比：適用於安全陷阱的解方，不一定適用於繁榮陷阱。當我們談國際安全，我們要處理的通常是關乎他們的問題——我們必須防止某些懷有惡意的行為者（無論是國家還是其他實體）傷害我們。最近俄羅斯入侵烏克蘭的事件告訴我們，國際間的安全合作若要具有可信度，那麼這種合作就必須是正式且明確的。烏克蘭或許曾與北約有過非正式的合作協議，甚至已走在加入北約的路上。然而烏克蘭始終不是成員國。俄羅斯入侵烏克蘭，西方國家並沒有積極介入的強制責任（如果今天俄羅斯攻擊的是波羅的海國家，情況就不一樣了）。雖然提供武器與援助確實對烏克蘭的戰事有所幫助，但這並無法嚇阻俄羅斯，也無法將俄羅斯拖入一場多國參與的大戰。要擺脫安全陷阱，我們就必須立定協議，將彼此緊密綁定。

另一方面，當我們談繁榮時，我們要處理的卻是關乎我們的問題。我們每個人都傾向在短期誘惑中尋求慰藉，而不想為長期繁榮做出必要犧牲。我們的這種傾向，在氣候變遷議題上顯得尤為明顯、嚴重。我們用《京都議定書》訂定出嚴格且正式的規則，最後失敗作收；因為實際上，並不存在一個有足夠意願或有足夠能力的第三方，能夠確保這些規則被遵守。我想我們必須搞清楚，我們現在談的不是什麼軍事同盟，我們現在談的是環境汙染協議，所以我們必須務實點，要去思考在沒有強制力的情況下，各國會如何行

動──我們需要訂定更具彈性空間、不要那麼謹守正式框架的協議。《巴黎氣候協定》似乎有點太溫和、太寬鬆，這項協議或許不會成功，但這項協議也確實是務實的，它成功拉入了全球的所有碳排放大國。要擺脫繁榮陷阱，我們就必須建立互惠的規範，當其他國家偶爾違規時，我們也要懂得予以寬恕。

以上這些解決方案，其規模之宏大，必須動用一國甚至諸國之力才能推動。我們沒有人可以單憑一己之力，就讓這些方案付諸實踐，但至少我們能夠為這些理念發聲。我們作為個人，究竟還能採取哪些行動？我想，我們永遠都不該因為個人之力有限，就將其作為政治冷感的藉口。

我在本書最開頭，提到了人們普遍存在的自利傾向。首先必須承認，我們所有人無可避免都有這種自利傾向，而擁有這種傾向也並非是不道德的。我們之所以無法達成集體目標，是因為每個人的個人利益互相衝突。既然自利傾向是人性所固有，那麼與其在那邊哀嘆，不如好好設計政治制度、好好遵循社會規範，如此才能將這種自利傾向導往正確方向。也因此，我們應要對我們的政治制度更有耐心，不要太快就下定論，責難這些制度無效或腐敗（當然有時是很爛沒錯！）。制度讓我們對他人的行為能夠有所預期，而我們自身的行為也受其指導。若我們欲撕毀制度，那我們最好三思──因為一個不小心，我們可能就會掉入一個更加缺乏約束、更加動盪，甚或更加暴力的世界──一個充滿利益衝突的世界。

說這麼多，就是希望大家更有同理心。當我們急於批判他人的自利行徑時，也該想想，自己是否也曾盲目而輕率地順從自己的自利傾向。有些人會呼籲「排乾沼澤」並摧毀制度，對於這些煽動者的誘惑，我們應該謹慎以對──這些人要求一切重頭，卻並未認知

到，革命過後，人類社會中的這種政治角力依然不會消失。我們生活在一個不完美的世界，然而也正是這些不完美，讓我們的世界不致分崩離析。

　　我在本書中提出的解決方案並非總是管用。事實上，這些方案經常辜負我們。我們必須投入時間心力，重塑這些方案，以因應我們面臨的新挑戰。馬克斯・韋伯（Max Weber）曾形容政治「是在一塊硬木板上緩慢鑽孔」（slow boring of hard boards）。變革是艱難的。過去我們好不容易建立起的制度與規範，可能並不總能完美因應現今的需求；我們需要一次又一次，向彼此做出新的政治承諾。

　　我們的政治承諾總是必須視情況進行調整，雖非完美，但好過技術專家或民粹主義者那些不切實際的承諾；若我們真有心要解決那些最深沉、最棘手的人類問題，那我們最好務實些。我們永遠都會有歧見，而我們在尋求人類問題的解方時，永遠都應將這個事實放在心上，而不是假裝它不存在。政治永遠不會終結；而政治也不會永遠只能走向失敗。

致謝

政治經濟學是相當龐大的主題，能夠寫成這本書，我蒙受了許多人智識上的恩情。而這一切恩情，始於我的家。

首先，我必須感謝我的父母，感謝他們的鼓勵、支持、慷慨與見解，我將這本書獻給他們。我的父親，Tony Ansell，一直都是個老練的辯論家——他永不停歇、永遠都是那麼銳利，他是我的批評者，也是我的精神導師。這本書的大部分內容，也都是在他的地下室裡編寫的！謝謝你，爸，感謝所有的爭論，也感謝我們偶有達成的共識。我的母親，Penny Ansell，是這個家裡的社會科學家——她是一名心理學暨社會學教師，在A-Level學制下教書，已帶過一屆又一屆的躁動學子。她的謹慎見解、支持、和善，以及不讓我輕率帶過問題的態度，讓我明白在探討人們的行為動機時，什麼才是真正重要的。謝謝你，媽。

若沒有我妻子Jane Gingrich的巨大支持，這本書的一字一句我都無法完成。為了幫助我完成這本書，她做了無數犧牲，她鼓勵我空下時間完成這部作品，在我缺席家庭的這段期間，是她攬下了所有家庭事務。感謝妳，Jane，我愛妳。我的兩個兒子，Theo和Eli，

我生命中的喜悅。感謝你們，你們是如此充滿活力、如此年輕美好。

我也要感謝一些摯友，在這本書的孕育過程中給予的支持。這本書有些內容，就是在泰晤士河上的一艘窄船上完成的。所以，我要特別感謝 Ed Ansell, Jack Stilgoe, Faith Hummerstone, Tom Edge, Jim McTavish, Rupert Russell 與 James Shaw（Jas，沒有採用你那些不宜刊印的書名建議，真是抱歉啦）。

我蒙受許多人智識上的恩情，這些人引領我走上研究所的學習之路，並在我學術生涯的初期給予幫助。若非遇見 Mark Micale，我可能永遠不會走上這條路，更別說是在美國展開研究。我們曾一起研究了精神疾病的社會建構過程——這個主題與政治經濟學的關係不算太近，但也沒那麼遠。在政治學研究所期間，有三個人奠定了我對政治經濟學的興趣，最終塑造了現今作為學者的我。我的博士論文指導教授，Beth Simmons，激發了我對政治經濟學的興趣，也讓我開始認真看待嚴謹的實證研究。我在哈佛遇見的 Torben Iversen 和 David Soskice，兩人所展現的學者風範，正是我所嚮往的——他們的研究，既具備了形式的優雅性，同時又與實際政策相關聯，一直都是我仿效的典範。當我的事業走向了令人興奮且出乎意料的方向時，這三人給予的支持，遠遠超乎我所應得的。

感謝政治學與經濟學領域的諸多朋友，我蒙受他們的恩情真的太多太多，一輩子都報答不完。我的共同作者們——尤其是 David Samuels, Johannes Lindvall, John Ahlquist 與 Jane Gingrich——承受了與我共事的種種挑戰，我欠這些人最多。謝謝你們容忍我的拖稿。

在數百名對我裨益匪淺的政治學家中，我特別感謝 Jim Alt, David Art, Pablo Beramendi, David Doyle, Peter Hall, Silja Häusermann, Des King, Jonah Levy, Julie Lynch, Cathie Jo Martin、已故且偉大的 Bob

Powell, David Rueda, Kathy Thelen, Maya Tudor, Stefanie Walter以及John Zysman。經濟學家中，我特別感謝Tim Besley, Paul Johnson與Dani Rodrik，感謝他們讓我進入他們的世界。

我想向牛津大學和納菲爾德學院的同事們表達特別感謝。我特別由衷感謝Andrew Dilnot爵士，他不僅是我遇過最好的老闆（將來可能也再難遇到第二個），他也激勵了我，讓我的學術工作不再獨守象牙塔，而是與現實的政策環境及大眾連接在一塊。我要特別感謝David Adler, Tom Chivers, Tom Hale, Iain McLean與楊綠，感謝他們為本書提供的訪談與貢獻。我要誠摯感謝Tamsin Mather，在本書的幾版初稿中，她都提供了相當有幫助的回饋。

這本書能夠問世，必須歸功於我的經紀人Jack Ramm，有一度他還差點成為我的責任編輯。Jack，與你共事是我職業生涯中最棒的經歷之一。

若沒有Penguin出版與Viking出版的優秀團隊，這本書就無法完成——或至少不會如此易讀——特別感謝我的編輯Connor Brown和Greg Clowes，他們的編輯、評論和明智建議，讓這本書好的部分更好，壞的部分也被盡量剔除。我很幸運由Mark Handsley負責本書校對，也很幸運有Ellie Smith管理製作事宜。我還要感謝Daniel Crewe，他對我以及這個專案，都給予了相當的關注。PublicAffairs出版社的John Mahaney也是位相當出色的編輯，他與Connor和Greg同步進行工作，他總是能夠引導我思考那個關鍵問題：「政治為什麼會失敗？」希望這本書有好好回答這個問題。

註釋

導論

瓦德瑪・肯佛特（Waldemar Kaempffert）在《紐約時報》的這篇具有前瞻性的文章，參見https://www.nytimes.com/1956/10/28/archives/science-in-review-warmer-climate-on-the-earth-may-be-due-to-more.html。

全球在最樂觀的情況下仍會上升攝氏1.5度，相關估計見Intergovernmental Panel on Climate Change (2019)。IPCC針對2040年氣候變遷的估計，見https://www.ipcc.ch/report/ar6/wg1/figures/summary-for-policymakers。

民主支持度的相關數據，見World Values Survey: question 238, 2017–22 wave: Haerpfer, Inglehart, Moreno, et al. (2022)。收入差異的相關數據，見International Social Survey Program: Social Inequality (2019): questions v21, v22, v26。人們對政府介入醫療保健的支持度，相關數據見International Social Survey Program: Role of Government (2016): question v23。人們對「安全是否比自由更重要」的支持度以

及對警察的信任度,相關數據見World Values Survey: questions 150 and 69, 2017–22 wave。2016年為史上最暴力的一年,相關估計見Braumoeller (2019)。關於人們是否過著比父母輩更好的生活以及人們對保護環境的態度,相關數據見World Values Survey: questions 56 and 111, 2017–22 wave.。

關於教育與人們自利傾向的關係,見Ansell (2008a, 2008b, 2010)。有關「鱈魚戰爭」的精采概覽,見Kurlansky (2011)。

Part I:民主

1. 西敏寺

伊恩・麥克連(Iain McLean)關於英國憲法的著作,見McLean (2010)。他對不同選舉制度做的分析(以英國為背景脈絡),見Hix, Johnston and McLean (2010)。

2. 什麼是民主?

民主支持度的相關數據,見World Values Survey: question 238, 2017–22 wave。熊彼得(Schumpeter)對民主的定義,見Schumpeter (2013, originally 1942)。

民主國家與專制國家的成果比較,見Lake and Baum (2001),該文章針對嬰兒死亡率、疫苗接種率與識字率等方面進行研究。關於公共教育支出的討論,見Ansell (2010),關於全球初等教育系統發展的討論,見Ansell and Lindvall (2021)。關於民主國家中飢荒的罕見性,見Sen (1982)。關於專制國家在經濟成長方面的成功與失敗,見Rodrik (2000)。目前的共識,是民主確實直接導致了更高的經濟

成長——長期來看將增長約20％——見Acemoglu, Naidu, Restrepo and Robinson (2019)。

關於女性選舉權，英國在1918年賦予30歲以上的女性投票權，但要到1928年，女性的投票年齡才得以降至與男性一樣的21歲；關於女性選舉權更全面的深入分析，見Teele (2018)。關於古雅典的討論，見Carugati (2020)。關於民主浪潮的經典闡述，見Huntington (1993)，亦可見Weyland (2014)。福山（Fukuyama）的「歷史終結論」，詳述於Fukuyama (2006)。關於選舉式威權政體的討論，見Morse (2012)及Levitsky and Way (2002)。關於這種政體可能導致民主崩解的風險（美國也在討論之列），見Levitsky and Ziblatt (2018)。

3. 民主陷阱

盧梭（Jean-Jacques Rousseau）在《社會契約論》（*The Social Contract*）第二卷詳盡闡述了公意的概念，見Rousseau (2018, originally 1762)。盧梭究竟將公意視為集體共同做出的決定本身，抑或是達成決定的協商過程，目前學界仍存有爭議，見Canon (2022)。關於波蘭－立陶宛聯邦議會及「自由否決權」的討論，見Ekiert (1998)。關於「敗者同意」的概念以及西班牙人民陣線的案例，見Anderson, Blais, Bowler, et al. (2005), p. 4。

關於孔多塞陪審團定理，見Goodin and Spiekerman (2018)，若需要更為通俗的說明，可見Surowiecki (2005)。本章探討的問題之一是陪審團定理是否具有理性基礎，因為陪審團成員可能不會誠實投票，見Austen-Smith and Banks (1996)。關於孔多塞悖論，見McLean and Hewitt (1994)。關於英國脫歐與孔多塞悖論間的關係，見Portes (2016)，該文章甚至在公投結果出爐前，就提出可能會出

現孔多塞悖論的問題。Eggers則揭示，若以不同的投票系統來處理選民的選擇偏好，將產生「有協議脫歐」、「無協議脫歐」與「留歐」三種截然不同的結果，見Eggers (2021)。阿羅（Arrow）關於「不可能定理」的論述，首見於Arrow (1950)；Maskin與Sen後來寫作論文，對該理論進行精采回顧，見Maskin and Sen (2014)；而我個人最喜愛的「不可能定理」的證明可見於Mueller (2003)。

解決投票循環問題的經典方案，被稱為「結構引導的均衡」（structure-induced equilibria）──即透過制度來限制直接民主的某些特性，見Shepsle and Weingast (1981)。有關比利時政府的組閣過程，見Van Aelst and Louwerse (2014)。人們在進行投票時，若至少有三個選項可選、選擇偏好沒有被限制，而且沒有獨裁者存在，此時策略性投票就會無可避免，該推論由Gibbard與Satterthwaite提出，被稱為「吉巴德－薩特斯維特定理」（Gibbard–Satterthwaite theorem），見Gibbard (1973)及Satterthwaite (1975)。策略性投票經常適得其反的研究，見Herrmann, Munzert, and Selb (2016)。有關《斯姆特－霍利關稅法》背後的「滾木立法」解釋，見Irwin and Kroszner (1996)。針對英國脫歐的一些關鍵性投票，Aidt、Grey與Savu提供了相當有趣的分析，見Aidt, Grey and Savu (2021)。

唐斯（Anthony Downs）關於「中間選民定理」與政黨立場的關鍵論述，見Anthony Downs (1957)；該論述又延續自賀特林（Hotelling）的商店選址理論，見Hotelling (1929)。「單峰偏好理論」由布雷克（Black）及阿羅提出，見Black (1948)及Arrow (1951)。關於「偏離中心」的政治概念，見Hacker and Pierson (2005)。美國國會極化程度日益升高的研究，見McCarty, Poole and Rosenthal (2016)；若需要更為通俗易讀的介紹，見Klein (2020)。

政黨支持者將另一政黨視為國家威脅的民調,相關討論見Pew Research Center (2016)。

人們對子女與不同政黨支持者結婚持何態度的民調,美國部分可見於:https://today.yougov.com/topics/politics/articles-reports/2020/09/17/republicans-democrats-marriage-poll;英國部分可見於:https://yougov.co.uk/society/articles/24905-labour-voters-more-wary-about-politics-childs-spou。

Jack Balkin的白金硬幣計畫,首見於Balkin (2011),並由Buchanan與Dorf進一步討論,見Buchanan and Dorf (2012)。關於阿根廷近年政治局勢的精彩討論,見Lupu (2016)。文中對顧志耐(Kuznets)的引述,見 *Economist* (2019)。Brian Barry關於「輪替的多數」的論點,見Barry (1989)。

4. 擺脫民主陷阱

關於「中國和俄羅斯領導的『新世界秩序』」的宣告,見Rachman (2022a);而後Rachman寫了一本優秀的專書進行探討,見Rachman (2022b)。選民可能因為不夠理性或資訊不足導致無法妥善投票,相關書籍論述可見Caplan (2011)及Brennan (2017)。關於民主與科技的議題,見Reich, Sahami and Weinstein (2021)。關於菁英掠奪現象,見Hacker and Pierson (2005)。關於民主市場、平方投票法及其他運用市場機制的有趣作法,見Posner and Weyl (2018)。

關於認識性民主理論及其與孔多塞陪審團定理的連結,見List and Goodin (2001)。關於毛澤東的大躍進,見Yang (1996, p. 65)。關於群眾智慧與專家意見的比較,見Tetlock (2017)。關於群眾智慧與選舉預測的討論,見Murr (2011, 2015, 2016)及Graefe (2014)。關於

審議有助於解決多峰偏好的問題，見Dryzek and List (2003)。關於愛爾蘭「公民會議」的討論，見Farrell, Suiter and Harris (2019)。關於vTaiwan及唐鳳的討論，見Horton (2018)及Leonard (2020)。

關於同理心與遭汙名化的群體間的關係，見Batson, Daniel, Polycarpou, Harmon-Jones, et al. (1997)。關於同理心與更高程度極化的關係，見Simas, Clifford and Kirkland (2020)。關於美國初選中的策略性投票，見Hillygus and Treul (2014)。關於奧地利的強制投票制度，見Hoffman, León and Lombardi (2017)，關於澳洲的強制投票制度，見Fowler (2013)。關於林肯與「操控遊說」概念的討論，見Riker (1986)及McLean (2002)。

比例代表制能夠保障少數族群的利益，正是得益於投票循環，相關討論見McGann (2006)。比例代表制國家擁有較高的公共支出，並且傾向組成左翼政府，相關討論見Crepaz (1998)及Iversen and Soskice (2006)。比例代表制國家的不平等程度更低，相關討論見Lijphart (1999)，但也要留意Scheve和Stasavage的研究，兩人發現此模式在二戰前並不成立，見Scheve and Stasavage (2009)。比例代表制國家的政策穩定度更高，相關討論見McGann (2006)及Nooruddin (2010)。

Part II：平等

5. 貝佐斯上太空

貝佐斯（Bezos）的薪資是亞馬遜一般員工的好幾倍，該則BBC報導源自BBC駐紐約商業新聞記者Kim Gittleson，見https://www.bbc.co.uk/news/business-45717768。布拉德沃斯（James Bloodworth）

引人入勝的著作《沒人雇用的一代》（*Hired*），記述了他在英國魯吉利亞馬遜物流中心的工作經歷，見 Bloodworth (2018)。關於最富有的1％和最貧窮的50％，相關數據見 Piketty, Saez and Zucman (2018)。關於最富有的百0.1％所持有的財富，相關數據見 Saez and Zucman (2020, p. 10)。

6. 什麼是平等？

關於德沃金（Dworkin）的「平等主義的高地」概念，詳盡闡述見 Dworkin (1983)。關於平等主義理論更全面的解說，見 Kymlicka (2002)，文中引述內容摘自該書 pp. 3–4。沈恩（Amartya Sen）在其著作中闡述了公正性與平等之間的關係，並提出了核心問題「當我們討論平等時，究竟是指哪方面的平等？」，見 Sen (1995)。史賓塞（Spencer）對面相學的著迷，見 Gondermann (2007)。文中尼采（Nietzsche）說的話，引述自 Nietzsche (1974, p. 377, originally 1882)。不平等程度愈低，將會帶來各種益處，相關證據見 Wilkinson and Pickett (2009, Chapters 6, 8, 10)，必須注意的是，這些數據的相關性，是以國家為分析單位、讓各國進行比較得出的，若要探討各國內部不平等程度的變化是否會為各國帶來更好的結果，則是更具挑戰性的研究課題。關於不平等程度與醫療保健之間的關係，最新分析見 Lynch (2020)。政府徵稅前與徵稅後不平等程度的差異，相關數據見 OECD Income Distribution Database (2022)。關於財富不平等的數據，見 Pfeffer and Waitkus (2021)。

關於席代爾（Scheidel）的「不平等擴張化時期」概念，詳盡闡述見 Scheidel (2017)，關於狩獵採集社會中的不平等現象，該書亦提供了證據，見 p. 37，同時該書認為，戰爭、饑荒和瘟疫是「強

大的平等機制」（great leveler）。古代和中世紀不平等程度的數據，見Milanovic, Lindert and Williamson (2011)，該論文亦提出了「不平等的可能性邊界」（inequality possibility frontier）和「不平等的榨取率」（inequality extraction ratio）的概念，用以估量一個社會可能達到的不平等程度，以及推算一個社會目前的不平等程度有多接近這個理論值。關於中世紀生活水準提高而導致不平等程度上升的研究，見Alfani (2015, 2017)。經濟發展會加劇不平等（城市化即為途徑之一）的經典論點，見Kuznets (1955)——艾塞默魯（Acemoglu）與羅賓森（Robinson）後來針對該論點，建立了更為形式化的模型，見Acemoglu and Robinson (2002)。顧志耐還認為，隨著經濟繼續發展，不平等最終會下降，這在二十世紀確實發生了。但正如皮凱提（Piketty）所指出的，他並未預測到不平等後來又再次上升，見Piketty (2014)。W. Arthur Lewis針對城市化與不平等之間的關係，亦提出相關論點——不平等程度上升，是因為發達的核心地區收入急遽增長，而其他地區則停滯不前，見Lewis (1954, 1976)。

關於「大壓縮」的概念，詳盡闡述見Goldin and Margo (1992)。Scheve與Stasavage認為，戰爭和經濟蕭條，是不平等程度下降的主要原因，見Scheve and Stasavage (2009)，此論點亦可見於Scheidel (2017)。有本經典著作，專門探討了教育與科技創新如何對社會的不平等現象產生相反的效應，見Goldin and Katz (2010)。關於薪資談判與不平等程度之間的關係，相關研究證據見Rueda and Pontusson (2000)。各國最富有的1％人口的收入佔比，相關數據源自世界不平等資料庫（World Inequality Database），見https://wid.world。Milanovic針對不平等與全球化的關係，做了相當親民的說明，見Milanovic (2016)。

7. 平等陷阱

　　Iversen針對民主資本主義（democratic capitalism）中固有的權衡取捨做了很棒的概述，見Iversen（2010）。關於「梅爾策－理查模型」的詳盡闡述，見Meltzer and Richard (1981)。關於「羅賓漢悖論」的詳盡闡述，見Lindert (2004)。關於Cohen的「平等主義精神」概念，詳盡闡述見Cohen (1989)，後來該概念又有了更進一步的擴展深化，見Cohen (2008)。Jonathan Wolff亦針對「平等主義精神」提供精闢分析，見Wolff (1998)。奧肯（Okun）以「漏水的桶子」比喻效率與平等之間的權衡取捨，相關闡述見Okun (2015, originally 1975)。Hopkin與Blyth對奧肯的理論提供了有益的批評，並提出效率與平等之間除了是「權衡取捨」（trade-off）的關係，也可以是「互利交換」（trade-in）的關係，見Hopkin and Blyth (2012)。現實世界的稅收情形，鮮少有「拉弗曲線」（Laffer curve）式的低效情況發生（即過高的稅率導致稅收下降），相關探討見Saez, Slemrod and Giertz (2012)。右翼政黨這種刻意偏離中間路線的傾向，見Hacker and Pierson (2005)及McCarty, Poole and Rosenthal (2016)；這種傾向已產生僵局效應，讓福利國家制度的擴張變得更為困難，相關論述見Bonica, McCarty, Poole and Rosenthal (2013)。關於「機會囤積」概念的詳盡闡述，見Charles Tilly in Tilly (1998)。使「機會囤積」概念更為普及化的讀本，見Reeves (2018)。Valentino與Vaisey亦對「機會囤積」概念做了精闢討論，見Valentino and Vaisey (2022)。

　　桑德斯（Bernie Sanders）關於斯堪地那維亞國家和民主社會主義的言論，引述自https://edition.cnn.com/2016/02/17/politics/bernie-sanders-2016-denmark-democratic-socialism/。民主社會主義強調員工也應持有公司所有權，而不只滿足於財富再分配，相關討論見

Bolton (2020)。關於「雷恩－梅德納模式」及「梅德納計畫」，在Silverman對梅德納（Meidner）所做的訪談中有所討論，見Silverman (1998)；相關討論亦見於Pontusson (1993)、Pontusson and Kuruvilla (1992)、Rothstein (2020)。桑德斯對「員工也應持有公司所有權」的倡導，見Matthews (2019)。關於「大亨曲線」的詳盡闡述，見Alan Krueger (2012)。關於義大利市場的高度管制，相關討論見Hopkin and Blyth (2012)；關於公證人在義大利所扮演的角色，相關討論見 *Economist* (2015)。關於非裔美國人在創新表現方面遭受壓迫情況，見Cook (2014)。

作用於民主化過程的「再分配主義」模型，見Boix (2003)及Acemoglu and Robinson (2006a)；相反論點則認為，不平等程度愈高，民主化愈有可能發生，見Ansell and Samuels (2014)。關於十九世紀中國的不平等程度，相關數據見Milanovic, Lindert and Williamson (2011)。關於普丁統治下那群寡頭大老們的命運，相關討論見Frye (2022, p. 9)。

關於女性就業率以及各國男女薪資的差異，相關精采分析見Kleven and Landais (2017)及Bertrand (2020)。關於各國男女的不平等、家務分工的不平等、生育後的薪資衝擊、新冠疫情的影響，上述議題的全面性回顧，見Andrew, Bandiera, Costa-Dias and Landais (2021)。關於瑞典男性的育嬰假，見Haas and Hwang (2019)及Ekberg, Eriksson and Friebel (2013)；挪威男性的育嬰假，見Dahl, Løken and Mogstad (2014)；日本男性的育嬰假，見Miyajima and Yamaguchi (2017)。若是沒有日益增長的「選擇性婚配」現象，美國的不平等程度可能會再降低25％至30％，相關估計見Greenwood, Guner, Kocharkov and Santos (2014)。關於「選擇性婚配」減少了「代

間流動」，相關研究見 Ermisch, Francesconi and Siedler (2006)。關於丹麥的「選擇性婚配」情況，相關研究見 Breen and Andersen (2012)。關於丹麥、德國、挪威和英國的「選擇性婚配」情況，相關研究見 Eika, Mogstad and Zafar (2019)。關於東歐與北歐「選擇性婚配」情況的比較，見 Eeckhaut and Stanfors (2021)。文中施瓦茲（Christine Schwartz）說的話，引述自 Schwartz (2010, pp. 1524–5)。施瓦茲針對「選擇性婚配」議題所做的出色概述，見 Schwartz (2013)。

8. 擺脫平等陷阱

桑莫斯（Larry Summers）與賽斯（Emmanuel Saez）的這場對峙發生在2019年10月17日，於彼得森國際經濟研究所（Peterson Institute for International Economics）舉辦的「對抗不平等」（Combating Inequality）雙年會議中上演，當天稍早我曾在那裡發表演說。這場引人入勝的交流影片，見 https://www.piie.com/events/combating-inequality-rethinking-policies-reduce-inequality-advanced-economies。賽斯與祖克曼（Zucman）提出了他們「激進」的財富稅方案，並列出 Warren 與 Sanders 的方案，然後估算這些政策分別會對億萬富豪們的財富造成什麼影響，見 Saez and Zucman (2019)。關於瑞典的高度財富不平等，見 Pfeffer and Waitkus (2021)。關於皮凱提（Piketty）提出的「全球財富稅」，相關討論見 Piketty (2014, Chapter 15)。Larry Bartels 對於大眾態度以及布希減稅法案的分析，見 Bartels (2005, 2016)。英國2015年針對不同稅種的公平性所做的民調，由 YouGov 主導執行，見 https://yougov.co.uk/topics/politics/articles-reports/2015/03/19/inheritance-tax-most-unfair。關於人們對遺產稅的態度，我本人在這方面的研究可見於 Elkjaer, Ansell, Bokobza, et al. (2022)。在英國有多少比例的承繼遺產需繳納遺產稅,可參見 https://www.gov.uk/government/statistics/inheritance-tax-statistics-commentary/inheritance-tax-statistics-commentary。關於所得稅與財富稅的線上實驗,見Ansell, Bokobza, Cansunar et al. (2022)。在人們一生賺取的財富之中,遺產佔比甚小,相關數據見Black, Devereux, Landaud and Salvanes (2022)。

機器人稅的危險與前景,相關討論見Seamans (2021)。關於機器人取代工人,相關研究證據見Acemoglu and Restrepo (2020)。「預分配」的概念由Jacob Hacker提出,見Hacker, Jackson and O'Neill (2013)。關於「社會投資」與「社會消費」的精闢討論,見Beramendi, Häusermann, Kitschelt and Kriesi (2015, Introduction),而我與Jane Gingrich亦針對「社會投資政治學」(politics of social investment)這個題目合寫過一篇文章,見Gingrich and Ansell (2015)。關於高等教育支出的偏向性,見Ansell (2008a、2008b、2010)。關於畢業生所學專業與勞動市場需求不匹配的問題,見Ansell and Gingrich (2017)。關於德國學徒制及其配套制度的重要性,見Hall and Soskice (2001);德國學徒制與英國相關制度的比較,見Thelen (2004)。文中索斯基斯(David Soskice)說的話,引述自 https://www.ft.com/content/f8bacb60-d640-11e4-b3e7-00144feab7de。

Part III：團結

9. 歐巴馬健保

關於國會議員路易斯（Lewis）、卡森（Carson）與克里弗（Cleaver）遭受種族歧視辱罵的事件，見CBS的新聞報導：https://www.cbsnews.com/news/rep-protesters-yelled-racial-slurs/；《紐約時報》的報導則收錄了克里弗議員辦公室更詳細的聲明內容，見：https://prescriptions.blogs.nytimes.com/2010/03/20/spitting-and-slurs-directed-at-lawmakers/。Clyburn表示自1960年代以來就再沒聽過如此不堪的言論，該段話引述自：https://www.politico.com/story/2010/03/dems-say-protesters-used-n-word-034747。關於美國和其他國家在醫療保健方面的花費，相關數據見World Bank DataBank，可在https://data.worldbank.org/indicator/SH.XPD.CHEX.PC.CD 及 https://data.worldbank.org/indicator/SH.XPD.GHED.GD.ZS中查詢。關於未投保人口的百分比，相關數據見Cohen, Terlizzi and Martinez (2019)，亦可見於https://www.census.gov/library/publications/2021/demo/p60-274.html。關於美國醫療保健系統的發展史，以及稅收優惠在其中扮演的角色，見Thomasson (2003) 及 Catlin and Cowan (2015)。Clinton推行醫療保健計畫最終失敗，相關評述見Hacker (1999)。關於美國「聯邦醫療保險」以及英國國民保健署的起源，見Jacobs (2019)。關於美國「聯邦醫療補助」的擴張以及不同種族對這一擴張計畫的態度，見Grogan & Park (2017) 及 Michener (2018)。

10. 什麼是團結

涂爾幹（Émile Durkheim）提出「有機連帶」（organic solidarity）與「機械連帶」（mechanical solidarity）的概念，詳盡闡述見 Durkheim (2019, originally 1893)。針對這些概念與社會正義的關聯，Herzog 做了相當有趣的分析，見 Herzog (2018)。關於福利國家制度的構成要素、以及這些要素如何逐步建立起來，相關經典論述見 Esping-Andersen (1990) 及 de Swaan (1988)。富人也有可能支持社會保險，相關討論見 Moene and Wallerstein (2001) 及 Iversen and Soskice (2001)。關於「去商品化」概念的詳盡闡述，見 Esping-Andersen (1990)。社會支出的相關數據，見 OECD Social Expenditure Database (SOCX) 於 2017 年提供的資料，可在 https://www.oecd.org/en/data/datasets/social-expenditure-database-socx.htmlm 中查詢。慈善捐款的相關數據，見 Charities Aid Foundation (2016)。退休金慷慨度的相關數據，見 McInnes (2021)。各國失業給付的相關權利，可在 https://ec.europa.eu/social/main.jsp?catId=858&langId=en 中查詢。〈團結的歷史〉一節，參考了 de Swaan (1988) 及 Ansell and Lindvall (2021)，後者提出了「向內征服」（inward conquest）的概念。文中蒂利（Tilly）說的話，引述自 Tilly (1975)。關於社會支出增長的現象，Lindert 對此有相當精闢的說明，見 Lindert (2004)。

11. 團結陷阱

關於「樂觀偏誤」與可能承擔的健康風險，見 Bränström and Brandberg (2010)。

關於「信用限制」與「高等教育機會」之間的關係，見 Barr (2012)。關於福利國家制度的政治經濟學，Barr 對此有相當棒的入

門介紹,並帶到了「逆選擇」和「道德風險」等概念,見 Barr (2001)。在不同人生階段,人們與福利國家制度的互動關係也會有所不同,人們有時是制度下的受益者,有時是付出者,希爾斯(John Hills)有一本精采著作專門探討此議題,見 Hills (2017)。關於富蘭克林‧羅斯福(Franklin Delano Roosevelt）

與社會安全福利的例子,見 Jacobs (2011, Chapter 5)。Tony Blair 的「嬰兒債券」是受到了「持份者社會」（stakeholder society）論點的影響;「持份者社會」作為UBI的競爭方案,主張每個美國人出生時都應獲得八萬美元,見 Ackerman and Alstott (1999)。

關於泰勒(Linda Taylor)的事蹟,見 Kohler-Hausmann (2007)。關於美國福利制度中的種族政治,相關分析見 Gilens (2003, 2009)。關於族裔多樣性與社會支出議題,大量政治經濟學文獻都有對此進行探討,見 Alesina and Glaeser (2004)、Lieberman (2003)、Habyarimana, Humphreys, Posner and Weinstein (2007)及 Singh and vom Hau (2016)。關於肯亞公立學校的募款情況,相關研究見 Miguel and Gugerty (2005)。關於族裔多樣性如何影響不同族群的收入水準,見 Baldwin and Huber (2010)。關於族裔多樣性與「實物」形式的社會福利之間的關係,見 Dancygier (2010);維也納公共住宅的案例,見 Cavaille and Ferwerda (2022)。關於謝林(Schelling)那著名的種族隔離模型,見 Schelling (2006, originally 1978)。關於種族中心主義與大眾態度之間的關係,見 Kinder and Kam (2010),本書是相關議題的重要論著,亦討論了美國人在種族中心主義影響下,對於社會安全福利及對外援助等議題所抱有的態度。歐洲人對於對外援助的態度,見 Heinrich, Kobayashi and Bryant (2016)。關於「公民民族主義」與印度國旗地圖之間的關聯,見 Charnysh, Lucas and Singh (2015)。

關於白人工人階級的投票行為及其對極右翼政黨的支持，見Gest (2016)及Gest, Reny and Mayer (2018)。

關於巴拿馬文件和挪威的逃稅問題，見Alstadsæter, Johannesen and Zucman (2019)。英國政府因民眾詐領新冠疫情支持基金而損失60億英鎊，相關報導見https://www.theguardian.com/world/2022/feb/11/hmrc-accused-of-ignorance-and-inaction-over-6bn-covid。發生於奧克拉荷馬州的新冠疫情紓困金詐領案，相關報導見https://www.justice.gov/opa/pr/woman-pleads-guilty-438-million-covid-19-relief-fraud-scheme。英國的福利詐領情況被過度誇大，相關討論見Geiger (2018)。關於肥胖症及其與死亡率的關係，相關估計值可分別見於世界衛生組織全球衛生觀察站（WHO Global Health Observatory）及健康指標和評估研究所（IHME）、全球疾病負擔（Global Burden of Disease），2019，亦可見https://ourworldindata.org/obesity。「失業給付慷慨度」與「失業給付領取時間的長短」，兩者的關聯可用「道德風險」的概念來解釋，見Chetty (2008)。許多國家的「失業給付慷慨度」與「就業率」呈現正相關，相關研究見Pontusson (2005)。「失業給付慷慨度」與「技能投資」呈現正相關，相關研究見Estevez-Abe, Iversen and Soskice (2001)；我根據這個主張所做的實驗分析，見Ahlquist and Ansell (2022)。英國「政府幫你買」模式的失敗，相關分析見Carozzi, Hilber and Yu (2020)。英格蘭和威爾斯的選校機制及其導致的「分類」行為，見Gingrich and Ansell (2014)。Tiebout的經典著作以更為廣泛的角度，討論了這種「分類」現象，見Tiebout (1956)。

12. 擺脫團結陷阱

關於UBI方案，最佳入門書籍由該政策的重要支持者Standing所著，內容含括了早期UBI方案的一些案例，如加拿大緬尼托巴省多芬鎮的實驗，見Standing (2017)。Bidadanure對UBI的政治理論做了相當嚴謹的討論，見Bidadanure (2019)。Sloman對UBI在英國及其他地區的情況，有著相當有趣的討論，見Sloman (2018)。Philippe van Parijs為UBI的關鍵創始人，他對UBI的回顧分析，見Van Parijs (2017)。Murray站在保守主義立場所提出的UBI方案，明確提議以此方案取代福利國家制度，見Murray (2016)。人工智慧與大數據對現有保險制度的威脅性，相關闡述見Iversen and Rehm (2022)。

關於「重分配的矛盾」，詳盡闡述見Korpi and Palme (1998)。關於「普及主義」及其擄獲中產階級支持的能力，最全面且最有力的論述可見於Rothstein (1998)。關於美國的兒童托育費用，相關估算 見https://www.epi.org/child-care-costs-in-the-united-states/#/MA。 關於美國福利國家制度的「隱蔽性」，見Mettler (2011)；有時這種「隱蔽性」甚至是刻意為之的，見Howard (1999)。Gingrich指出，如果福利國家制度夠「透明」，那麼在選舉時，公民們就更能根據這些福利政策的成效做出相應的投票決定，見Gingrich (2014)。Bleemer發現加州的ELC政策，提高了低收入戶與少數族裔學生進入加州大學的機會，見Bleemer (2021)。研究顯示，被TTP政策「拉進」德州大學系統的學生，在教育表現與收入方面都取得了更好的成果，見Black, Denning and Rothstein (2020)。研究顯示，父母會為了增加子女進入大學的機會而搬到不同的學區，見Cullen, Long and Reback (2013)。

Part IV：安全

13. 封城

感謝阿德勒（David Adler）與楊緣（Yuan Yang）分享他們的新冠肺炎經歷。中國、義大利和美國的新冠肺炎死亡總數，相關數據源自世界衛生組織（World Health Organization），見https://covid19.who.int。文中諾姆（Kristi Noem）的話，引述自Levenson (2020)。《紐約時報》關於斯特吉斯摩托車集會的報導，見https://www.nytimes.com/2020/11/06/us/sturgis-coronavirus-cases.html。人們對新冠疫苗的猶豫態度以及人們對社交距離的態度，我對此議題所進行的調查，見Ansell, Bauer, Gingrich and Stilgoe (2021)。各國民眾對社交距離的遵守態度，相關分析見Ansell, Cansunar and Elkjaer (2021)。

14. 什麼是安全

關於社區環境的失序狀態及其所造成的負面心理影響，見Hill, Ross and Angel (2005)。住在高犯罪率地區的婦女更容易早產，相關研究見Messer, Kaufman, Dole, et al. (2006)。關於「坐匪」的概念，見Olson (1993)。關於「hue and cry」的警報機制，見Müller (2005)。關於警察制度和監獄的起源，以及文中對笛福（Defoe）的引述，見Ansell and Lindvall (2021, p. 68)。我辦公室裡那本關於監獄的神祕書籍，見Johnston (2000)。關於監獄歷史最佳的比較分析，見Morris and Rothman (1998)。十九世紀初犯人受刑罰的統計數據，見Ansell and Lindvall (2021, p. 97)。關於東州教養所，見Rubin (2021)。傅柯（Michel Foucault）對近代刑罰景象的分析，見Foucault (1977)。

Bayley及Emsley對現代警察制度的起源做了很棒的概述，見

Bayley (1990)及 Emsley (2014)。《每日環球紀錄報》的那則輕蔑發言以及警力的起源，見 Ansell and Lindvall (2021, Chapter 3)。Pinker 所提出的「和平程度不斷在提升」的論點，見 Pinker (2011)，而 Braumoeller的回應可見於 Braumoeller (2019)。

15. 安全陷阱

「監管者螺旋」的賽局理論論證係由 Binmore 提出，見 Binmore (2004)。讓「O型環理論」廣為人知的關鍵著作，見 Kremer (1993)。「民主制度」可以作為「監管者螺旋」困境的解決方案，該觀點由 Hurwicz 提出，見 Hurwicz (2008)。美國司法部關於密蘇里州佛格森市的調查報告，見 Shaw and United States (2015)。關於「準道德規範」的探討，見 Elster (2015)。莫庫斯（Antanas Mockus）擔任波哥大市長期間的治理事蹟，相關探討見 Pasotti (2010)。利森（Peter Leeson）對索馬利亞的分析，見 Leeson (2007)。索馬利亞內戰開始以來的難民數據源自聯合國，見 https://www.un.org/development/desa/pd/content/international-migrant-stock。Uslaner認為，正是「洋特法則」，支撐了丹麥社會的平等現狀，見 Uslaner (2017)。挪威社會學家 Cappelen 與 Dahlberg發現，「洋特法則」可能會降低人們之間的信任度，見 Cappelen and Dahlberg (2018)。關於普特南（Robert Putnam）的社會資本理論，詳盡闡述見 Putnam (1992, 2000)。

關於既得利益的菁英階層對技術變革的厭惡，見 Acemoglu and Robinson (2006b)。關於熊彼得的「創造性破壞」概念，詳盡闡述見 Schumpeter (2013, originally 1942)；是的，也是在同一本書，他定義了何為「民主」！斯科特（James C. Scott）關於「國家如何掌握自家公民、讓每位公民都『更好辨識』」的分析，見 Scott (2008)，而

他對贊米亞丘陵地帶居民的分析，見Scott (2010, p. 9)。「特許城市」概念最重要的推廣者是Paul Romer，見Romer (2010)。Sagar則對「特許城市」的正當性提出縝密的批評，見Sagar (2016)。

16. 擺脫安全陷阱

研究指出，測速照相機的設置，減少了英國的交通事故傷害，見Gains, Heydecker, Shrewsbury and Robertson (2004)。西雅圖學區交管路段超速減少的情況，見Quistberg, Thompson, Curtin, et al. (2019)。Fussey與Murray對倫敦警方的人臉辨識技術所進行的獨立評估，見Fussey and Murray (2019)。關於中國的「社會信用體系」能做到什麼與不能做到什麼，《金融時報》的楊緣（Yuan Yang）提供我相當有用的指引。王心遠（Xin Yuan Wang）對中國公民進行的關於「社會信用體系」的訪談，記錄於Wang (2019)。Rogier Creemers對「社會信用體系」亦有相當精闢的論述，見Creemers (2018)。犯罪預測技術所導致的「狀態依賴」問題，見Lum and Isaac (2016)。

美國里亞托市針對警用穿戴式攝影機所進行的為期一年的實驗，見Ariel, Farrar and Sutherland (2015)。關於警用穿戴式攝影機對警界所起到的約束作用，相關研究證據見Kim (2019)，關於警用穿戴式攝影機與社群媒體流出曝光之間的關係，見Kim (2022)。2015年10月23日，FBI前局長詹姆斯・柯米（James Comey）在芝加哥大學法學院的演說中，表達了對「警方消極執勤」（depolicing）現象的擔憂。美國斯波坎市針對「警方消極執勤」現象進行的研究，見Wallace, White, Gaub and Todak (2018)。Cobbina-Dungy與Jones-Brown針對「削減警察經費」的各種論點，做了相當實用的分析，

386

見Cobbina-Dungy and Jones-Brown (2021)。

「民主和平論」其實有許多版本，包括Russett (1994)、Owen (1994)及Tomz and Weeks (2013)。「資本主義和平論」係由Gartzke提出，見Gartzke (2007)。關於烏克蘭與北約的討論，參考自Frye (2022, pp. 162–3)。Horowitz對「致命自主武器系統」有相當精闢的分析，見Horowitz (2019)。

Part V：繁榮

17. 巴黎

感謝Thomas Hale分享他在《巴黎氣候協定》方面的研究經驗。文中法畢斯（Laurent Fabius）所說的「國家並非冷酷的怪物」，引述自https://www.ft.com/content/c2a54a0e-89fb-11e5-90de-f44762bf9896。南非代表將《巴黎氣候協定》草案比作「南非種族隔離政策」，見https://mg.co.za/article/2015-10-20-south-africa-compares-global-climate-plan-to-apartheid/。全球碳排百分比的數據，源自氣候追蹤（Climate TRACE），見https://climatetrace.org/。從「自行裁量權」及「曖昧性」來看《巴黎氣候協定》的有效性，該觀點源自Keohane and Oppenheimer (2016)。

18. 什麼是繁榮？

Coyle針對GDP的歷史，提供了生動且資訊量極高的描述，其中也帶到了義大利「非正式」經濟活動的情況，見Coyle (2015)。Coyle也詳盡探討了GDP未能涵蓋的層面。關於「大麥克指數」的最新數據，見https://www.economist.com/big-mac-index。你可以用國

際貨幣基金組織（IMF）的互動式地圖，查看各國間「購買力平價」的差異，見https://www.imf.org/external/datamapper/PPPPC@WEO/OEMDC/ADVEC/WEOWORLD。麥迪森（Angus Maddison）所估算的GDP歷史數據，見Maddison (2006)。關於沈恩的「能力取向」（capability approach）觀點，詳盡闡述見Sen (1985)。關於顧志耐的「繁榮指數」，相關討論見Coyle (2015)。政治人物傾向在大選前短暫促進經濟成長，背後相關動機，見Tufte (1978)及Duch and Stevenson (2008)。關於NNP（國民生產淨額）的概念，相關討論見Weitzman (2017)。Arrow及其同僚對永續性議題的關切，見Arrow, Dasgupta, Goulder, et al. (2004)。

關於「馬爾薩斯陷阱」，相關討論見Allen (2003)。關於經濟成長率的數據，見Maddison (2006)及Pritchett (1997)。關於經濟成長理論的各個發展時期，相關討論見Acemoglu (2008)。關於「命運逆轉」的論點，詳盡闡述見Acemoglu, Johnson and Robinson (2001, 2002)。關於「廣納型制度」與「榨取型制度」的概念，詳盡闡述見Acemoglu and Robinson (2012)。關於光榮革命及君主後來受到的有效制衡，該論點首倡於North and Weingast (1989)。

19. 繁榮陷阱

　　Gibbons及Kydd的著作，皆對賽局理論做了很棒的介紹，見Gibbons (1992)及Kydd (2015)。對賽局理論更為通俗的介紹，見Dixit and Nalebuff (1993)。關於南義大利的逃稅現象，見Galbiati and Zanella (2012)。關於「以牙還牙」策略，見Axelrod (1984)。關於《邊界地區法》的討論，見Leeson (2009)。如何延長「未來的陰影」，是1980年代國際關係領域的重要論題，見Axelrod and Keohane

(1985)。Olson在他那本開創性的著作中，發展了他的集體行動理論，見Olson (1965)，該書亦是政治經濟學領域的重要著作之一。關於北約與集體行動問題的論述，首見於Olson and Zeckhauser (1966)。「水牛莫扎瑞拉起司」的例子，見Locke (2001)。氣候變遷是分配問題而非集體行動問題，相關論述見Aklin and Mildenberger (2020)及Colgan, Green and Hale (2021)。關於「催化式合作」，見Hale (2020)。

關於「荷蘭病」的經典分析，見Corden (1984)。關於沙烏地阿拉伯稅務部門的資訊，見Chaudhry (1997)。關於「資源詛咒」對政治帶來的影響，經典論述見Ross (2001)。石油富國的教育支出通常較低，相關討論見Ansell (2010)。Ross認為，中東女性政治參與率偏低，關鍵因素是石油而非伊斯蘭教，見Ross (2008)。一些波斯灣國家試圖透過教育、建築奇觀或舉辦大型盛事，來實現現代化進程，相關討論見Jones (2015, 2017)。關於「南海泡沫」事件及其中可能的獲利機會，見Temin and Voth (2004)。文中對Sir Gilbert Heathcote的引述，見Hoppit (2002)。薩爾瓦多採用比特幣的施政經歷，見https://www.nytimes.com/2021/10/07/world/americas/bitcoin-el-salvador-bukele.html。

20. 擺脫繁榮陷阱

關於德國的「多元化高品質生產」（diversified quality production），見Sorge and Streeck (2018)。關於馬祖卡托（Mazzucato）提出的「創業型國家」概念，詳盡闡述見Mazzucato (2011)。關於芬蘭及其他斯堪地那維亞國家的創新政策，相關精采分析見Ornston (2013)及Breznitz and Ornston (2013)。「年輕科技公司」（tech teens）對產業發展的重要性以及捷安特的成功案例，相關討論見Breznitz (2021)。「挪威模式」對資源財富的成功管理，詳盡說明見Holden (2013)。利用「稅制」來解決貧富差距與信貸泡沫，相關討論見Ahlquist and Ansell (2017)。加拿大銀行與美國銀行的比較分析，參考自Calomiris and Haber (2015)。關於「碳稅」與「總量管制與排放交易」制度的比較，存在大量討論與不同觀點，Stavins則對這些觀點做了很實用的總覽，見Stavins (2019)。關於加拿大卑詩省的碳稅制度及其有效性，相關研究見Harrison (2013)。當民眾被告知其他國家也會引入碳稅時，民眾對碳稅的支持度也會有所變化，相關研究見Bechtel, Scheve and van Lieshout (2019)。如何爭取人們對碳稅的支持，相關探討見Gaikwad, Genovese and Tingley (2022)。關於「全球統一碳稅」的民調分析，見Carattini, Kallbekken and Orlov (2019)。

政治如何成功

比例代表制的附加好處，詳盡討論見McGann (2006)。英國未能建立主權基金而造成的損失，相關計算見Atkinson and Hamilton (2020)。

參考書目

Acemoglu, Daron (2008). *Introduction to Modern Economic Growth*. Princeton University Press.

Acemoglu, Daron, Simon Johnson and James A. Robinson (2001). 'The colonial origins of comparative development: An empirical investigation.' *American Economic Review* 91.5: 1369–401.

Acemoglu, Daron, Simon Johnson and James A. Robinson (2002). 'Reversal of fortune: Geography and institutions in the making of the modern world income distribution.' *The Quarterly Journal of Economics* 117.4: 1231–94.

Acemoglu, Daron, Suresh Naidu, Pascual Restrepo and James Robinson (2019). 'Democracy does cause growth.' *Journal of Political Economy* 127.1: 47–100.

Acemoglu, Daron, and Pascual Restrepo (2020). 'Robots and jobs: Evidence from US labor markets.' *Journal of Political Economy* 128.6: 2188–244.

Acemoglu, Daron, and James A. Robinson (2002). 'The political economy of the Kuznets curve.' *Review of Development Economics* 6.2: 183–203.

Acemoglu, Daron, and James A. Robinson (2006a). *Economic Origins of*

Dictatorship and Democracy. Cambridge University Press.

Acemoglu, Daron, and James A. Robinson (2006b). 'Economic backwardness in political perspective.' *American Political Science Review* 100.1: 115–31. Acemoglu, Daron, and James A. Robinson (2012). *Why Nations Fail: The Origins of Power, Prosperity, and Poverty*. Crown Publishers.

Ackerman, Bruce, and Anne Alstott (1999). *The Stakeholder Society*. Yale University Press.

Adler, David, and Ben W. Ansell (2020). 'Housing and populism.' *West European Politics* 43.2: 344–65.

Aelst, Peter van, and Tom Louwerse (2014). 'Parliament without government: The Belgian parliament and the government formation processes of 2007–2011.' *West European Politics* 37.3: 475–96.

Ahlquist, John S., and Ben W. Ansell (2017). 'Taking credit: Redistribution and borrowing in an age of economic polarization.' *World Politics* 69.4: 640–75.

Ahlquist, John S., and Ben W. Ansell (2022). 'Unemployment insurance, risk, and the acquisition of specific skills: An experimental approach.' Working Paper.

Aidt, Toke, Felix Grey and Alexandru Savu (2021). 'The meaningful votes: Voting on Brexit in the British House of Commons.' *Public Choice* 186.3: 587–617.

Aklin, Michaël, and Matto Mildenberger (2020). 'Prisoners of the wrong dilemma: Why distributive conflict, not collective action, characterizes the politics of climate change.' *Global Environmental Politics* 20.4: 4–27.

Alesina, Alberto, and Edward Glaeser (2004). *Fighting Poverty in the US and Europe: A World of Difference*. Oxford University Press.

Alfani, Guido (2015). 'Economic inequality in northwestern Italy: A long-term view (fourteenth to eighteenth centuries).' *The Journal of Economic History* 75.4: 1058–96.

Alfani, Guido (2017). 'The rich in historical perspective: evidence for pre-industrial Europe (ca. 1300–1800).' *Cliometrica* 11.3: 321–48.

Allen, Robert C. (2003). 'Progress and poverty in early modern Europe.' *The Economic History Review* 56, no. 3: 403–43.

Alstadsæter, Annette, Niels Johannesen and Gabriel Zucman (2019). 'Tax evasion and inequality.' *American Economic Review* 109.6: 2073–103.

Anderson, Christopher J., Andre Blais, Shane Bowler, et al., eds. (2005). *Losers' Consent: Elections and Democratic Legitimacy*. Oxford University Press.

Andrew, Alison, Oriana Bandiera, Monica Costa-Dias and Camille Landais (2021). 'Women and men at work.' *IFS Deaton Review of Inequalities.*

Ansell, Ben W. (2008a). 'Traders, teachers, and tyrants: Democracy, globalization, and public investment in education.' *International Organization* 62.2: 289–322.

Ansell, Ben W. (2008b). 'University challenges: Explaining institutional change in higher education.' *World Politics* 60.2: 189–230.

Ansell, Ben W. (2010). *From the Ballot to the Blackboard: The Redistributive Political Economy of Education*. Cambridge University Press.

Ansell, Ben W. (2014). 'The political economy of ownership: Housing markets and the welfare state.' *American Political Science Review* 108.2: 383–402. Ansell, Ben W. (2019). 'The politics of housing.' *Annual Review of Political Science* 22.1: 165–85.

Ansell, Ben W., Martin Bauer, Jane Gingrich and Jack Stilgoe (2021). 'Coping with Covid: Two wave survey.' Working Paper, https://rpubs.com/benwansell/729135.

Ansell, Ben W., Laure Bokobza, Asli Cansunar, et al. (2022). 'How do wealth and income affect individuals' attitudes towards redistribution

and taxation?' Working Paper.
Ansell, Ben, Asli Cansunar and Mads Andreas Elkjaer (2021). 'Social distancing, politics and wealth.' *West European Politics* 44.5–6: 1283–313.
Ansell, Ben, and Jane Gingrich (2017). 'Mismatch: University education and labor market institutions.' *PS: Political Science & Politics* 50.2: 423–5. Ansell, Ben, Frederik Hjorth, Jacob Nyrup and Martin Vinæs Larsen (2022). 'Sheltering populists? House prices and the support for populist parties.' *The Journal of Politics* 84.3: 1420–36.
Ansell, Ben W., and Johannes Lindvall (2021). *Inward Conquest: The Political Origins of Modern Public Services*. Cambridge University Press.
Ansell, Ben W., and David J. Samuels (2014). *Inequality and Democratization*. Cambridge University Press.
Ariel, Barak, William A. Farrar and Alex Sutherland (2015). 'The effect of police body-worn cameras on use of force and citizens' complaints against the police: A randomized controlled trial.' *Journal of Quantitative Criminology* 31.3: 509–35.
Arrow, Kenneth J. (1950). 'A difficulty in the concept of social welfare.' *Journal of Political Economy* 58.4: 328–46.
Arrow, Kenneth J. (1951). *Social Choice and Individual Values*. Yale University Press.
Arrow, Kenneth, Partha Dasgupta, Lawrence Goulder, et al. (2004). 'Are we consuming too much?' *Journal of Economic Perspectives* 18.3: 147–72.
Atkinson, Giles, and Kirk Hamilton (2020). 'Sustaining wealth: Simulating a sovereign wealth fund for the UK's oil and gas resources, past and future.' *Energy Policy* 139: 111273.
Austen-Smith, D., and J. Banks (1996). 'Information aggregation, rationality, and the Condorcet jury theorem.' *American Political*

Science Review, 90.1: 34–45.

Axelrod, Robert (1984). *The Evolution of Cooperation*. Basic Books.

Axelrod, Robert, and Robert O. Keohane (1985). 'Achieving cooperation under anarchy: Strategies and institutions.' *World Politics* 38.1: 226–54.

Baldwin, Kate, and John D. Huber (2010). 'Economic versus cultural differences: Forms of ethnic diversity and public goods provision.' *American Political Science Review* 104.4: 644–62.

Balkin, Jack (2011). '3 ways Obama could bypass Congress.' CNN website, 28 July 2011. https://edition.cnn.com/2011/OPINION/07/28/balkin.obama.options/.

Barr, Nicholas Adrian (2001). *The Welfare State as Piggy Bank: Information, Risk, Uncertainty, and the Role of the State*. Oxford University Press.

Barr, Nicholas (2012). 'The higher education White Paper: The good, the bad, the unspeakable – and the next White Paper.' *Social Policy & Administration* 46.5: 483–508.

Barry, Brian (1989). *Democracy, Power, and Justice: Essays in Political Theory*. Vol. 1. Oxford University Press.

Bartels, Larry M. (2005). 'Homer gets a tax cut: Inequality and public policy in the American mind.' *Perspectives on Politics* 3.1: 15–31.

Bartels, Larry M. (2016). *Unequal Democracy*. Princeton University Press.

Batson, C. Daniel, M. P. Polycarpou, E. Harmon-Jones, et al. (1997). 'Empathy and attitudes: Can feeling for a member of a stigmatized group improve feelings toward the group?' *Journal of Personality and Social Psychology* 72.1: 105.

Bayley, David H. (1990). *Patterns of Policing: A Comparative International Anal- ysis*. Rutgers University Press.

Bechtel, Michael M., Kenneth Scheve and Elisabeth van Lieshout (2019). 'What determines climate policy preferences if reducing greenhousegas emissions is a global public good?' SSRN 3472314.

Beramendi, Pablo, Silja Häusermann, Herbert Kitschelt and Hanspeter Kriesi, eds. (2015). *The Politics of Advanced Capitalism*. Cambridge University Press.

Bertrand, Marianne (2020). 'Gender in the twenty-first century.' *AEA Papers and Proceedings* 110: 1–24.

Bidadanure, Juliana Uhuru (2019). 'The political theory of universal basic income.' *Annual Review of Political Science* 22: 481–501.

Binmore, Ken (2004). 'Reciprocity and the social contract.' *Politics, Philosophy & Economics* 3.1: 5–35.

Black, Duncan (1948). 'On the rationale of group decision-making.' *Journal of Political Economy* 56.1: 23–34.

Black, Sandra E., Jeffrey T. Denning and Jesse Rothstein (2020). *Winners and Losers? The Effect of Gaining and Losing Access to Selective Colleges on Education and Labor Market Outcomes*. No. w26821. National Bureau of Economic Research.

Black, Sandra, Paul Devereux, Fanny Landaud and Kjell Salvanes (2022). *The (Un)Importance of Inheritance*. No. w29693. National Bureau of Eco- nomic Research.

Bleemer, Zachary (2021). 'Top percent policies and the return to post-secondary selectivity.' *Research & Occasional Paper Series: CSHE* 1.

Bloodworth, James (2018). *Hired: Six Months Undercover in Low-Wage Britain*. Atlantic Books.

Boix, Carles (2003). *Democracy and Redistribution*. Cambridge University Press.

Bolton, Matt (2020). ' "Democratic socialism" and the concept of (post) capitalism.' *The Political Quarterly* 91.2: 334–42.

Bonica, Adam, Nolan McCarty, Keith T. Poole and Howard Rosenthal (2013). 'Why hasn't democracy slowed rising inequality?' *Journal of*

Economic Perspectives 27.3: 103–24.

Bränström, Richard, and Yvonne Brandberg (2010). 'Health risk perception, optimistic bias, and personal satisfaction.' *American Journal of Health Behavior* 34.2: 197–205.

Braumoeller, Bear F. (2019). *Only the Dead: The Persistence of War in the Modern Age*. Oxford University Press.

Breen, Richard, and Signe Hald Andersen (2012). 'Educational assortative mating and income inequality in Denmark.' *Demography* 49.3: 867–87.

Brennan, Jason (2017). *Against Democracy*. Princeton University Press.

Breznitz, Dan (2021). *Innovation in Real Places: Strategies for Prosperity in an Unforgiving World*. Oxford University Press.

Breznitz, Dan, and Darius Ornston (2013). 'The revolutionary power of peripheral agencies: Explaining radical policy innovation in Finland and Israel.' *Comparative Political Studies* 46.10: 1219–45.

Buchanan, Neil H., and Michael C. Dorf (2012). 'Nullifying the debt ceiling threat once and for all: Why the president should embrace the least unconstitutional option.' *Columbia Law Review* 112.

Calomiris, Charles W., and Stephen H. Haber (2015). *Fragile by Design: The Political Origins of Banking Crises and Scarce Credit*. Princeton University Press. Canon, J. (2022). 'Three general wills in Rousseau.' *The Review of Politics*, 84.3: 350–71.

Caplan, Bryan (2011). *The Myth of the Rational Voter*. Princeton University Press.

Cappelen, Cornelius, and Stefan Dahlberg (2018). 'The Law of Jante and generalized trust.' *Acta Sociologica* 61.4: 419–40.

Carattini, Stefano, Steffen Kallbekken and Anton Orlov (2019). 'How to win public support for a global carbon tax.' *Nature* 565.7739: 289–91.

Carozzi, Felipe, Christian A. L. Hilber and Xiaolun Yu (2020). 'On the economic impacts of mortgage credit expansion policies: Evidence from Help to Buy.' CEPR Discussion Paper No. DP14620 (April 2020).

Carugati, Federica (2020). 'Tradeoffs of inclusion: Development in ancient Athens.' *Comparative Political Studies* 53.1: 144–70.

Catlin, Aaron C. and Cathy A. Cowan (2015). 'History of health spending in the United States, 1960–2013.' Centers for Medicare and Medicaid Services.

Cavaille, Charlotte, and Jeremy Ferwerda (2022). 'How distributional conflict over in-kind benefits generates support for far-right parties.' *The Journal of Politics*.

Charities Aid Foundation (2016). *Gross Domestic Philanthropy: An International Analysis of GDP, Tax, and Giving*. The Trustees of the Charities Aid Foundation.

Charnysh, Volha, Christopher Lucas and Prerna Singh (2015). 'The ties that bind: National identity salience and pro-social behavior toward the eth- nic other.' *Comparative Political Studies* 48.3: 267–300.

Chaudhry, Kiren Aziz (1997). *The Price of Wealth: Economies and Institutions in the Middle East*. Cornell University Press.

Chetty, Raj (2008). 'Moral hazard versus liquidity and optimal unemployment insurance.' *Journal of Political Economy* 116.2: 173–234.

Cobbina-Dungy, Jennifer E., and Delores Jones-Brown (2021). 'Too much policing: Why calls are made to defund the police.' *Punishment & Society*.

Cohen, Gerald A. (1989). 'On the currency of egalitarian justice.' *Ethics* 99.4: 906–44.

Cohen, Gerald Allan (2008). *Rescuing Justice and Equality*. Harvard University Press.

398

Cohen, Robin, Emily Terlizzi and Michael Martinez (2019). 'Health insurance coverage: Early release of estimates from the National Health Interview Survey, 2018.' National Center for Health Statistics. May 2019. Colgan, Jeff D., Jessica F. Green and Thomas N. Hale (2021). 'Asset revaluation and the existential politics of climate change.' *International Organization* 75.2: 586–610.

Cook, Lisa D. (2014). 'Violence and economic activity: Evidence from African American patents, 1870–1940.' *Journal of Economic Growth* 19.2: 221–57.

Corden, Warner Max (1984). 'Booming sector and Dutch disease economics: Survey and consolidation.' *Oxford Economic Papers* 36.3: 359–80.

Coyle, Diane (2015). *GDP: A Brief But Affectionate History*, revised and expanded edition. Princeton University Press.

Creemers, Rogier (2018). 'China's social credit system: An evolving practice of control.' Available at SSRN 3175792.

Crepaz, Markus M. L. (1998). 'Inclusion versus exclusion: Political institutions and welfare expenditures.' *Comparative Politics* 31.1: 61–80.

Cullen, Julie Berry, Mark C. Long and Randall Reback (2013). 'Jockeying for position: Strategic high school choice under Texas' top ten percent plan.' *Journal of Public Economics* 97: 32–48.

Dahl, Gordon B., Katrine V. Løken and Magne Mogstad (2014). 'Peer effects in program participation.' *American Economic Review* 104.7: 2049–74.

Dancygier, Rafaela M. (2010). *Immigration and Conflict in Europe.* Cambridge University Press. de Swaan, Abram (1988). *In Care of the State: Health Care, Education and Welfare in Europe and the USA in the Modern Era.* Oxford University Press. Dixit, Avinash K., and Barry J. Nalebuff (1993). *Thinking Strategically: The Competitive Edge in Business, Politics, and Everyday Life.* W. W. Norton & Company.

Downs, Anthony (1957). *An Economic Theory of Democracy*. Harper.

Dryzek, John S., and Christian List (2003). 'Social choice theory and deliberative democracy: A reconciliation.' *British Journal of Political Science* 33.1: 1–28.

Duch, Raymond M., and Randolph T. Stevenson (2008). *The Economic Vote: How Political and Economic Institutions Condition Election Results*. Cambridge University Press.

Durkheim, Emile (2019). 'The division of labor in society.' *Social Stratification*. Routledge (originally 1893).

Dworkin, Ronald (1983). 'Comment on Narveson: In defense of equality.' *Social Philosophy and Policy* 1.1: 24–40.

Economist (2015). 'Princes of paperwork', 19 March.

Economist (2019). 'How Argentina and Japan continue to confound macroeconomists', 28 March.

Eeckhaut, Mieke C. W., and Maria A. Stanfors (2021). 'Educational assortative mating, gender equality, and income differentiation across Europe: A simulation study.' *Acta Sociologica* 64.1: 48–69.

Eggers, Andrew C. (2021). 'A diagram for analyzing ordinal voting systems.' *Social Choice and Welfare* 56.1: 143–71.

Eika, Lasse, Magne Mogstad and Basit Zafar (2019). 'Educational assortative mating and household income inequality.' *Journal of Political Economy* 127.6: 2795–835.

Ekberg, John, Rickard Eriksson and Guido Friebel (2013). 'Parental leave – A policy evaluation of the Swedish "Daddy-Month" reform.' *Journal of Public Economics* 97: 131–43.

Ekiert, Grzegorz (1998). 'Liberum Veto.' *The Encyclopedia of Democracy*, ed. Seymour M. Lipset. Congressional Quarterly Books, 1340–46.

Elkjaer, Mads, Ben Ansell, Laure Bokobza, et al. (2022). 'Why is it so hard to counteract wealth inequality? Evidence from England and Wales.'

Working Paper.

Elster, Jon (2015). *Explaining Social Behavior: More Nuts and Bolts for the Social Sciences*. Cambridge University Press.

Emsley, Clive (2014). *The English Police: A Political and Social History*. Routledge. Ermisch, John, Marco Francesconi and Thomas Siedler (2006). 'Intergenera- tional mobility and marital sorting.' *The Economic Journal* 116.513: 659–79.

Esping-Andersen, Gosta (1990). *The Three Worlds of Welfare Capitalism*. Princeton University Press.

Estevez-Abe, Margarita, Torben Iversen and David Soskice (2001). 'Social protection and the formation of skills: A reinterpretation of the welfare state.' In Hall and Soskice (2001), 145–83.

Farrell, David M., Jane Suiter and Clodagh Harris (2019). ' "Systematizing" constitutional deliberation: The 2016–18 citizens' assembly in Ireland.' *Irish Political Studies* 34.1: 113–23.

Foucault, Michel (1977). *Discipline and Punish: The Birth of the Prison*. Random House.

Fowler, Anthony (2013). 'Electoral and policy consequences of voter turn-out: Evidence from compulsory voting in Australia.' *Quarterly Journal of Political Science* 8.2: 159–82.

Frye, Timothy (2022). *Weak Strongman: The Limits of Power in Putin's Russia*. Princeton University Press.

Fukuyama, Francis (2006). *The End of History and The Last Man*. Simon & Schuster.

Fussey, Peter, and Daragh Murray (2019). 'Independent report on the London Metropolitan Police Service's trial of live facial recognition technology.'

Gaikwad, Nikhar, Federica Genovese and Dustin Tingley (2022). 'Creating climate coalitions: Mass preferences for compensating vulnerability in the world's two largest democracies.' *American Political Science Review* 116.4: 1165–83.

Gains, Adrian, Benjamin Heydecker, John Shrewsbury and Sandy Robertson (2004). 'The national safety camera programme – three year evaluation report.' Available at http://speedcamerareport.co.uk/4_year_evaluation.pdf.

Galbiati, Roberto, and Giulio Zanella (2012). 'The tax evasion social multiplier: Evidence from Italy.' *Journal of Public Economics* 96.5–6: 485–94. Gartzke, Erik (2007). 'The capitalist peace.' *American Journal of Political Science* 51.1: 166–91.

Geiger, Ben Baumberg (2018). 'Benefit "myths"? The accuracy and inaccuracy of public beliefs about the benefits system.' *Social Policy & Administration* 52.5: 998–1018.

Gest, Justin (2016). *The New Minority: White Working Class Politics in an Age of Immigration and Inequality*. Oxford University Press.

Gest, Justin, Tyler Reny and Jeremy Mayer (2018). 'Roots of the radical right: Nostalgic deprivation in the United States and Britain.' *Comparative Political Studies* 51.13: 1694–719.

Gibbard, Allan (1973). 'Manipulation of voting schemes: A general result.' *Econometrica: Journal of the Econometric Society* 41.4: 587–601.

Gibbons, Robert S. (1992). *Game Theory for Applied Economists*. Princeton University Press.

Gilens, Martin (2003). 'How the poor became black: The racialization of American poverty in the mass media.' *Race and the Politics of Welfare Reform*, ed. Sanford F. Schram, Joe Soss and Richard C. Fording, 101–30. University of Michigan Press.

Gilens, Martin (2009). *Why Americans Hate Welfare: Race, Media, and the Politics of Antipoverty Policy*. University of Chicago Press.

Gingrich, Jane (2014). 'Visibility, values, and voters: The informational role of the welfare state.' *The Journal of Politics* 76.2: 565–80.

Gingrich, Jane, and Ben W. Ansell (2014). 'Sorting for schools: Housing, education and inequality.' *Socio-Economic Review* 12.2: 329–51.

Gingrich, Jane, and Ben Ansell (2015). 'The dynamics of social investment: Human capital, activation, and care.' In Beramendi, Hänsermann, Kitschelt and Kriesi, eds. (2015), 282–304.

Goldin, Claudia, and Lawrence F. Katz (2010). *The Race between Education and Technology*. Harvard University Press.

Goldin, Claudia, and Robert A. Margo (1992). 'The great compression: The wage structure in the United States at mid-century.' *The Quarterly Journal of Economics* 107.1: 1–34.

Gondermann, Thomas (2007). 'Progression and retrogression in Herbert Spencer's *Explanations of Social Inequality*.' *History of the Human Sciences* 20.3: 21–40.

Goodin, Robert E., and Kai Spiekermann (2018). *An Epistemic Theory of Democracy*. Oxford University Press.

Graefe, Andreas (2014). 'Accuracy of vote expectation surveys in forecasting elections.' *Public Opinion Quarterly* 78.S1: 204–32.

Greenwood, Jeremy, Nezih Guner, Georgi Kocharkov and Cezar Santos (2014). 'Marry your like: Assortative mating and income inequality.' *American Economic Review* 104.5: 348–53.

Grogan, Colleen M., and Sunggeun Park (2017). 'The racial divide in state Medicaid expansions.' *Journal of Health Politics, Policy and Law* 42.3: 539–72. Haas, Linda, and C. Philip Hwang (2019). 'Policy is not enough – the influ- ence of the gendered workplace on fathers' use of parental leave in Sweden.' *Community, Work & Family* 22.1: 58–76.

Habyarimana, James, Macartan Humphreys, Daniel Posner and Jeremy Weinstein (2007). 'Why does ethnic diversity undermine public goods provision?' *American Political Science Review* 101.4: 709–25.

Hacker, Jacob S. (1999). *The Road to Nowhere: The Genesis of President Clinton's Plan for Health Security*. Princeton University Press.

Hacker, Jacob, Ben Jackson and Martin O'Neill (2013). 'The politics of predistribution: Jacob Hacker interviewed by Ben Jackson and Martin O'Neill.' *Renewal* 21.2–3: 54–65.

Hacker, Jacob S. and Paul Pierson (2005). *Off Center: The Republican Revolution and the Erosion of American Democracy*. Yale University Press.

Haerpfer, Christian, Ronald Inglehart, Alejandro Moreno, et al., eds. (2022). *World Values Survey: Round Seven – Country-Pooled Datafile Version 4.0*. JD SystemsInstitute&WVSA Secretariat.doi.org/10.14281/18241.18.

Hale, Thomas (2020). 'Catalytic cooperation.' *Global Environmental Politics* 20.4: 73–98.

Hall, Peter A., and David Soskice, eds. (2001). *Varieties of Capitalism: The Institutional Foundations of Comparative Advantage*. Oxford University Press.

Harrison, Kathryn (2013). 'The political economy of British Columbia's carbon tax.' *OECD Environment Working Papers* 63.

Heinrich, Tobias, Yoshiharu Kobayashi and Kristin A. Bryant (2016). 'Public opinion and foreign aid cuts in economic crises.' *World Development* 77: 66–79.

Herrmann, Michael, Simon Munzert and Peter Selb (2016). 'Determining the effect of strategic voting on election results.' *Journal of the Royal Stat- istical Society: Series A (Statistics in Society)* 179.2: 583–605.

Herzog, Lisa (2018). 'Durkheim on social justice: The argument from "organic solidarity".' *American Political Science Review* 112.1: 112–24.

Hill, Terrence D., Catherine E. Ross and Ronald J. Angel (2005). 'Neighborhood disorder, psychophysiological distress, and health.' *Journal of*

Health and Social Behavior 46.2: 170–86.

Hills, John (2017). *Good Times, Bad Times: The Welfare Myth of Them and Us*. Policy Press.

Hillygus, D. Sunshine, and Sarah A. Treul (2014). 'Assessing strategic voting in the 2008 US presidential primaries: The role of electoral context, institutional rules, and negative votes.' *Public Choice* 161.3: 517–36.

Hix, Simon, Ron J. Johnston and Iain McLean (2010). *Choosing an Electoral System*. The British Academy.

Hoffman, Mitchell, Gianmarco León and María Lombardi (2017). 'Compulsory voting, turnout, and government spending: Evidence from Austria.' *Journal of Public Economics* 145: 103–15.

Holden, Steinar (2013). 'Avoiding the resource curse the case Norway.' *Energy Policy* 63: 870–76.

Hopkin, Jonathan, and Mark Blyth (2012). 'What can Okun teach Polanyi? Efficiency, regulation and equality in the OECD.' *Review of International Political Economy* 19.1: 1–33.

Hoppit, Julian (2002). 'The myths of the South Sea Bubble.' *Transactions of the Royal Historical Society* 12: 141–65.

Horowitz, Michael C. (2019). 'When speed kills: Lethal autonomous weapon systems, deterrence and stability.' *Journal of Strategic Studies* 42.6: 764–88.

Horton, Chris (2018). 'The simple but ingenious system Taiwan uses to crowdsource its laws.' *MIT Technology Review*, 21 August 2018.

Hotelling, Harold (1929). 'Stability in competition.' *The Economic Journal* 39.153: 41–57.

Howard, Christopher (1999). *The Hidden Welfare State: Tax Expenditures and Social Policy in the United States*. Princeton University Press.

Huntington, Samuel P. (1993). *The Third Wave: Democratization in the Late*

Twentieth Century. University of Oklahoma Press.
Hurwicz, Leonid (2008). 'But who will guard the guardians?' *American Economic Review* 98.3: 577–85.
Intergovernmental Panel on Climate Change (2019). *Global Warming of 1.5ºC*. Scientific report.
International Social Survey Program: Role of Government (2016).
International Social Survey Program: Social Inequality (2019).
Irwin, Douglas A., and Randall S. Kroszner (1996). 'Log-rolling and economic interests in the passage of the Smoot–Hawley Tariff.' *Carnegie-Rochester Conference Series on Public Policy*: 173–200 45 NBER.
Iversen, Torben (2010). 'Democracy and capitalism.' *The Oxford Handbook of the Welfare State* ed. Francis G. Castles, Stephan Liebfried, Jane Lewis, et al., 183–95. Oxford University Press.
Iversen, T., and P. Rehm (2022). *Big Data and the Welfare State: How the Infor- mation Revolution Threatens Social Solidarity*. Cambridge University Press.
Iversen, Torben, and David Soskice (2001). 'An asset theory of social policy preferences.' *American Political Science Review* 95.4: 875–93.
Iversen, Torben, and David Soskice (2006). 'Electoral institutions and the politics of coalitions: Why some democracies redistribute more than others.' *American Political Science Review* 100.2: 165–81.
Jacobs, Alan M. (2011). *Governing for the Long Term: Democracy and the Politics of Investment*. Cambridge University Press.
Jacobs, Lawrence R. (2019). *The Health of Nations*. Cornell University Press. Johnston, Norman Bruce (2000). *Forms of Constraint: A History of Prison Architecture*. University of Illinois Press.
Jones, Calvert W. (2015). 'Seeing like an autocrat: Liberal social engineering in an illiberal state.' *Perspectives on Politics* 13.1: 24–41.

Jones, Calvert W. (2017). *Bedouins into Bourgeois: Remaking Citizens for Globalization*. Cambridge University Press.

Keohane, Robert O., and Michael Oppenheimer (2016). 'Paris: Beyond the climate dead end through pledge and review?' *Politics and Governance* 4.3: 142–51.

Kim, Taeho (2019). 'Facilitating police reform: Body cameras, use of force, and law enforcement outcomes.' *Use of Force, and Law Enforcement Out- comes*, 23 October.

Kim, Taeho (2022). 'Measuring police performance: Public attitudes expressed in Twitter.' *AEA Papers and Proceedings* 112: 184–7.

Kinder, Donald R., and Cindy D. Kam (2010). *Us Against Them: Ethnocentric Foundations of American Opinion*. University of Chicago Press.

Klein, Ezra (2020). *Why We're Polarized*. Simon & Schuster.

Kleven, Henrik, and Camille Landais (2017). 'Gender inequality and economic development: Fertility, education and norms.' *Economica* 84.334: 180–209.

Kohler-Hausmann, Julilly (2007). ' "The crime of survival": Fraud prosecutions, community surveillance, and the original "welfare queen".' *Journal of Social History* 41.2: 329–54.

Korpi, Walter, and Joakim Palme (1998). 'The paradox of redistribution and strategies of equality: Welfare state institutions, inequality, and poverty in the Western countries.' *American Sociological Review* 63.5: 661–87.

Kremer, Michael (1993). 'The O-ring theory of economic development.' *The Quarterly Journal of Economics* 108.3: 551–75.

Krueger, Alan (2012). 'The rise and consequences of inequality.' *Presentation Made to the Center for American Progress, January 12th.*

Kurlansky, Mark (2011). *Cod: A Biography of the Fish That Changed the*

World. Vintage Canada.

Kuznets, Simon (1955). 'Economic growth and income inequality.' *American Economic Review* 45.1: 1–28.

Kydd, Andrew H. (2015). *International Relations Theory*. Cambridge University Press.

Kymlicka, Will (2002). *Contemporary Political Philosophy: An Introduction*. Oxford University Press.

Lake, David A., and Matthew A. Baum (2001). 'The invisible hand of democracy: Political control and the provision of public services.' *Comparative Political Studies* 34.6: 587–621.

Leeson, Peter T. (2007). 'Better off stateless: Somalia before and after government collapse.' *Journal of Comparative Economics* 35.4: 689–710.

Leeson, Peter T. (2009). 'The laws of lawlessness.' *The Journal of Legal Studies* 38.2: 471–503.

Leonard, Andrew (2020). 'How Taiwan's unlikely digital minister hacked the pandemic.' *Wired*, 23 July.

Levenson, Eric (2020). 'These GOP governors long resisted mask mandates and coronavirus rules. Now their states are in crisis.' CNN website, 17 November. Available at https://lite.cnn.com/en/article/h_ac45098a5d54038d61449 dcf93727488.

Levitsky, Steven, and Lucan A. Way (2002). 'Elections without democracy: The rise of competitive authoritarianism.' *Journal of Democracy* 13.2: 51–65.

Levitsky, Steven, and Daniel Ziblatt (2018). *How Democracies Die*. Broadway Books.

Lewis, William Arthur (1954). 'Economic development with unlimited supplies of labour.' *The Manchester School* 22.2: 139–91.

Lewis, W. Arthur (1976). 'Development and distribution.' *Employment, Income Distribution and Development Strategy: Problems of the*

Developing Countries, 26–42, Palgrave Macmillan.

Lieberman, Evan S. (2003). *Race and Regionalism in the Politics of Taxation in Brazil and South Africa*. Cambridge University Press.

Lijphart, Arend (1999). *Patterns of Democracy: Government Forms and Performance in Thirty-Six Countries*. Yale University Press.

Lindert, Peter H. (2004). *Growing Public: Social Spending and Economic Growth since the Eighteenth Century*, Vol. 1: *The Story*. Cambridge University Press.

List, Christian, and Robert E. Goodin (2001). 'Epistemic democracy: Generalizing the Condorcet jury theorem.' *Journal of Political Philosophy* 9.3: 227–306.

Locke, Richard M. (2001). 'Building trust.' *Annual Meetings of the American Political Science Association, Hilton Towers, San Francisco, California*.

Lum, Kristian, and William Isaac (2016). 'To predict and serve?' *Significance* 13.5: 14–19.

Lupu, Noam (2016). 'Latin America's new turbulence: The end of the Kirchner era.' *Journal of Democracy* 27.2: 35–49.

Lynch, Julia (2020). *Regimes of Inequality: The Political Economy of Health and Wealth*. Cambridge University Press.

Maddison, Angus (2006). *The World Economy*. OECD Publishing.

Maskin, Eric, and Amartya Sen (2014). *The Arrow Impossibility Theorem*. Columbia University Press.

Matthews, Dylan (2019). 'Bernie Sanders's most socialist idea yet, explained.' *Vox*, 29 May.

Mazzucato, Mariana (2011). 'The entrepreneurial state.' *Soundings* 49: 131–42. McCarty, Nolan, Keith T. Poole and Howard Rosenthal (2016). *Polarized America: The Dance of Ideology and Unequal Riches*. MIT Press.

McGann, Anthony J. (2006). *The Logic of Democracy: Reconciling Equality, Deliberation, and Minority Protection*. University of Michigan Press.

McInnes, Roderick (2021). 'Pensions: International comparisons.' House of Commons Briefing Paper. Number CBP00290, 9 April.

McLean, Iain (2002). 'William H. Riker and the invention of heresthetic (s).' *British Journal of Political Science* 32.3: 535–58.

McLean, Iain (2010). *What's Wrong with the British Constitution?* Oxford University Press.

McLean, Iain, and Fiona Hewitt, eds. (1994). *Condorcet: Foundations of Social Choice and Political Theory*. Edward Elgar Publishing.

Meltzer, Allan H., and Scott F. Richard (1981). 'A rational theory of the size of government.' *Journal of Political Economy* 89.5: 914–27.

Messer, Lynne C., Jay S. Kaufman, Nancy Dole, et al. (2006). 'Violent crime exposure classification and adverse birth outcomes: A geographically-defined cohort study.' *International Journal of Health Geographics* 5.1: 1–12. Mettler, Suzanne (2011). *The Submerged State: How Invisible Government Policies Undermine American Democracy*. University of Chicago Press.

Michener, Jamila (2018). *Fragmented Democracy: Medicaid, Federalism, and Unequal Politics*. Cambridge University Press.

Miguel, Edward, and Mary Kay Gugerty (2005). 'Ethnic diversity, social sanctions, and public goods in Kenya.' *Journal of Public Economics* 89.11–12: 2325–68.

Milanovic, Branko (2016). *Global Inequality: A New Approach for the Age of Globalization*. Harvard University Press.

Milanovic, Branko, Peter H. Lindert and Jeffrey G. Williamson (2011). 'Pre-industrial inequality.' *The Economic Journal* 121.551: 255–72.

Miyajima, Takeru, and Hiroyuki Yamaguchi (2017). 'I want to but I won't: Pluralistic ignorance inhibits intentions to take paternity leave in

Japan.' *Frontiers in Psychology* 8: 1508.

Morris, Norval, and David J. Rothman, eds. (1998). *The Oxford History of the Prison: The Practice of Punishment in Western Society*. Oxford University Press. Morse, Yonatan L. (2012). 'The era of electoral authoritarianism.' *World Politics* 64.1: 161–98.

Mueller, Dennis C. (2003). *Public Choice III*. Cambridge University Press.

Müller, Miriam (2005). 'Social control and the hue and cry in two fourteenth-century villages.' *Journal of Medieval History* 31.1: 29–53.

Murr, Andreas Erwin (2011). '"Wisdom of crowds"? A decentralised election forecasting model that uses citizens' local expectations.' *Electoral Studies* 30.4: 771–83.

Murr, Andreas E. (2015). 'The wisdom of crowds: Applying Condorcet's jury theorem to forecasting US presidential elections.' *International Journal of Forecasting* 31.3: 916–29.

Murr, Andreas E. (2016). 'The wisdom of crowds: What do citizens forecast for the 2015 British general election?' *Electoral Studies* 41: 283–8.

Murray, Charles (2016). *In Our Hands: A Plan to Replace the Welfare State*. Rowman & Littlefield.

Nietzsche, Friedrich Wilhelm (1974). *The Gay Science: With a Prelude in German Rhymes and an Appendix of Songs*. Vol. 985. Vintage (originally 1882).

Nooruddin, Irfan (2010). *Coalition Politics and Economic Development: Credibility and the Strength of Weak Governments*. Cambridge University Press.

North, Douglass C., and Barry R. Weingast (1989). 'Constitutions and commitment: The evolution of institutions governing public choice in seventeenth-century England.' *The Journal of Economic History* 49.4: 803–32.

OECD Income Distribution Database (2015). Accessed July 2022. https://stats.oecd.org.

Okun, Arthur M. (2015). *Equality and Efficiency: The Big Tradeoff.* Brookings Institution Press (originally 1975).

Olson, Mancur (1965). *The Logic of Collective Action.* Harvard University Press. Olson, Mancur (1993). 'Dictatorship, democracy, and development.' *American Political Science Review* 87.3: 567–76.

Olson, Mancur, and Richard Zeckhauser (1966). 'An economic theory of alliances.' *The Review of Economics and Statistics* 48.3: 266–79.

Ornston, Darius (2013). 'Creative corporatism: The politics of high-technology competition in Nordic Europe.' *Comparative Political Studies* 46.6: 702–29.

Owen, John M. (1994). 'How liberalism produces democratic peace.' *International Security* 19.2: 87–125.

Parijs, Philippe van (2017). *Basic Income.* Harvard University Press.

Pasotti, Eleonora (2010). *Political Branding in Cities: The Decline of Machine Politics in Bogotá, Naples, and Chicago.* Cambridge University Press.

Pew Research Center (2016). 'Partisanship and Political Animosity in 2016.' Available at https://www.pewresearch.org/politics/2016/06/22/partisanship-and-political-animosity-in-2016/.

Pfeffer, Fabian T., and Nora Waitkus (2021). 'The wealth inequality of nations.' *American Sociological Review* 86.4: 567–602.

Piketty, Thomas (2014). *Capital in the Twenty-First Century.* Harvard University Press.

Piketty, Thomas, Emmanuel Saez and Gabriel Zucman (2018). 'Distributional national accounts: Methods and estimates for the United States.' *The Quarterly Journal of Economics* 133.2: 553–609.

Pinker, Steven (2011). *The Better Angels of Our Nature: The Decline of*

Violence in History and Its Causes. Penguin Books.

Pontusson, Jonas (1993). 'The comparative politics of labor-initiated reforms: Swedish cases of success and failure.' *Comparative Political Stud- ies* 25.4: 548–78.

Pontusson, Jonas (2005). *Inequality and Prosperity: Social Europe vs. Liberal America*. Cornell University Press.

Pontusson, Jonas, and Sarosh Kuruvilla (1992). 'Swedish wage-earner funds: An experiment in economic democracy.' *ILR Review* 45.4: 779–91.

Portes, Jonathan (2016). 'What do the people really want? The Condorcet paradox and the referendum.' *LSE Brexit Vote Blog*, 15 June. https://blogs.lse.ac.uk/brexit/2016/06/15/what-do-the-people-really-want-the- condorcet-paradox-and-the-referendum/.

Posner, Eric A., and E. Glen Weyl (2018). *Radical Markets: Uprooting Capitalism and Democracy for a Just Society*. Princeton University Press.

Pritchett, Lant (1997). 'Divergence, big time.' *Journal of Economic Perspectives* 11.3: 3–17.

Putnam, Robert D. (1992). *Making Democracy Work: Civic Traditions in Modern Italy*. Princeton University Press.

Putnam, Robert D. (2000). *Bowling Alone: The Collapse and Revival of American Community*. Simon & Schuster.

Quistberg, D. Alex, Leah L. Thompson. James Curtiu, et al. (2019). 'Impact of automated photo enforcement of vehicle speed in school zones: Interrupted time series analysis.' *Injury Prevention* 25.5: 400–406.

Rachman, Gideon (2022a). 'Russia and China's plans for a new world order.' *Financial Times*, 23 January.

Rachman, Gideon (2022b). *The Age of the Strongman: How the Cult of the Leader Threatens Democracy around the World*. Random House.

Reeves, Richard V. (2018). *Dream Hoarders: How the American Upper Middle Class is Leaving Everyone Else in the Dust, Why That is a Problem, and What to Do About It.* Brookings Institution Press.

Reich, Rob, Mehran Sahami and Jeremy M. Weinstein (2018). *System Error: Where Big Tech Went Wrongand How We Can Reboot.* Hodder & Stoughton. Riker, William H. (1986). *The Art of Political Manipulation.* Yale University Press. Rodrik, Dani (2000). 'Institutions for high-quality growth: What they are and how to acquire them.' *Studies in Comparative International Development* 35.3: 3–31.

Romer, Paul (2010). *Technologies, Rules, and Progress: The Case for Charter Cities.* No. id: 2471.

Ross, Michael L. (2001). 'Does oil hinder democracy?' *World Politics* 53.3: 325–61.

Ross, Michael L. (2008). 'Oil, Islam, and women.' *American Political Science Review* 102.1: 107–23.

Rothstein, Bo (1998). *Just Institutions Matter: The Moral and Political Logic of the Universal Welfare State.* Cambridge University Press.

Rothstein, Bo (2020). 'Why no economic democracy in Sweden? A Counterfactual Approach.' *Paper in Conference: Democratizing the Corporation.*

Rousseau, Jean-Jacques (2018). *The Social Contract and Other Later Political Writings.* Cambridge University Press (originally 1762).

Rubin, Ashley T. (2021). *The Deviant Prison: Philadelphia's Eastern State Penitentiary and the Origins of America's Modern Penal System, 1829–1913.* Cambridge University Press.

Rueda, David, and Jonas Pontusson (2000). 'Wage inequality and varieties of capitalism.' *World Politics* 52.3: 350–83.

Russett, Bruce (1994). *Grasping the Democratic Peace: Principles for a Post-*

Cold War World. Princeton University Press.

Saez, Emmanuel, Joel Slemrod and Seth H. Giertz (2012). 'The elasticity of taxable income with respect to marginal tax rates: A critical review.' *Journal of Economic Literature* 50.1: 3–50.

Saez, Emmanuel, and Gabriel Zucman (2019). 'Progressive wealth taxation.' *Brookings Papers on Economic Activity* 2019.2: 437–533.

Saez, Emmanuel, and Gabriel Zucman (2020). 'The rise of income and wealth inequality in America: Evidence from distributional macroeconomic accounts.' *Journal of Economic Perspectives* 34.4: 3–26.

Sagar, Rahul (2016). 'Are charter cities legitimate?' *Journal of Political Philosophy* 24.4: 509–29.

Satterthwaite, Mark Allen (1975). 'Strategy-proofness and Arrow's conditions: Existence and correspondence theorems for voting procedures and social welfare functions.' *Journal of Economic Theory* 10.2: 187–217.

Scheidel, Walter (2017). *The Great Leveler: Violence and the History of Inequality from the Stone Age to the Twenty-first Century*. Princeton University Press. Schelling, Thomas C. (2006). *Micromotives and Macrobehavior*. W. W. Norton & Company (originally 1978).

Scheve, Kenneth, and David Stasavage (2009). 'Institutions, partisanship, and inequality in the long run.' *World Politics* 61.2: 215–53.

Schumpeter, Joseph A. (2013). *Capitalism, Socialism and Democracy*. Routledge (originally 1942).

Schwartz, Christine R. (2010). 'Earnings inequality and the changing association between spouses' earnings.' *American Journal of Sociology* 115.5: 1524–57. Schwartz, Christine R. (2013). 'Trends and variation in assortative mating: Causes and consequences.' *Annual Review of Sociology* 39: 451–70.

Scott, James C. (2008). *Seeing Like a State: How Certain Schemes to Improve the Human Condition Have Failed.* Yale University Press.

Scott, James C. (2010). *The Art of Not being Governed: An Anarchist History of Upland Southeast Asia.* Yale University Press.

Seamans, Robert (2021). 'Tax not the robots.' *Brookings Institute*, 25 August. https://www.brookings.edu/research/tax-not-the-robots/.

Sen, Amartya (1982). *Poverty and Famines: An Essay on Entitlement and Deprivation.* Oxford University Press.

Sen, A. (1985). *Commodities and Capabilities.* North-Holland.

Sen, Amartya (1995). *Inequality Reexamined.* Harvard University Press.

Shaw, T. M., and United States (2015). *The Ferguson Report: Department of Justice Investigation of the Ferguson Police Department.* New Press.

Shepsle, Kenneth A., and Barry R. Weingast (1981). 'Structure-induced equilibrium and legislative choice.' *Public Choice* 37.3: 503–19.

Silverman, Bertram (1998). 'The rise and fall of the Swedish model: Interview with Rudolf Meidner.' *Challenge* 41.1: 69–90.

Simas, Elizabeth N., Scott Clifford and Justin H. Kirkland (2020). 'How empathic concern fuels political polarization.' *American Political Science Review* 114.1: 258–69.

Singh, Prerna, and Matthias vom Hau (2016). 'Ethnicity in time: Politics, history, and the relationship between ethnic diversity and public goods provision.' *Comparative Political Studies* 49.10: 1303–40.

Sloman, Peter (2018). 'Universal basic income in British politics, 1918–2018: From a "Vagabond's Wage" to a global debate.' *Journal of Social Policy* 47.3: 625–42.

Sorge, Arndt, and Wolfgang Streeck (2018). 'Diversified quality production revisited: Its contribution to German socio-economic performance over time.' *Socio-Economic Review* 16.3: 587–612.

Standing, Guy (2017). *Basic Income: And How We Can Make It Happen.*

Penguin Books.
Stavins, Robert N. (2019). 'Carbon taxes vs. cap and trade: Theory and prac- tice.' Harvard Project on Climate Agreements Discussion Paper ES 19–9.
Surowiecki, James (2005). *The Wisdom of Crowds: Why the Many are Smarter Than He Few*. Anchor.
Teele, Dawn Langan (2018). *Forging the Franchise: The Political Origins of the Women's Vote*. Princeton University Press.
Temin, Peter, and Hans-Joachim Voth (2004). 'Riding the South Sea Bubble.' *American Economic Review* 94.5: 1654–68.
Tetlock, Philip E. (2017). *Expert Political Judgment: How Good is It? How Can We Know?* Princeton University Press.
Thelen, Kathleen (2004). *How Institutions Evolve: The Political Economy of Skills in Germany, Britain, the United States, and Japan*. Cambridge University Press.
Thomasson, Melissa A. (2003). 'The importance of group coverage: How tax policy shaped US health insurance.' *American Economic Review* 93.4: 1373–84.
Tiebout, Charles M. (1956). 'A pure theory of local expenditures.' *Journal of Political Economy* 64.5: 416–24.
Tilly, Charles (1975). 'Reflections on the history of European state-making.' Charles Tilly, ed. *The Formation of National States in Western Europe*. Princeton University Press, 3–89.
Tilly, Charles (1998). *Durable Inequality*. University of California Press.
Tomz, Michael R., and Jessica L. P. Weeks (2013). 'Public opinion and the democratic peace.' *American Political Science Review* 107.4: 849–65.
Tufte, Edward R. (1978). *Political Control of the Economy*. Princeton University Press.
Uslaner, Eric M. (2017). *The Historical Roots of Corruption: Mass Education,*

Economic Inequality, and State Capacity. Cambridge University Press.

Valentino, Lauren, and Stephen Vaisey (2022). 'Culture and durable inequality.' *Annual Review of Sociology* 48: 109–29.

Wallace, Danielle, Michael D. White, Janne E. Gaub and Natalie Todak (2018). 'Body-worn cameras as a potential source of depolicing: Testing for camera-induced passivity.' *Criminology* 56.3: 481–509.

Wang, Xin Yuan (2019). 'China's social credit system: The Chinese citizens' perspective.' *Anthropology of Smartphones and Smart Ageing Blog* UCL, 9 December. Available at https://blogs.ucl.ac.uk/assa/2019/12/09/chinas- social-credit-system-the-chinese-citizens-perspective/.

Weitzman, Martin L. (2017). 'Sustainability and technical progress.' *The Economics of Sustainability*, ed. John C. V. Pezzey and Michael A. Toman, 329–41. Routledge.

Weyland, Kurt (2014). *Making Waves: Democratic Contention in Europe and Latin America since the Revolutions of 1848*. Cambridge University Press.

Wilkinson, Richard G., and Kate Pickett (2009). *The Spirit Level: Why More Equal Societies Almost Always Do Better*. Allen Lane.

Wolff, Jonathan (1998). 'Fairness, respect, and the egalitarian ethos.' *Philoso- phy & Public Affairs* 27.2: 97–122.

Yang, Dali L. (1996). *Calamity and Reform in China: State, Rural Society, and Institutional Change since the Great Leap Famine*. Stanford University Press.

國家圖書館出版品預行編目(CIP)資料

政治為什麼會失敗：如何擺脫當今世界五大政治陷阱/班.安塞爾(Ben Ansell)作；劉鈞倫,李明心,盧思綸譯.--初版.--新北市：黑體文化,遠足文化事業股份有限公司,2025.07
　面；　公分.--(黑盒子；44)
譯自：Why politics fails : the five traps of the modern world and how to escape them
ISBN 978-626-7705-30-8(平裝)

1.CST: 民主政治　2.CST: 政治社會學

571.6　　　　　　　　　　　　　　　　　　　　　　　　　　　114008039

特別聲明：
有關本書中的言論內容，不代表本公司／出版集團的立場及意見，由作者自行承擔文責。

黑體文化　　　　　　　　　　　　　　　讀者回函

黑盒子44
政治為什麼會失敗：如何擺脫當今世界五大政治陷阱
Why Politics Fails: The Five Traps of the Modern World & How to Escape Them

作者・班・安塞爾（Ben Ansell）｜譯者・劉鈞倫、李明心、盧思綸｜責任編輯・龍傑娣｜協力編輯・胡德揚｜封面設計・和設計｜出版・黑體文化／遠足文化事業股份有限公司｜總編輯・龍傑娣｜發行・遠足文化事業股份有限公司｜電話・02-2218-1417｜傳真・02-2218-8057｜客服專線・0800-221-029｜客服信箱・service@bookrep.com.tw｜官方網站・http://www.bookrep.com.tw｜法律顧問・華洋法律事務所・蘇文生律師｜印刷・中原造像股份有限公司｜排版・菩薩蠻數位文化有限公司｜初版・2025年7月｜定價・550元｜ISBN・9786267705308・9786267705285 (EPUB)・9786267705292 (PDF)｜版權所有・翻印必究｜本書如有缺頁、破損、裝訂錯誤，請寄回更換

Copyright © Ben Ansell 2023
First published as WHY POLITICS FAILS in 2023 by Viking, an imprint of Penguin General. Penguin General is part of the Penguin Random House group of companies. This edition is arranged through Andrew Nurnberg Associates International Limited.